소년과 남자들에 대하여

소년과 남자들에 대하여

오늘날 남성은 왜 뒤쳐지는가

Of Boys and Men

리처드 리브스
김진욱 옮김

민음사

OF BOYS AND MEN
by Richard Reeves

Copyright © Richard Reeves 2022
International Rights Management: Susanna Lea Associates
All rights reserved.

Korean translation edition is published by arrangement with
Richard Reeves c/o Susanna Lea Associates through EYA Co., Ltd.

Korean Translation Copyright © Minumsa 2025

이 책의 한국어판 저작권은 EYA Co., Ltd를 통해
Susanna Lea Associates와 독점 계약한 (주)민음사에 있습니다.

저작권법에 의해 한국 내에서 보호를 받는 저작물이므로
무단 전재와 무단 복제를 금합니다.

이 책에 쏟아진 찬사

성평등에 깊이 헌신하는 페미니스트이자 두 아들의 어머니로서 나는 『소년과 남자들에 대하여』를 강력히 추천한다. 리처드 리브스는 아들을 둔 수많은 부모의 경험을 긍정하는 동시에, 그 경험을 더 넓은 국가적·전 세계적 맥락에 담아낸다. 무엇보다도 그는 성별 스펙트럼 전반을 넘어 우리 모두에게 더 나은 세상을 만들기 위한 실질적이고 실용적인 해결책을 제시한다.

― 앤마리 슬로터, 뉴 아메리카 CEO, 『슈퍼우먼은 없다』 저자

용감하고 설득력 있으며 시급히 필요한 이 책에서 리브스는 '유해한' 남성성이라는 해로운 서사를 폐기해야 한다고 주장하며, 소년과 남자들을 지원하고 남성성의 긍정적 측면을 활용해 더욱 평화롭고 정의로운 사회를 만드는 방법을 구체적으로 제안한다.

― 캐럴 후븐, 하버드 대학 교수, 『테스토스테론의 진실』 저자

비평가들은 남성이 여전히 기업, 정부, 교육 분야의 최고위직에서 우위를 차지한다는 점을 지적하며 남성의 어려움을 무시하는 경우가 많다. 리처드 리브스는 신중하고 면밀한 조사를 바탕으로 한 이 책을 통해 대부분의 소년과 청년들이 《포춘》 500대 기업의 경영진이나 MIT 교수직을 노릴 만한 인재가 아니라는 점을 일깨워 준다. …… 리브스는 남성의 곤경을 남성 탓으로 돌리거나 남성성을 질병으로 취급하는 대신에, 합리적이고 인간적이며 실용적인 해결책을 제시한다.
— 크리스티나 호프 소머스, 미국기업연구소 명예 선임 연구원, 『소년과의 전쟁』 저자

드디어 분노하기보다는 희망을 이야기하는, 소년과 남자들의 위기를 분석한 책이 나왔다. 『소년과 남자들에 대하여』에서 리처드 리브스는 용기와 연민을 품고 오늘날 남성들이 직면한 문제들을 다루며, 정치적 스펙트럼 전반에 걸쳐 실행 가능하고 수용 가능한 해결책을 제시한다. 반드시 읽어야 하는 책이다.
— 아서 C. 브룩스, 하버드 케네디 스쿨 및 하버드 경영대학원 교수, 『인생의 오후를 즐기는 최소한의 지혜』 저자

중요하고 시의적절하며 균형이 잘 잡힌 데다 철저한 조사를 바탕으로 한 『소년과 남자들에 대하여』는 우리 사회에서 남성의 급속한 경제적·심리적·사회적·교육적 쇠퇴를 명확히 설명하고, 우리의 아들, 형제, 아버지들에게 긍정적 남성성을 선사할 실질적 정책을 제안한다. 자살률 증가, 중

독, 학력 저하, 우울증, 총기 난사 사건 등 남성이 겪는 사회적 문제를 걱정하는 사람들에게 리브스는 중요한 통찰과 참신한 진단, 실용적 접근법을 제시한다.

— 조지프 헨릭, 하버드 대학 교수, 『위어드』 저자

선진 세계 전역에 걸쳐 소년의 위기가 일어나고 있다. 리처드 리브스는 젠더를 둘러싼 미국 문화 전쟁이라는 지뢰밭을 능숙하게 헤쳐 나가며 사실과 원인, 놀라운 해결책을 제시한다. 세 아들의 아버지인 리브스의 호소는 우리의 머리뿐만이 아니라 가슴에도 와닿는다. 아들이 있다면, 다른 이의 아들을 고용한다면, 그 아들과 결혼하고 싶다면 이들이 성공하기를 바라야 하며, 이 강력하고 중요한 책을 읽어야 한다.

— 조너선 하이트, 뉴욕 대학 스턴 경영대학원 교수, 『불안 세대』, 『바른 마음』 저자

리처드 리브스는 현대 정치에서 비롯된 소년과 남자들의 곤경에 대한 무관심을 강력하게 반박한다. 『소년과 남자들에 대하여』는 인종, 계급, 남성 소외로 말미암아 불리한 상황에 놓인 세대의 소년과 남자들의 몰락을 막고자, 유해한 남성성이라는 비생산적 개념을 증거 기반 추론과 개혁으로 대체한 걸작이다.

— 토미 J. 커리, 에든버러 대학 철학 교수, 『맨-낫』 저자

리처드 리브스는 뛰어난 작가적 재능과 분석 능력에 더해 당파들이 외면하는 문제에 확고한 집중력을 보여 주는 보기 드문 인물이다. 『20 VS 80의 사회』가 미국인들에게 사회적 이동성에 대한 우리의 고정관념에 의문을 제기하게 했던 것처럼, 소년과 남자들을 다룬 그의 연구는 도발적이고 시의적절하며 현실적 해결책이 풍부하다.
— 에번 오스노스, 《뉴요커》 기자, 『야망의 시대』 저자

리브스의 저서가 지닌 가장 큰 장점은 …… 소년과 남자들이 직면한 여러 어려움 그 자체를 문제로 다루는 방식이다. …… 참신하다.
— 니나 파워, 《리터러리 리뷰》 기자

올해 가장 중요한 논픽션 중 하나다.
— 《선데이 타임스》

남성의 위기에 경각심을 불러일으키는 증거를 신중하게 분석해 문화 전쟁을 피하고, 구조적·사회적 변화를 주장한다. …… 생각할 거리가 풍부하다.
— 앤드루 앤서니, 《가디언》 기자

매우 깊이가 있고 증거에 기반을 두며 쉽게 접근할 수 있는 이 책을 통해 리처드 리브스는 우리 사회에서 소년과 남자들의 복지를 개선하는 데 필요한 논리와 시급성을 명확하게 제시한다. 그는 너무 오랫동안 무시되어 온 이 문제들을 해결하기 위해 정치권, 기관, 학계가 나서야 한다고 강조한다.
— 마크 브룩스, 남성 및 소년 포용성 담당 커뮤니케이션 및 정책 선임 고문

눈길을 끄는 통계로 가득하다.
— 아누시 차켈리안, 《뉴 스테이츠먼》 기자

조지, 브라이스, 캐머런을 위해

차례

이 책에 쏟아진 찬사   5
들어가는 말   15

제1부   불안해하는 남성들

제1장   소녀들이 지배한다   25
         소년들이 학업에서 뒤처지고 있다
제2장   워킹맨의 우울   48
         남자들의 일자리가 사라지고 있다
제3장   소외감을 느끼는 아빠들   68
         아버지가 먹여 살리던 시절은 끝났다

제2부   이중의 굴레

제4장   드와이트는 왜 안경을 쓸까   89
         인종차별에 성차별이 더해지다
제5장   유리 천장보다 계급 천장   112
         가난한 남자는 더 외롭고 더 불행하다
제6장   응답 없는 사람들   133
         소년과 남자들은 기회를 잡지 않는다

제3부   남성성이라는 신화

    제7장   어떤 남자로 만들 것인가   151
                 본성도 중요하고 양육도 중요하다

제4부   남성을 위한 정치는 없다

    제8장   외면하는 진보   181
                 좌파는 논의 자체를 거부한다
    제9장   화만 내는 보수   199
                 우파는 시계를 거꾸로 돌리려고 한다

제5부   어떻게 해야 할까

    제10장   입학을 미루는 소년들   221
                  남학생들에게는 1년이 더 필요하다
    제11장   미래의 유망 직업으로   247
                  남자도 간호사가 될 수 있다
    제12장   새로워진 아빠 역할   273
                  아이들에게는 아버지도 필요하다

                                     에필로그   299
                                     감사의 말   303
                                     주   305

일러두기

1. 인명과 지명의 표기는 외래어 표기법을 최대한 따랐다.
2. 본문에 사용된 문장부호의 의미는 다음과 같다.
    『』: 전집이나 총서 또는 단행본
    「」: 단행본에 수록된 개별 작품 또는 논문, 영화 또는 TV 시리즈의 제목
    《》: 신문 또는 잡지

들어가는 말

걱정하는 아빠에서 걱정하는 전문가로

나는 25년에 걸쳐 소년과 남자들을 걱정해 왔다. 이젠 모두 성인이 된 세 아들을 키우다 보면 늘 있는 일이다. 조지George, 브라이스Bryce, 캐머런Cameron, 너희를 향한 내 사랑은 그 깊이를 가늠할 수 없다. 그래서 심지어 지금도 가끔 너희가 걱정된단다. 그런데 나의 이런 불안은 업무에까지 넘쳐흘러 들어갔다. 나는 브루킹스 연구소Brookings Institute에서 연구원으로 일하는데, 주로 기회의 평등 아니면 기회의 부재를 다룬다. 지금까지는 사회계층과 인종의 구분에 가장 많은 관심을 기울였다. 하지만 이젠 성별 격차에 대한 걱정이 점점 커지고 있다. 그렇다고 해서 아마도 여러분이 예상하는 식은 아닐 것이다. 나에게는 학교, 직장, 가정에서 어려움을 겪는 소년과 남자가 점점 더 많아지고 있다는 사실이 또렷하게 다가

온다. 예전에는 남자아이 셋에 대해서만 노심초사했지만, 지금은 수백만 명을 걱정하고 있다.

    그런데도 나는 이 책을 쓰는 것이 탐탁지 않았다. 쓰지 말라고 충고한 사람이 얼마나 많았는지 모른다. 작금의 정치적 분위기에 소년과 남자들의 문제를 들추어내는 것은 위험한 일로 여겨진다. 신문 칼럼니스트인 한 친구는 이렇게 말했다. "난 할 수만 있다면 이런 주제 근처에도 안 갈 거야. 고통만 있을 뿐이거든." 소녀와 여자들이 아직도 맞닥뜨리는 난제들로부터 관심을 흩뜨리는 짓이라는 주장도 더러 있었다. 하긴 내가 생각해도 틀려먹은 선택이다. 나는 성평등을 옹호하는 사람으로, 성별 임금격차를 어떻게 줄일지에 관해 많이 생각한다.(남자들이 100달러를 벌 때 여자들은 82달러를 번다.)[1] 앞으로 보게 되겠지만, 나는 양육 부담을 공평하게 나누고 어머니와 아버지 모두를 관대한 유급휴가로 도와주는 것이 해결책에 포함된다고 생각한다. 그러나 그런 것과 꼭 마찬가지로 대학 학위 취득률 격차도 나의 걱정거리다. 그건 교육 분야에서 갈수록 커지는 성별 격차의 한 증상에 지나지 않는다.(여자들이 학사 학위 100개를 취득할 때 남자들은 겨우 74개를 따낸다.)[2] 여기서 나는 간단하면서도 급진적인 개혁을 제안한다. 남자아이들을 여자아이들보다 1년 늦게 입학시키면 될 것 아닌가?

    다시 말해 일자리는 여자에게 더 공평하도록 재설계하고 학교는 소년에게 더 공평하도록 개혁하자는 것이다.

    우리는 두 가지 생각을 동시에 머릿속에 담을 수 있다. 여성의 권리에 열정을 품으면서 '동시에' 취약한 소년과 남자들에게 공감할 수도 있지 않은가?

물론 내가 소년과 남자들에 관해 처음으로 글을 쓴 사람은 아니다. 『남자의 종말The End of Men』의 해나 로진Hanna Rosin, 『밀려난 남자Man Out』의 앤드루 애로Andrew Yarrow, 『남자답게 행동하기Manning Up』의 케이 하이모위츠Kay Hymowitz, 『길을 잃은 남자Man, Interrupted』의 필립 짐바르도Philip Zimbardo와 니키타 쿨롱베Nikita Coulombe, 『소년 위기The Boy Crisis』의 워런 패럴Warren Farrell과 존 그레이John Gray 등이 남긴 발자국을 따라갈 뿐이다. 그렇다면 이 책을 왜 지금 펴내는 걸까? 단순한 동기가 딱 하나만 있었다고 말할 수 있다면 얼마나 좋겠는가마는, 여섯 가지 큼직한 이유가 있다.

첫 번째, 내 생각보다 상황이 더 나빠서다. 교실과 캠퍼스에서 고군분투하는 소년들, 노동시장에서 설 자리를 잃어 가는 남자들, 자녀들과 연락이 끊기는 아버지들에 관한 헤드라인을 나는 더러 알고 있었다. 그중 얼마쯤은 과장일지 모른다고 생각했다. 하지만 자세히 들여다보면 볼수록, 사태는 더 암울했다. 오늘날 대학 학위 취득자의 성별 격차는 1970년대 초반보다 더 크다. 물론 반대 방향으로다.[3] 남성의 임금은 대부분 1979년보다 줄어든 반면, 여성의 임금은 전반적으로 올랐다.[4] 아빠 다섯 명 중 한 명은 자기 아이들과 살고 있지 않다.[5] 자살이든 약물 과다 복용이든 '절망사' 네 건 가운데 셋 정도는 남성 몫이다.[6]

두 번째, 특히 계급과 인종 같은 또 다른 불평등의 끝에 내몰린 소년과 남자들이 가장 아등바등하고 있기 때문이다. 내가 가장 걱정하는 소년과 남자들은 경제적·사회적 사다리의 저 아래에 있는 이들이다. 대다수 남자는 엘리트 축에 끼지 못하며, 그런 자리를 차지할 운명의 소년은 더욱더 적다. 1979년에 전형적인 미국 고졸 남성의 주간 수입은 현재 가치로 환산해 1017달러였다. 그런데 지금 그 수입은 14퍼센트 낮은 881달러에 지나지 않는다.[7] 잡지 《이코노미스트》의 어떤 기사는 이런 식으로 표현했다. "최상위 계층을 온통 남자들이 장악하고 있다는 사실이 저 밑바닥에 있는 남자들에게 무슨 위안이 되겠는가?"[8] 정상에 있는 남자들은 여전히 훨훨 날지만, 보통 남자들은 그렇지 않다. 흑인 남자들이라면 더구나 그렇다. 내 동료 카미유 뷔제트Camille Busette의 말을 들어 보자.[9] "남성이면서 가난하고 흑인이라는 것은 …… 날이면 날마다 사회의 모든 기구에 깊게 뿌리내린 인종차별에 직면하는 것이다. 다른 그 어떤 집단도 그처럼 끈덕지게 그처럼 오랫동안 그처럼 남루한 삶을 살지는 않았다." 흑인 남성들은 제도적 인종차별은 물론이거니와, 노동시장이나 형사 사법제도 내 차별을 포함한 '성 기반'의 인종차별과도 맞닥뜨려 있다.[10]

세 번째, 소년과 남자들 문제의 본질은 개개인에 관한 것이 아니라 '구조적'이라는 사실이, 그런데도 그런 관점에서 다루는 경우가 극히 드물다는 사실이 분명해졌기 때문이다. 남성들과 '관련된' 문제는 어김없이 남성들이 '가진' 문제로 틀이 짜인다. 소년이든 남자든 한 번에 한 명씩 고쳐져야 한다는 식이다. 이런 개인주의적 접근은 잘못되었다. 소년들이 중고등학교와 대학에서 뒤처지는 것은 교육 체제가 그들에게 불리하도록 구축되어 있기 때문이다. 남자들이 노동시장에서 고전을 면치 못하는 것은 전통적인 남성 일자리와 멀어지는 경제 변화 때문이다. 그리고 아버지들이 자리를 잃는 것은 가족을 먹여 살리던 문화적 역할이 공동화되었기 때문이다. 남성들이 느끼는 불안은 대규모 심리적 붕괴의 결과가 아니라 깊은 구조적 난제의 결과다.

페미니스트 작가 수전 팔루디Susan Faludi는 1999년에 낸 저서 『스티프트Stiffed』에 이렇게 적었다. "공적 영역에서 쓸모 있는 역할, 품위 있고 안정된 생계를 꾸리는 방법, 가정에서 받는 인정, 문화적으로 받는 존중 등 남성들이 잃어버린 것을 생각할수록 20세기 후반의 남성들은 20세기 중반의 여성들과 비슷한 지위로 떨어진 것처럼 보인다."[11]

네 번째, 정부가 벌이는 사업들을 위시해 여러 사회정책이 소년과 남자들에게 도움이 되지 않는다는 것을 깨닫고 깜짝 놀랐기 때문이다. 가장 먼저 눈길을 끈 것은 미시간주 캘러머주Kalamazoo에 있는 대학 등록금 무료 프로그램이었다. 이 프로그램의 평가단에 따르면 "대학 졸업이라는 면에서 여성들은 (졸업자 수가 50퍼센트 가까이 증가해) 매우 큰 진전을 보였지만, 남성들은 아무런 혜택도 못 누리는 것 같다."[12] 참으로 놀라운 결과가 아닌가? 대학 교육을 완전히 무료로 만들었지만, 남성들에게는 영향을 전혀 미치지 못했다니! 텍사스주 포트워스Fort Worth의 학생 멘토링mentoring 프로그램, 노스캐롤라이나주 샬럿Charlotte의 학교 선택 프로그램, 뉴욕시의 저소득층에 대한 보조 등 소녀와 여자들에게 혜택을 주는 프로그램은 수십 가지여도, 소년과 남자들을 위한 것은 없다. 소년과 남자들을 위한 이러한 정책 개입의 두드러진 실패는 소녀나 여자들에게 긍정적 영향을 미치는 '평균적' 결과에 가려지기 일쑤다. 따로 떼 놓고 보면 이런 성별 격차는 특정 계획의 유별난 특이점으로 보일지 모른다. 하지만 그건 반복되는 패턴이다. 따라서 많은 소년과 남자는 어려움을 겪을 뿐만 아니라 이런저런 정책의 도움을 받기도 어렵다.

다섯 번째, 섹스와 젠더의 문제에 관한 정치적 교착 상태 때문이다. 양측은 진정한 변화를 가로막는 이념의 입장으로 파고들었다. 진보파는 중요한 성 불평등이 양방향으로 달릴 수 있음을 받아들이지 않고, 남성 문제를 재빨리 '유해한 남성성toxic masculinity'의 증상으로 치부한다. 보수파는 소년과 남자들의 어려움에 더 민감해 보이지만, 시간을 되돌려 전통적인 남녀 역할을 회복하기 위한 명분으로만 사용한다. 좌파가 남성들에게 "좀 더 여동생처럼 되시오."라고 말하면, 우파는 "좀 더 아버지처럼 되시오."라고 말한다. 어느 쪽의 주문도 도움이 되지 않는다. 필요한 것은 양성평등과 양립할 수 있는 남성성에 대한 긍정적 비전이다. 문화 전쟁의 양심적 병역거부자로서, 이 책이 소년과 남자들의 상황에 대해 폭넓은 지지를 끌어낼 수 있는 평가를 제공하기를 바란다.

여섯 번째, 나는 정책을 연구하는 전문가wonk로서, 이 문제들을 그저 애통해하는 데 그치지 않고 해결할 수 있는 몇 가지 긍정적 아이디어를 갖추고 있다고 생각한다. 어쩔 줄 몰라 두 손만 비비는 일은 이제 그만하자. 나는 교육, 일, 가정의 세 영역에서 고군분투 중인 소년과 남자들에게 도움이 될 몇 가지 실질적이고 증거에 기반을 둔 해결책을 제시한다.(남성의 약 95퍼센트를 차지하는 시스젠더cis 이성애자들이 직면한 도전에 초점을 맞추고 있다고 미리 밝혀 두는 것이 좋지 않을까 싶다.)[13]

제1부에서는 남성들이 느끼는 불안에 대한 증거를 제시하면서 학교와 대학(제1장), 노동시장(제2장), 가정생활(제3장)에서 소년과 남자들이 얼마나 어려움을 겪는지 보여 준다. 제2부는 성차별로 고통받는 흑인 소년과 흑인 남자들(제4장)이, 경제 사다리의 맨 아래에 있는 소년과 남자들(제5장)이 맞닥뜨린 이중의 불이익을 집중적으로 조명한다. 또한 나는 소년과 남자들에게 잘 작동하지 않는 정책 개입이 얼마나 많은지 그 증거도 제시한다(제6장). 제3부에서는 본성과 양육이 '모두' 중요함을 주장하며 성별 차이 문제를 건드린다(제7장).

제4부에서 나는 우리 정치의 교착 상태를 설명하고, 정치인들이 이 난제에 대처하기는커녕 어떻게 문제를 악화시키는지 드러낸다. 진보 좌파는 소년과 남자들에 대한 정당한 우려를 일축하고 남성성을 질병으로 취급하고 있다(제8장). 인기에 영합하는 우파는 남성의 혼란을 무기로 삼으면서 틀려먹은 약속만 내놓는다(제9장). 특정 정당의 지지자들은 여성 또는 남성들과 싸우는 것에만 골몰한다. 마지막 제5부에서 나는 몇 가지 해결책을 제시한다. 구체적으로 제안하는 것은 가령 남성 친화적 교육 시스템(제10장)이라든지, 덩치를 키우고 있는 분야인 건강health, 교육education, 행정administration, 문해력literacy 같은 이른바 HEAL 분야로 남자들이 진출하도록 돕는 방법(제11장)이라든지, 독립된 사회 체제로서의 부성 강화(제12장) 등이다.

"남성 작가는 남성들의 유별난 상황에 관해 책을 쓸 엄두를 절대 못 낼 것이다."라고 시몬 드 보부아르Simone de Beauvoir는 적었다.[14] 하지만 그때는 1949년이었다. 이제 우리는 남성들의 그 유별난 상황에 주의를 기울여야 한다. 우리는 남성들에게 남성이기를 멈추라고 요구하지 않으면서도 최근 몇십 년간 일어난 극적 변화에 그들이 적응하도록 도와야 한다. 우리는 포스트페미니스트 세계를 위해 친사회적 남성성이 필요하다.[15] 그것도 아주 다급하게.

제1부

두려워하는 남성들

제1장 소녀들이 지배한다

소년들이
학업에서
뒤처지고 있다

미국 교육위원회American Council on Education의 수석 경제학자였던 캐럴 프랜시스Carol Frances는 이것을 '눈부신 상승세'이자 '경이로운 성공'으로 부른다.[1] 경제협력개발기구OECD 교육연구혁신센터 CERI의 수석 분석가 스테판 뱅상랑크랭Stéphan Vincent-Lancrin은 이것이 "경악스럽고 …… 믿을 수 없다."라고 말한다.[2] 『남자의 종말』이라는 책을 쓴 해나 로진은 이것을 "금세기의 가장 이상하고도 중대한 변화이며, 세계 각지에서 같은 변화가 매우 비슷한 방식으로 전개되고 있어서 더욱 그러하다."[3]라고 말한다.

프랜시스, 뱅상랑크랭, 로진은 모두 교육에서 나타나는 성별 격차를 이야기한다. 불과 수십 년 사이에 소녀와 여자들이 학업 면에서 소년과 남자들을 따라잡았을 뿐만 아니라, 아예 그들을 저

만치 앞질렀음을 두고 하는 말이다. 1972년에 미국 정부는 고등교육에서 남녀평등을 촉진하기 위해 타이틀 나인Title IX(교육법 개정안 제9편)이라는 획기적인 법을 통과시켰다. 당시에는 남성이 학사 학위를 취득하는 비율이 여성보다 13퍼센트포인트나 컸다.⁴ 그 격차는 1982년에 이르러 없어졌다. 그리고 2019년에 이 성별 격차는 1972년보다 더 큰 15퍼센트포인트가 되었다. 다만 이젠 거꾸로 여성이 남성을 압도했다.⁵

남학생, 특히 흑인 남학생과 빈곤층 가정 남학생의 저조한 학업 성취도는 취업과 경제적 상향 이동의 전망을 심각하게 손상한다. 팬데믹Pandemic 기간 중에 나빠진 현재의 추세를 고려할 때, 이러한 불평등을 줄이기는 쉽지 않을 터이다. 예를 들어 2020년에 미국에서는 남성의 대학 등록률 감소가 여성의 일곱 배에 달했다.⁶ 게다가 남학생들은 온라인 학습에 더 많은 어려움을 겪고 있으며, 앞으로 몇 달과 몇 년에 걸쳐 학습 손실의 정도가 더 또렷해지면 소년과 남자들의 손실이 훨씬 더 클 것이 분명하다.⁷

첫 번째로 어려운 과제는 정책 입안자들에게 지금 교육에서 불리한 위치에 있는 것이 남성들이라는 사실을 설득하는 일이다. 어떤 사람들은 임금격차가 여전히 여성에게 불리한 상황인데 교육에서의 성별 격차를 걱정하는 것은 시기상조라고 주장한다. 임금격차에 관해서는 제2장에서 더 자세히 설명하겠지만, 지금은 노동시장이 여전히 육아를 많이 하지 않는 노동자에게, 즉 남성 노동자에게 유리한 구조라는 이야기만으로 충분하다. 그러나 (내가 이 제1장에서 몇 가지 이유를 설명하겠지만) 동시에 교육 시스템은 소녀와 여자들에게 유리한 구조다. 그러니까 우리는 여성에게 유리한 교육 시스템과 남성에게 유리한 노동시장을 가지고 있다. 잘못된 것이 두 가지라고 해서 하나가 옳은 것은 아니다. 두 가지 다 뜯어고쳐야 한다. 불평등은 그것이 어떤 방향이든 중요하니까. 또한 여자들이 노동시장에서 남자를 따라잡고 있는 데 반해 소년과 남자들이 교실에서 뒤처지는 현상은 더 악화하고 있다는 사실에도 주목해야 한다. 한쪽의 격차는 좁혀지고 있는데, 다른 한쪽의 격차는 벌어지고 있다는 얘기다.

나는 먼저 K-12(유치원kindergarten에서 12학년(고등학교)까지) 교육에서 나타나는 성별 격차를 설명한 다음에, 남자아이와 여자아이의 성장 속도를, 특히 청소년기의 매우 다른 속도를 그 주요 원인으로 지적할 것이다. 그런 다음에 그 뒤를 잇는 고등교육에서의 몇몇 불평등을 추적한다. 여기서 내가 전하고자 하는 메시지는, 전 세계적으로 모든 단계에서 성별 격차는 극명하게 존재하며 그 격차는 계속 커지고 있다는 것이다. 하지만 정책 입안자들은 자동차 헤드라이트를 본 사슴처럼 아직 아무런 대응도 안 하고 있다.

우위에 선 여학생들

핀란드에 관해 뭘 좀 아는가? 지구상에서 가장 행복한 나라? 맞다.[8] 학교 시스템이 훌륭하다? 흠, 절반은 맞다. 핀란드는 실제로 교육 성과에 대한 국가 간 순위표에서 항상 1등 아니면 상위

권이다. 하지만 이게 모두 여학생들 덕분이다. OECD는 3년마다 15세 청소년을 대상으로 독해 능력, 수학 능력, 과학 능력 등을 조사한다. 국제학업성취도평가PISA로 불리는 이 조사는 정책 입안자들의 높은 관심 대상이다. 핀란드는 교육 수준이 매우 높아서,(실제로 PISA 결과가 발표될 때마다 핀란드에 대한 부러움에 시달리는 나라가 한둘이 아니다) 교육에서 나타나는 성별 격차를 살펴보기 좋은 곳이다. 핀란드 학생들의 PISA 성적은 전반적으로 매우 높은데, 성별 격차가 매우 크다. 핀란드 여학생의 20퍼센트가 이 시험에서 최고 수준의 독해 점수를 받았으나, 남학생은 9퍼센트에 지나지 않는다.[9] 독해 점수가 가장 낮은 학생들을 살펴보면 남학생은 20퍼센트, 여학생은 7퍼센트로 성별 격차가 역전된다. 그리고 핀란드 여학생은 과학과 수학에서도 남학생을 대부분 앞섰다. 결론적으로 말하자면 세계가 칭찬하는 핀란드의 교육 성과는 전적으로 여학생들의 놀라운 성과로 설명된다는 것이다.(PISA 독해 시험의 경우 사실 미국 남학생들의 성적도 핀란드 남학생들만큼은 좋다.)

이는 핀란드의 성공 비결을 찾으려고 핀란드로 몰려든 교육 개혁가들에게는 시사하는 바가 크겠지만, 단지 국제적 추세를 보여 주는 생생한 사례일 뿐이다. 전 세계의 초등학교와 중고등학교에서 여학생들이 남학생들을 앞서고 있다. OECD 국가에서 여학생의 독해 능력은 남학생보다 1년 정도 앞서고 있어서, 남학생의 우위가 거의 사라지고 있는 수학과는 대조를 이룬다.[10] 남학생이 수학, 독해, 과학의 주요 과목에서 모두 낙제할 확률은 여학생보다 50퍼센트 더 높다.[11] 스웨덴은 학교에서 '소년 위기pojkkrisen'로 불러

온 문제를 상대로 싸움을 시작했다. 호주는 소년, 남자, 책, 바이트 Boys, Blokes, Books and Bytes라는 독서 프로그램을 고안해 냈다.

미국에서 여학생들이 더 강자인 것은 이미 수십 년 된 일이다. 하지만 지금 여학생들은 거기서 한층 더 앞서 나가고 있다. 특히 문해력과 언어 능력의 면에서 그렇다. 이런 차이는 일찍부터 드러난다. 예를 들어 (부모의 특성을 배제할 때) 여학생은 다섯 살 때 남학생보다 '학교 갈 준비'가 되었을 가능성이 14퍼센트포인트 더 높다. 이는 부유한 아이와 가난한 아이, 흑인 아이와 백인 아이, 또는 유치원에 다닌 아이와 다니지 않은 아이 사이의 격차보다 훨씬 더 큰 차이다.[12] 4학년에서 6퍼센트포인트였던 독해 능력 성별 격차는 8학년이 되면 11퍼센트포인트로 커진다.[13] 4학년 수학에서 남학생이 6퍼센트포인트 유리했던 격차는 8학년이 되면 1퍼센트포인트로 줄어든다.[14] 스탠퍼드 대학의 숀 리어든Sean Reardon은 미국 전역의 시험 점수를 바탕으로 한 연구에서 3학년부터 8학년까지 수학에서는 전반적으로 격차가 없으나 영어에서는 큰 격차가 있음을 발견했다. 그의 결론은 이렇다. "사실상 모든 학군에서 여학생의 ELA English language Arts(영어학 및 영문학) 성적이 남학생보다 우수했다. 평균적으로 격차는 한 학년의 대략 3분의 2 정도이며, 웬만한 대규모 교육정책의 효과보다 더 크다."[15]

고등학교에 이르면 여학생의 우위는 확고해진다. 여학생들은 고등학교 GPA Grade Point Average(평점 평균)에서 항상 남학생보다 우위를 차지해 왔다. 심지어 대학 진학률과 직업에 대한 기대치의 차이를 고려할 때 여학생이 느끼는 학습 동기가 남학생보다 적었던

<그림 1-1> 성적이 뛰어난 여학생들
고등학교 GPA 순위별 남녀 구성비 (10분위)

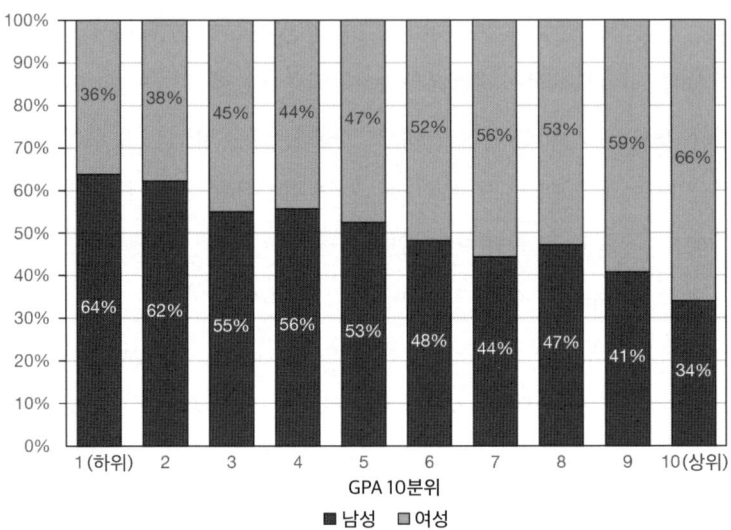

참고: 수치는 2009년 대학 신입생들의 고교 당시 GPA를 나타낸다.
출처: U.S. Department of Education, National Center for Education Statistics, High School Longitudinal Study 2009.

반세기 전에도 그랬다. 하지만 최근 수십 년 동안 그 격차는 더 커졌다. 〈그림 1-1〉에서 볼 수 있듯이 현재 여학생의 가장 일반적인 고교 성적은 A이고, 남학생은 B다.[16] GPA를 기준으로 상위 10퍼센트의 고등학생에서 여학생이 3분의 2를 차지하는 반면에, 하위권에는 그 비율이 반대다.

또한 대학 과목 선이수제나 국제 바칼로레아baccalauréat 수업도 여학생이 훨씬 더 많이 듣는다.[17] 물론 각국의 추세 뒤에는 지리적 차이가 숨어 있으므로, 몇몇 장소를 골라 들여다보는 편이 유용하다. 9학년에서 A 또는 B의 평균을 받은 비율이 빈곤층(32퍼센트)보다 가장 부유한 동네 학생들(47퍼센트)에게서 월등히 높은 시카고를 예로 들어 보자.[18] 계급 간 격차가 크다는 얘기인데, 시카고의 인종 분리가 미국에서 가장 심하다는 사실을 고려할 때, 이는 인종 간 격차가 크다는 뜻도 된다. 그런데 높은 성적을 받는 여학생과 남학생의 비율도 47퍼센트 대 32퍼센트로 똑같다니, 놀랍지 않은가? 고등학교 첫해 성적이 뭐 그리 중요하랴 싶은가? 향후 교육 결과를 긴밀하게 예측해 주는 요소라 대단히 중요하다. 이들 데이터를 분석한 시카고 연구진의 말처럼 "성적은 교사가 중요시하는 여러 요소를 반영하며, 바로 이런 다차원적 품질 덕택에 성적은 중요한 결과들을 예측하는 지수가 되는 것"이다.

    대부분의 표준 시험에서 여전히 남학생들이 여학생들보다 조금 더 낫다는 것은 사실이다. 그러나 이 격차는 SAT에서 13점 차이로 크게 좁혀졌고, ACT에서는 아예 사라졌다.[19] 또한 대학들이 입학 사정에서 SAT 점수와 ACT 점수를 고려하지 않게 되면서 어찌 되었건 그 중요성은 사라지고 있다는 점에 주목해야 할 것 같다. 장점이 무엇이든 간에 그런 변화는 중등교육 후의 성별 격차를 더욱 넓힐 것 같다. 여기에 그런 성별 격차를 좀 더 생생하게 보여 주는 사례가 있다. 《뉴욕 타임스》는 매년 중고등학생을 대상으로 수필 공모전을 시행해 수상자들의 의견을 발표하고 있다. 그런데 공모전 담당자들의 말로는 지원자 중에서 여학생 대 남학생의 비율이 "2대 1, 아마도 3대 1"에 가깝다고 한다.[20]

이제 남학생들이 여학생들보다 고등학교를 졸업할 가능성이 낮다는 것쯤은 놀랍지도 않다. 2018년에 고등학교를 제때(즉 입학 후 4년째에) 졸업한 여학생의 비율은 88퍼센트로, 남학생의 82퍼센트보다 높았다.[21] 빈곤 가정 학생들의 경우에 남학생의 졸업 비율은 80퍼센트를 조금 넘었을 뿐이다. 여러분은 이것들이 구글 검색만 하면 되는, 찾기 쉬운 수치라고 생각할지 모른다. 나도 이 문단을 쓰기 시작했을 때는 그러리라고 생각했다. 하지만 그것을 알아내는 데는 브루킹스 연구 프로젝트가 필요했다. 그 이유에는 무언가를 시사하는 바가 있다. 연방법에 의하면 각 주는 인종, 영어 숙련도, 경제적 약자 여부, 노숙 여부, 위탁 가정 상황 등에 따른 고등학교 졸업률을 보고해야 한다. 이런 데이터는 중도 탈락의 위험이 가장 큰 집단의 추세를 평가하는 데 매우 중요하다. 하지만 참 이상하게도 각 주에서는 그런 결과를 남녀별로 보고할 필요는 없다. 그래서 앞에 언급한 수치들을 얻기 위해서는 주마다 데이터를 샅샅이 뒤질 수밖에 없었다.

그래드 네이션Grad Nation이라는 이름의 활기찬 비영리 조직은 미국 전체의 고등학교 졸업률을 2017년의 85퍼센트에서 90퍼센트로 끌어올리는 방안을 모색하고 있다.[22] 엄청난 목표다. 이를 위해서 '유색인종 학생', '장애 학생', '저소득층 학생' 간의 개선이 요구된다는 점을 이 조직은 지적한다. 물론 그래야 할 것이다. 하지만 그들은 소년들이라는 큼직한 것을 빠뜨렸다. 어쨌거나 소년들은 목표보다 8퍼센트포인트나 아래에 있지만, 소녀들은 2퍼센트포인트 떨어져 있을 뿐이니까.

모든 것은 뇌 발달 타이밍에

자, 이게 다 무슨 영문일까? 설명으로 내놓을 만한 것은 많다. 일부 학자들은 남학생들의 성적이 상대적으로 저조한 것은 그들이 중등교육에 대해서 품는 기대가 워낙 낮기 때문이라고 해명한다. 악순환이라는 것이 딱 그런 것이다.[23] 다른 학자들은 네 명 중 세 명꼴인(그것도 점점 강해지는) 여교사 편향이 남학생들에게 불리하다고 걱정한다.[24] 물론 이것도 중요하다. 하지만 내 생각에는 그보다 더 크고 더 간단한 설명이 바로 코앞에 있다. 남자아이들의 뇌가 (특히 가장 중요한 중등교육 기간에) 더 느리게 발달한다는 사실이다. 네 명의 남학생 중 거의 한 명(23퍼센트) 꼴로 '발달장애'가 있다고 하면, 제 기능을 못 하는 것은 남학생들이 아니라 교육기관이라는 의구심이 당연히 들지 않겠는가?[25]

로런스 스타인버그Laurence Steinberg는 저서 『위기와 기회 사이: 뇌과학에서 찾은 청소년기의 비밀Age of Opportunity: Lessons from the New Science of Adolescence』에서 다음과 같이 적었다. "고등학교를 다닐 나이의 청소년들은 침착할 때, 푹 쉬었을 때, 선택을 잘하면 보상을 받을 것이라는 확신이 있을 때 더 나은 결정을 내린다."[26] 이에 대해서 부모들이라면, 혹은 자신의 10대 시절을 이야기하는 사람들이라면 누구나 이렇게 대답할 것이다. "내가 모르고 있는 걸 얘기해 봐요, 래리Larry." 하지만 청소년들의 뇌 구조는 '좋은 선택'을 하기 어렵게 되어 있다. 어렸을 때는 파티에 가려고 침대에서 몰래 빠져나가고, 나이가 들면 잠자리에 들려고 파티에서 몰래 빠져나가는 법이다. 안 그런가? 스타인버그는 청소년기가 본질적으로 뇌의 '자극 추구'(학교 따위 잊어버리고 파티에 가!) 영역과 '충동 조절'(오늘 밤엔 진짜 공부해야지!) 영역 사이의 싸움이라는 것을 보여 준다.

심리적으로 이것들이 자동차의 가속 페달이나 브레이크 페달과 똑같다고 생각하면 도움이 된다. 10대의 뇌는 가속장치를 밟는다. 새롭고 흥미로운 경험을 추구한다. 제동 메커니즘인 충동 제어는 한참 후에야 발전한다. 스탠퍼드의 생물학자이자 신경학자인 로버트 새폴스키Robert Sapolsky가 저서 『행동: 인간의 최선의 행동과 최악의 행동에 관한 모든 것Behave: The Biology of Humans at Our Best and Worst』에 적었듯이 "미성숙한 전두엽 피질이 간절히 기도해 보았자 이런 도파민 시스템에 맞설 도리가 없다."[27] 여기에는 육아에 관해서 분명한 의미가 담겨 있으며, 청소년들의 자율 규제 전략 개발을 돕는 것이 왜 중요한지도 드러난다.

그렇다면 청소년기는 스스로 억제하기가 더 어려운 시기다. 하지만 그 차이는 여자아이들보다 남자아이들에게서 훨씬 더 크다. 남자아이들이 가속은 더 하면서 제동력은 더 떨어지기 때문이다. 충동 조절, 계획, 미래 지향과 관련된 뇌의 부분들은, 때로 '뇌의 최고 경영자CEO'라고 불리는 부분들은 대부분 전전두피질前前頭皮質, prefrontal cortex에 있는데, 남자아이들이 여자아이들보다 약 2년 늦게 성숙한다.[28] 가령 소뇌는 여자아이들의 경우 11세에 완전한 크기가 되지만, 남자아이들은 15세가 되어야 그런 크기에 도달한다. 신경 과학자인 괵첸 아키위레크Gökçen Akyürek의 말을 빌리자면 무엇보다 소녀는 "감정, 인지, 규제 등의 능력을 조절하는 효과가 있다."[29] 그건 나도 잘 안다. 아들이 셋이니까. 이런 연구 결과들은 주의력과 자기 조절 관련 조사에 관한 증거와 일치한다. 즉 사춘기가 주의력 및 사회적 인식과 연관된 해마에 미치는 영향으로 인한 가장 큰 성별 차이는 사춘기 중간쯤에 발생한다는 것이다.[30] "넌 어째 여동생만도 못하냐?" 같은 질문을 받는 10대 소년이 정말 많을 텐데, 이에 대한 정답은 대충 이런 것이다. "아이고, 엄마, 피질 회백질과 피질하 회백질에서 남녀 이형 궤적이 나타니까 그렇죠!" (그러곤 다시 비디오게임으로.)

뇌의 여러 부위는 성장해야 하지만, 뇌 섬유 일부는 신경 기능의 향상을 위해 가지치기하듯 다시 쳐 주어야 한다. 뇌 일부가 더 작아져야 더 효율적일 수 있다고 생각하자니 좀 이상하지만, 그것이 사실이다. 기본적으로 뇌는 스스로 깔끔하게 정돈한다. 울타리를 쳐 주어야 보기 좋은 것과 같다고 생각하자. 이 가지치기 과정은 특히 청소년 발달에 중요하며, 4세에서 40세 사이 121명의 자세한 뇌 영상을 기반으로 한 연구는 이 과정이 남자아이들보다 여자아이들에게 더 일찍 이루어진다는 사실을 보여 준다. 그리고 이런 차이는 16세 전후에 가장 크다.[31] 과학 저널리스트 크리스트넬 스토르Krystnell Storr는 이렇게 적었다. "뇌에 관한 성별 차이를 들여다보는 연구에 이런 발견까지 더해진다. 과학은 우리 뇌가 발달하는 방식의 차이를 또렷이 가리킨다. 누가 이의를 제기할 수 있겠는가?"[32] (알고 보니 이의를 제기한 사람은 꽤 많았다. 하지만 그 이야기는 나중에.)

늘 그렇듯이 우린 여기서 '평균'을 이야기하고 있다. 그것을 깨닫는 것이 중요하다. 하지만 이 증거에 충격을 받는 부모는 많지 않으리라. 펜실베이니아 대학 페럴먼Perelman 의과대학의 신경학 학과장인 프랜시스 젠슨Frances Jensen의 말을 들어 보자. "청소년기에 여자아이들은 시냅스 정점peak과 연계 과정의 측면에서 평균적으로 2년에서 3년 정도 더 발달한다. 15세인 소년과 소녀들을 생각해 보면 대부분의 사람들은 이 사실에 놀라지 않는다."[33] 난 딸이 없기는 하지만, 우리 아들들이 중고등학교 시절에 여자 친구를 집에 데려왔을 때 성숙도의 차이는 참 놀라울 때가 많았다고 말할 수 있다.

훌륭한 학업을 수행하기 위한 아주 중요한 기술과 특성의 발달에서 성별 격차가 가장 큰 시기는 학생들이 GPA를 걱정하고 시험 준비로 바쁘며 얌전하게 공부할, 딱 그런 때다.[34] 청소년을 다루는 새 학문의 중요성에 관해 2019년에 전미과학공학의학한림원National Academies of Sciences, Engineering, and Medicine이 작성한 보고서는 "뇌 발달과 사춘기 사이의 연관성에서 나타나는 성별 차이는 청소년기 동안에 두드러진 성 격차의 이해와 관련이 있"음을 암시한다.[35] 그러나 뇌 발달의 성별 차이에 대한, 특히 청소년기의 차이에 대한 이 새 학문이 정책에 영향을 미친 적은 아직 없다. 예를 들어 전미과학공학의학한림원 보고서에서 교육과 관련된 장에는 확인된 성별 차이에 관한 구체적 제안이 들어 있지 않다.

신경학적 성별 차이의 중요성을 둘러싼 논쟁은 상당히 치열할 수 있는데, 교육에 관한 한 그 틀이 잘못 잡혀 있다. 남녀의 심리에서 나타나는 몇 가지 생물학적 차이는 틀림없이 청소년기가 지나도 계속된다. 하지만 남녀의 뇌가 '어떻게' 발달하느냐가 아니라 '언제' 발달하느냐가 가장 큰 차이다. 핵심은 실제 나이와 발달 연령의 관계에서 여자아이들과 남자아이들이 매우 다르다는 것이다. 신경 과학의 관점에서 보면 교육 시스템은 여학생들에게 유리하게 기울어져 있다. 의도적이지는 않았다고 말할 필요가 있을까? 어쨌거나 교육 시스템을 만든 것이 대개 남자들이었지 않은가? 그리고 소년들에게 불이익을 주려는 페미니스트들의 100년 된 음모 같은 것은 없지 않은가? 고등교육도 직업도 추구하지 말고 대신 가사나 돌보라고 여자아이들을 부추기던 시절에는 교육 시스템에 내재된 남녀 편견을 깨닫기가 한층 더 어려웠다.[36] 이제 여성운동이 소녀와 여자들에게 이러한 기회의 문을 활짝 열어 주자, 그들의 타고난 장점들이 해가 갈수록 더 또렷해진 것이다.

핑크색으로 물든 캠퍼스

고등교육으로 올라갈수록 성별 격차는 더 벌어진다. 미국의 경우 이제 학사 학위의 57퍼센트가 여성에게 수여되는데, 그것도 전형적인 '여성용' 전공뿐만이 아니다. 가령 경영학 학사를 보면 1970년에 10분의 1도 안 되었던 여성이 지금은 거의 절반(47퍼센트)을 차지한다.[37] 법학 학위도 마찬가지여서 1970년에 스무 명 중 한 명꼴이었던 여성들이 지금은 대다수를 차지한다.[38]

<그림 1-2> 교육 분야에서의 엄청난 '따라잡기'
남성 100명당 학위가 수여된 여성의 수, 1971년~2019년

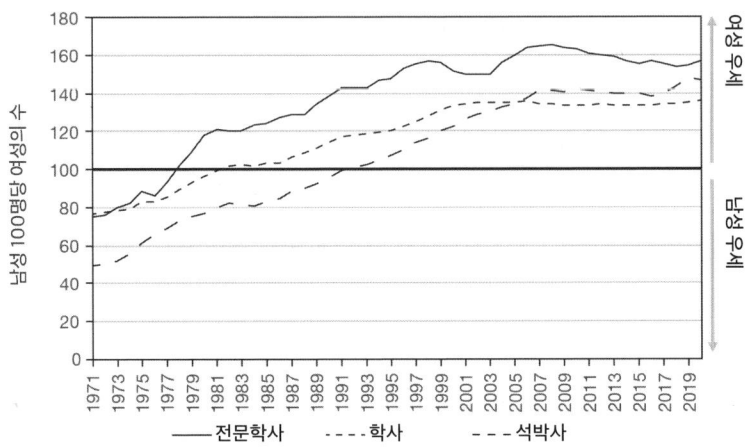

참고: '석박사' 학위에는 석사, 전문 학위, 박사, 법학 학위 등이 포함된다.
출처: U.S. Department of Education, National Center for Education Statistics, "Degrees conferred by degree-granting institutions, by level of degree and sex of student" (2005 and 2020).

〈그림 1-2〉는 1970년에서 2019년까지 수여된 전문학사 associate degree 학위, 학사 학위, 석박사 학위의 성별 비율 격차를 보여 준다.[39]

여성들은 석사 학위와 전문학사 학위를 다섯 개 중 세 개 꼴로 획득했는데, 석박사의 경우는 그 상승이 훨씬 더 드라마틱했다.[40] 치의학, 의학, 법학의 박사 학위가 여성에게 수여되는 비율은 1972년의 7퍼센트에서 2019년의 50퍼센트로 급증했다.[41] 캠퍼스

에서 여성의 우세는 학업 외의 부문에서도 드러난다. 가령 2020년에 상위 열여섯 개 로스쿨이 발간하는 법학 저널의 편집장은 모두 여성이었다.[42]

로진이 지적했듯이 이것은 세계적 추세다. 내가 태어난 다음 해인 1970년에 영국 여성에게 돌아간 학사 학위는 전체의 31퍼센트뿐이었다. 하지만 20년이 지나 내가 대학을 떠났을 때는 44퍼센트였다. 그리고 지금은 58퍼센트다.[43] 오늘날에는 젊은 영국 여성의 40퍼센트가 18세에 대학에 진학하지만, 남성의 경우 29퍼센트만 진학한다.[44] 학부생의 77퍼센트가 여성인 아이슬란드의 아퀴레이리 대학University of Akureyri 총장은 세계가 "이제 막 이 문제를 깨닫기 시작했"다고 말한다.[45] 세계 경제 포럼WEF에 따르면 아이슬란드는 세계에서 남녀가 가장 평등한 나라이므로, 흥미로운 사례가 아닐 수 없다.[46] 그런데도 아이슬란드의 대학들은 남녀의 엄청난 교육 불평등을 되돌리기 위해 안간힘을 쓰고 있다. 아이슬란드 대학University of Iceland 부총장의 얘기를 들어 보자. "이 문제는 언론에서도 논의되고 있지 않아요. 하지만 정책 입안자들은 이런 추세를 걱정하고 있죠."[47] 한편 스코틀랜드의 정책 입안자들은 걱정하는 단계를 지나 뭔가를 손보는 단계여서, 국내 모든 대학에서 남성 비율을 높이자는 명확한 목표를 설정했다.[48] 다른 나라들도 이 접근법을 따라야 할 것이다.

공학, 컴퓨터 과학, 수학 등 일부 과목이 여전히 남성의 수를 왜곡하는 것은 사실이다. 대학과 비영리단체와 정책 입안자들은 STEM(과학science, 기술technology, 공학engineering, 수학math)에서의 이

<그림 1-3> 전 세계적으로 더 높아진, 여성의 교육 수준
3차 교육을 받은 25세~34세의 남녀 비율

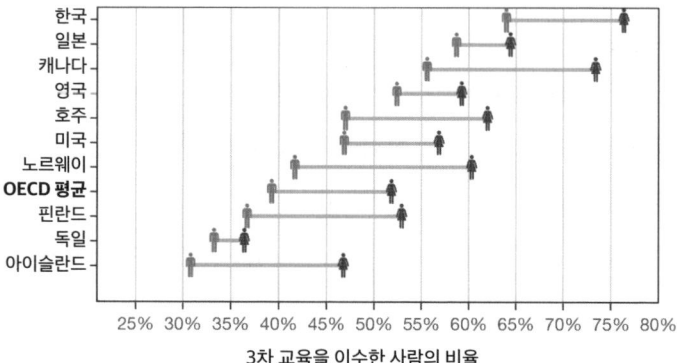

참고: 엄선한 OECD 국가들. 자료가 있는 연도는 국가마다 조금씩 다르다.
출처: OECD, "Educational Attainment and Labour-Force Status: ELS—Population Who Attained Tertiary Education, by Sex and Age Group," data accessed November 15, 2021.

러한 격차를 해소하기 위해 상당한 노력과 투자를 하고 있다. 하지만 여기서도 뉴스는 대체로 고무적이다. 현재 물리학과에서 41퍼센트, 수학과와 통계학과에서 42퍼센트 등, STEM 과목에서 수여되는 학사 학위의 36퍼센트를 여성이 차지하고 있다.[49] 그러나 전통적으로 여자가 많은 사범대나 간호대에서는 남자들이 똑같이 늘어나지 않았다. 일자리의 대단한 증가를 기대할 수 있는 직업 분야인데도 말이다.(제11장에서 어떻게 해야 남자들을 이런 HEAL 직업에 더 많이 투입할 수 있는지 논의할 것이다.)

이제는 OECD의 모든 국가에서 여성 학사 학위 소유자가 남성 학사 학위 소유자보다 더 많다.⁵⁰ 〈그림 1-3〉은 그중 몇몇 국가에서 나타난 이 격차를 보여 준다. 전 세계적으로 여성들이 그처럼 빠르게, 그처럼 모든 분야에서, 그처럼 꾸준하게 남성들을 추월하리라고는 아무도 예상하지 못했다. 적어도 내가 아는 한에서는 그렇다.

남성을 위한 긍정적 차별

현재 미국의 거의 모든 대학에 여학생들이 다니고 있다. 마지막으로 무너진 남성 우위의 보루는 아이비리그 대학들이었지만, 이젠 모두가 여성 다수로 바뀌었다.⁵¹ 대학 캠퍼스의 꾸준한 여성화를 괴로워하는 사람은 많지 않겠지만, 최소한 한 집단은 그것을 진심으로 걱정한다. 바로 입학 사정관들이다. 케니언 칼리지Kenyon College의 입학처장을 지낸 제니퍼 딜레헌티Jennifer Delahunty는 이렇게 말한다. "일단 등록자 수에서 결정적으로 여성 우위가 되어버리면 그 캠퍼스를 매력적이라고 생각하는 남성은 줄어든다. 그뿐인가? 그렇게 생각하는 여성도 줄어든다." "내가 거절한 소녀 모두에게To All The Girls I've Rejected"라는 서글픈 제목을 단《뉴욕 타임스》의 도발적 기사에서, 모두가 은밀히 아는 것을 그녀는 공개적으로 말했다. "오늘날 가장 까다로운 대학들의 입학 기준은 남성들보다 여성들에게 더 엄격하다."⁵²

슬그머니 남성에게 유리하게 이루어지는 이 긍정적 차별에 대한 증거는 꽤 명확해 보인다. 사립대학의 경우 남성의 합격률이 여성보다 훨씬 더 높다.[53] 예를 들어 입학생의 67퍼센트가 여성인 배서 칼리지Vassar College는 2020년 가을에 남성 지원자의 합격률이 28퍼센트였던 반면, 여성은 23퍼센트였다.[54] 1969년까지만 해도 배서 칼리지가 여자대학이었기 때문에 그랬을까? 하지만 같은 해까지 남자대학이었던 케니언 칼리지도 비슷한 문제를 경험했다.[55] 이와는 대조적으로 대다수 학생을 가르치는 공립대학들은 성별에 따른 차별 대우가 금지되어 있다. 바로 이러한 점 때문에 그들은 사립대학보다 여성을 훨씬 더 많이 받아들인다.

여러분은 사립대학의 이러한 남녀 차별이 불법이라고 생각할지도 모르겠다. 그러나 사립대학 학부 입학 관련 성차별 금지 조항에서 특별히 면제되는 경우를 담은 타이틀 나인 1681조 (a)항 (1)호의 세부 내용을 읽어 보라. 분명히 밝히거니와 이 조항은 몇몇 남자대학이나 여자대학을 보호하기 위해 만들어졌지, 다른 학교에서 남성에게 유리한 차별을 허용하려고 만들어진 것이 아니다. 성 편견의 증거가 너무 뚜렷해서 2009년에는 미국시민권위원회U.S. Commission on Civil Rights가 1681조의 모호함에도 불구하고 조사를 벌였다. 조사를 촉구했던 게일 헤리엇Gail Heriot 위원은 '의도적 차별의 증거'가 있다고 했다.[56] 하지만 2년 후에 이 안건은 표면적으로는 '자료 불충분'이라는 이유로 폐기되었다. 배후에서 무슨 일이 일어났는지는 아무도 모른다. 하지만 나는 해나 로진의 평가가 옳다고 생각한다. 그녀가 뭐라고 썼는가? "그런 차별을 초래하는 좀 더 큰 역학 관계를 인정한다는 것은 전혀 다른 유형의 위협이었다. 그것은 이 영역에서 도움이 필요한 쪽은 오히려 남성들이라는 것을 인정한다는 뜻이었다."[57]

케니언의 딜레헌티는 2021년 9월에 《월스트리트 저널》과 인터뷰하면서 진솔하게 물었다. "남자아이들에게 유리하도록 조정하냐고요? 그럼요, 그렇고 말고요. 그럼 이렇게 물어야겠죠. 그것이 옳은가, 아니면 틀려먹은 건가?"[58] 내 대답은 "틀려먹었다."이다. 소년과 남자들이 교육에서 뒤떨어지는 데 관해서는 나도 걱정이 깊지만, 긍정적 차별은 해결책이 될 수 없다.(또는 '아직은' 될 수 없다고 해야 할지도.) 대학에서 나타나는 격차는 대체로 고등학교에서의 격차를 반영한다. 예를 들면 대학에서의 초기 성취도 차이는 고등학교 GPA의 차이로 설명할 수 있다. 읽기 능력과 말하기 능력은 대학 진학률을 또렷이 예측하게 하며, 이 둘은 남학생들이 여학생들보다 가장 뒤처지는 분야다.[59] 에스테반 아우세호Esteban Aucejo와 조너선 제임스Jonathan James의 연구에 의하면, 16세 시점의 언어 능력을 균등하게 해야 잉글랜드의 대학 진학률에서 나타나는 성별 격차도 해소될 것이라고 한다.[60] 그렇다면 가장 시급한 과제는 K-12 교육 시스템 내 남학생들의 성과를 개선하는 일이다.

휴학과 중퇴의 늪에 빠진 남학생들

하지만 남학생들을 대학에 더 많이 보내는 것은 단지 첫걸음에 지나지 않는다. 그들이 대학을 무사히 마칠 수 있게 하는 도움도 필요하다. 현재 학생들은 대부분 어떤 시점이 되면 어떤 대학이든 진학해서, 가장 커다란 어려움은 졸업이다. 거기에서도 성별 격차가 있다. 남학생들은 학업에서 벗어나는 '스톱 아웃stop out', 즉 휴학할 가능성이 더 클 뿐 아니라, 아예 졸업을 포기하는 '드롭 아웃drop out', 즉 중퇴할 가능성도 더 크다. 공립 4년제 대학에 입학하는 여학생의 46퍼센트가 4년 후에 졸업하는 데 비해 남학생은 그 비율이 35퍼센트에 머물러, 그 차이는 사소한 정도가 아니다.(6년 만에 졸업하는 비율은 격차가 다소 줄어든다.)[61]

도시 연구소Urban Institute 산하 교육 데이터 및 정책 센터Center on Education Data and Policy의 센터장인 매슈 칭고스Matthew Chingos는 《뉴욕 타임스》와 협력해 각 대학의 '드롭 아웃' 비율을 기반으로 하는 순위표를 만들었다. 학교의 성과를 공정하게 판단하기 위해 칭고스는 어떤 종류의 학생들이 입학하는지를 고려했다. "대학이 저소득층 학생, 흑인 및 라틴계 학생, 남학생, 나이 많은 학생, SAT 점수나 ACT 점수가 낮은 학생을 많이 입학시키면 시킬수록, 평균적으로 이들의 졸업률도 낮기" 때문이다.[62] 다시 말해서 불우한 학생을 더 많이 받아들였다고 해서 대학이 불이익을 받아서는 안 된다는 얘기다. 그 기사를 읽었을 때 '남학생'이라는 범주가 내 눈에 확 들어왔다. 그것은 우리 인구 절반의 저조한 교육적 성과가 이제 사회과학자들에겐 그저 통상적 팩트임을, 일련의 대조 표준에 추가할 항목임을 보여 준다.

칭고스의 수치는 무엇을 시사하는가? 다른 모든 조건이 같다면, 4년제 여자대학은 남자대학보다 졸업률이 14퍼센트포인트 더 높으리라는 것을 암시한다.[63] 사소한 차이가 아니다. 사실 시험 점수나 가족 소득이나 고등학교 성적 같은 기타 요소들을 고려할 때, 남학생들은 가난한 학생, 흑인 학생, 외국 태생 학생 등을 포함한 '다른 어떤 집단'보다도 대학을 중퇴할 위험이 더 크다.

하지만 대학에서 남학생들의 저조한 성적은 적잖은 미스터리에 싸여 있다. 세계적 석학들이 남성들의 저조한 대학 진학률과 대학 졸업률을 골똘히 연구해 보았으나, 자료만 쌓일 뿐 퇴행을 거듭하고 있다. 나는 그런 자료도 읽었고 학자들과 이야기도 나누어 보았다. 그들의 결론은 간단히 말해 "우리도 알 수 없다."라는 것이다. 대학 교육의 가치는 여성에게나 남성에게나 똑같이 높으니까 경제적 동기도 답이 될 수 없다.[64] 매사추세츠 공과대학MIT의 데이비드 오터David Autor처럼 관련 자료를 심도 있게 연구한 학자조차 결국은 남성들의 교육 추세를 '이해 불가'로 묘사한다.[65] 영국의 대학 입시 서비스 조직을 이끌었던 메리 커노크 쿡Mary Curnock Cook 역시 '요령부득'이라고 말한다.[66] 내 아들 녀석에게 어떻게 생각하느냐고 묻자, 전화기를 보던 그는 고개를 들고 어깨를 으쓱하더니 내뱉었다. "모르겠어요, 아빠." 말이야 바른말이지, 그것이 완벽한 답이었을 수도.

이 논쟁에서 거의 주목받지 못하는 한 가지 요소는 발달 격차다. 남성의 전두엽 피질은 20대 초반까지도 여성들을 따라잡으려고 안간힘을 쓴다. 내가 보기에 소녀와 여자들은 고등학교에서든 대학에서든 이길 태세가 '항상' 더 잘 되어 있었는데, 대학 교육에 대한 이런저런 성별 추정이 사라지면서 그것이 또렷이 드러난

것 같다.[67]

하지만 여기에는 남녀가 '간절히 바라는 것'의 간격도 있다고 생각한다. 오늘날 대부분의 젊은 여성은 교육이 얼마나 중요한지 귀가 따갑도록 들었고, 대부분은 경제적 독립을 원한다. 같은 수업을 듣는 남성들보다 그들은 미래를 훨씬 더 날카롭게 바라본다. 1980년의 12학년생들 가운데 틀림없이 4년제 대학의 학위를 받을 것이라고 말할 확률은 남학생들이 여학생들보다 훨씬 더 높았지만, 불과 20년 만에 완전히 반대로 변했다.[68] 바로 이것이 대학 등록금 무료 프로그램을 포함한 많은 교육정책이 남성보다 여성에게 더 많은 혜택을 주는 이유일지 모른다. 성공을 향한 열망은 여성 쪽이 더 높으니까 말이다. 지금까지 소녀와 여자들은 여성 혐오와 싸워야 했다. 하지만 지금은 소년과 남자들이 내면의 동기를 얻기 위해 고군분투하고 있다.

『남자의 종말』이라는, 해나 로진이 2012년에 낸 책의 제목은 우울했다. 하지만 그때는 그녀도 남성들이 (특히 교육 분야에서) 어려움에 잘 대처할 것이라는 희망을 버리지 않았다. 그래서 이렇게 썼다. "선택지를 매년 다시 검토해야 하는 것처럼 호된 일도 없다."[69] 하지만 지금까지 그렇게 재고한 흔적은 거의 없다. 그녀가 들추어낸 추세는 더 나빠졌다. 그뿐인가? 교육정책이나 관행에 대한 재고도 없었다. 쿡은 이를 '엄청난 정책 사각지대'로 부른다.[70] 정확한 묘사다. 몇몇 훌륭한 예외(좋아어, 스코틀랜드!)를 빼면 정책 입안자들의 적응은 고통스러울 정도로 느렸다. 뭐, 놀랄 일도 아닐 것이다. 교육에서 남녀 역전은 놀라울 정도로 빠르게 진행되었으니까. 그것은 나침반의 바늘이 한쪽 극에서 다른 극으로 바뀌는 것과 똑같다. 순식간에 북쪽이 남쪽으로 둔갑한다. 양성평등을 이룬다는 것이 갑자기 여자아이들보다는 남자아이들에게 초점을 맞추는 것을 의미하게 된 것이다. 조금의 과장도 없이 어리둥절할 노릇이다. 우리의 법과 제도, 심지어 우리의 태도조차 아직 변화를 따라잡지 못한 것이 어찌 놀랄 일이겠는가? 그러나 따라잡아야 한다.

제2장　워킹맨의 우울

남자들의
일자리가
사라지고 있다

2019년 5월에 나는 연방준비제도Federal Reserve가 주최한 회의에서 불평등에 관한 패널 토론을 진행하고 있었다. 나는 뛰어난 경제학자 멀리사 커니Melissa Kearney에게 여성이 더 걱정되는지, 아니면 남성이 더 걱정되는지 물었다. 그녀는 잠시 침묵을 지켰다. 하긴 대단히 영향력 있는 청중 앞에서 불쑥 던진 질문이기는 했다. 이윽고 그녀가 대답했다. "저는 미국 남성들이 경제적 삶과 사회적 삶, 가족의 삶에서 얼마나 가장자리로 밀려나고 있는지 정말로 걱정됩니다. 20년간, 30년간, 40년간 학자들은 여성과 아이들에게만 집중했잖아요. 이제 우리는 정말로 남성을 생각해야 합니다."¹

그렇게 말하다니, 커니는 용감했다. 또한 그녀의 말은 옳다. 우리 아이들을 위해 더 역동적인 경제와 더 나은 미래를 원한다면,

힘들어하는 남성들을 도와야 한다. 제1장에서 나는 남성들이 학교에서 직면하는 어려움을 설명했다. 이제 난 주제를 일자리로 바꾸려 한다. 점점 더 많은 수의 남자가 유급 노동에서 이탈하고 있다. 또한 직장에 다니는 사람들 대부분의 임금은 제자리걸음이다. 사실 성별 임금격차가 줄어든 한 가지 이유는 남성의 중위 임금이 떨어졌기 때문인데, 이건 평등을 달성하는 적절한 방법이 도무지 아니다. 하지만 여자들이 남자들을 따라잡는 동안에도 경제라는 사다리의 꼭대기에 있는 노동자들은 (남녀를 막론하고) 다른 모든 이에게서 멀어지고 있다. 노동시장의 가장 깊은 균열은 남녀 간의 균열이 아니다. 그것은 백인 노동자와 흑인 노동자 사이의 균열이고, 중상류층upper middle class 및 중산층과 노동자계급 사이의 균열이며, 제4장과 제5장의 주제다.

수전 팔루디는 이렇게 썼다. "여성운동가나 대중매체에서 일하는 많은 이의 불평은 남자들이 권력의 고삐를 당최 포기하려 하지 않는다는 것이다. 그러나 그것은 대저 남자들의 상황에는 적용하기 어렵다. 남자들 개개인은 권력의 고삐가 자기 손에 쥐어져 있지 않고 입에 물려져 있는 것처럼 느끼기 때문이다."[2]

나는 여기서 이 남자들의 쇠퇴하는 경제적 운세를 보여 주고 설명하고자 한다. 남자들의 약점이 아니라 노동시장의 균열에서 어떻게 이런 결과가 나타나는지를 보는 것은 매우 중요하다. 그것은 구조적 문제이지 개인의 문제가 아니라는 얘기다.

노동시장에서 실종되는 남자들

경제학자 데이비드 오터와 멜러니 와서먼Melanie Wasserman은 이렇게 썼다. "미국 남성은 지난 30년 동안 노동시장의 기술 습득, 고용률, 직업적 위상, 실질임금 수준이라는 네 가지 측면에서 하향 곡선을 그려 오고 있다."[3] 안 좋게 들리는가? 그렇다, 나쁘다. 미국 남성의 노동력 참여율은 지난 반세기 동안 96퍼센트에서 89퍼센트로 7퍼센트포인트 하락했다.[4] 2020년에 코로나바이러스감염증-19COVID-19가 경제를 강타하기 전에도 한창 일할 나이에 일자리를 못 찾은 남성은 900만 명이었다.(경제학자들은 이 '한창나이'를 25세에 시작해 불안하게도 54세에 끝난다고 정의한다.) 기술적인 점이지만 중요한 점은 직장에 있지 않은 남성 대부분이 직장을 구하고 있지 않다는 이유로 공식 통계의 '실업자'로 집계되지 않는다는 점이다. 현재 고졸 남성 세 명 중 한 명은 노동력에 포함되지 않는다.[5] 그 노동력 예비군이 무려 500만 명으로, 중국 인민해방군의 두 배 크기다.[6]

경제 흐름에 의해 타격을 입은 남자를 생각하라고 하면, 여러분은 아마도 중년 남성을 떠올릴 터이다. 하지만 이건 나이 든 남자들만의 문제가 아니다. 실제로 남성 고용의 가장 큰 감소는 〈그림 2-1〉에서 알 수 있듯이 25세에서 34세 사이의 젊은 남성들에게서 일어났다.[7] 자, 이거야말로 진짜 '한창나이' 아닌가? 학자들은 그 이유를 확실히 알지 못한다. 표준 경제 모델로 설명하기도 여간 어려운 것이 아니다. 비디오게임의 마력 때문이라는 설명이 인기를

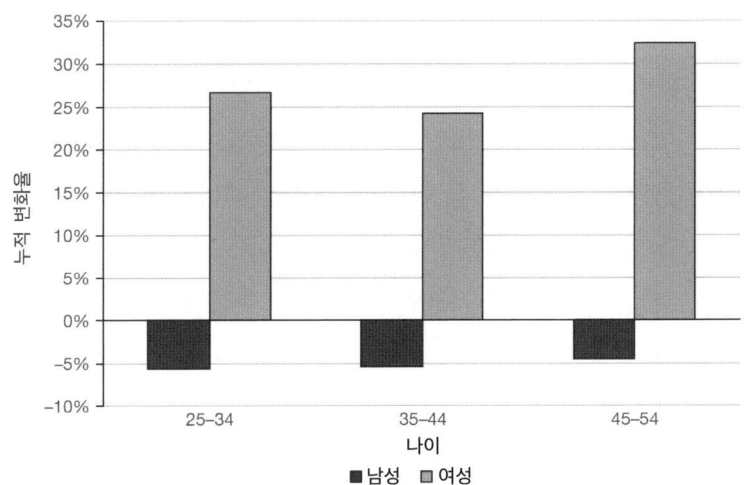

<그림 2-1> 일자리에서 더 많이 보이는 여성, 점점 줄어드는 남성
전체 인구 중 취업자 비율의 변화, 1979년~2019년

참고: 25세에서 34세까지를 대상으로 계절에 따라 조정된 수치로, 1979년 1분기부터 2019년 4분기까지다.

출처: Bureau of Labor Statistics, Employment-Population Ratio series.

끈다. 저임금에다 끌리지도 않는 직장에서 하루를 보내는 것보다야, 인기 비디오게임을 하면서 하루를 보내는 것이 당연히 더 좋은 방법처럼 보이지 않겠는가? 하지만 이런 설명에 대한 그럴싸한 증거도 전혀 없다. 노스캐롤라이나 대학의 경제학자 게리 킴브러Gary Kimbrough가 시간 사용 데이터를 신중하게 분석한 결과, 게임에 소비하는 시간이 가장 많이 증가한 것은 20대 남성이었지만, 2005년의 주 3시간이 2015년의 주 6시간으로 증가했을 뿐이었다.[8] 세 아들을 둔 아버지로서의 경험을 바탕으로, 나는 솔직히 그것이 '매주' 3시간(6시간)인지 '매일' 3시간(6시간)인지 재차 확인하지 않을 수 없었다. 도덕적 '패닉'을 느끼려면 그 정도 수치로는 어림도 없다고 느껴진다. 킴브러는 또한 남자들이 일자리를 잃었다고 해서 게임을 하는 시간을 (최소한 곧바로) 늘리는 것은 아니라는 것도 보여 준다.

2020년의 경제 침체는 남녀 모두의 고용수준을 급락시킨 것이 분명하다. 봉쇄가 경제를 '활동 중단' 상태에 빠뜨렸기 때문이다. 불과 몇 주 사이에 여성 취업은 16퍼센트, 남성 취업은 13퍼센트 감소했다.[9] 그 차이는 부분적으로는 특히 학교가 문을 닫고 돌봄 제공자들도 사라지면서 여자들이 아이들을 돌보기 위해 취업을 포기한 결과였고, 그래서 사람들은 이런 경기 침체를 곧 '쉬세션she-cession'이라는 별명으로 불렀다.[10] 확실히 2020년의 불황recession은 미시간의 경제학자 벳시 스티븐슨Betsey Stevenson이 관찰한 것처럼 "여성의 고용 감소를 거의 느낄 수 없었던" 최근의 침체와는 확연히 달랐다.[11] 이전의 불경기 대부분은 사실 남성 고용에 가장 큰 타격을 주는 '히세션he-cession'이었다.

하지만 2020년의 경기 침체는 통상적인 경기순환이 아니라 팬데믹으로 인해 인위적으로 발생했기 때문에 회복도 매우 빨랐다. COVID-19 불황은 격심했지만 매우 짧아서, 미국 역사를 통틀어 이전의 그 어떤 침체보다도 짧은 두 달만 지속되었다. 성별 격차 역시 재빨리 좁혀졌다. 2021년 10월에 이르면 팬데믹 시작 이후 하락한 1.2퍼센트포인트의 노동력 참여율도 남녀 간에 고르게 나타났다.[12] 여성 고위 임원의 비율이 2019년의 21퍼센트에서 2020년의 24퍼센트로 증가하는 등, 좋은 소식도 더러 있었다.[13]

로봇과 자유무역에 밀려나다

남성 고용이 감소한 것은 남자들이 갑자기 무기력해졌거나 일을 꺼려서가 아니라, 경제구조의 변화 때문이다. 간단히 말해서 남성 일자리는 자동화와 자유무역이라는 원투펀치를 얻어맞은 것이다. 기계는 두 가지 이유로 여자보다는 일하는 남자에게 더 큰 위협이 된다. 첫 번째, 자동화되기 쉬운 직업일수록 남자를 쓰고 있을 가능성이 더 크기 때문이다. 내 친구 마크 무로Mark Muro가 이렇게 말하고 있듯이 말이다. "생산직의 70퍼센트 이상, 운송업의 80퍼센트 이상, 건설업과 설치업의 90퍼센트 이상을 남성들이 차지하고 있다."¹⁴ 그리고 이들은 "현재 업무량이 평균 이상으로 자동화에 노출될 가능성이 높은 직업군"이다. 이와는 대조적으로 개인 서비스나 교육처럼 비교적 자동화로부터 안전한 직업에서는 노동력 대부분이 여자다.

두 번째, 남자들은 자동화의 세계가 요구하는 기술이 모자라기 일쑤다. 잉글랜드 은행Bank of England의 수석 경제학자인 앤디 홀데인Andy Haldane에 따르면 "미래의 고도 기술, 고임금 일자리에는 지능지수IQ보다 감성지수EQ로 더 잘 측정되는 기술이 포함될 수 있다."¹⁵라고 한다. 여자들이 '소프트 스킬soft skills'에서 우위라는 증거는 이미 존재하며, 이는 미국 노동시장에서 여자들에게 추가적인 활력을 불어 넣고 있고, 여자들을 남자들보다 더 빨리 '로봇 무풍지대'의 직업으로 옮겨 주고 있다. 그렇다는 증거도 이미 있다.¹⁶ 그러나 자동화의 영향에 관한 불확실성이 대단히 많다는 점에 주목해야 한다. 경험에 의한 추정치는 매우 다양하다.[17] 자동화에 대한 두려움은 오랫동안 존재해 왔으며, 흔히 여러 경제 트렌드에 대한 폭넓은 비관론의 대용물이 되기도 한다.

한 가지는 확실하다. 체력을 요구하는 직업에서 벗어나는 장기적 추세는 계속될 것이다. 노동통계국Bureau of Labor Statistics이 "가끔 51파운드(23.13킬로그램)~100파운드(45.36킬로그램)를 들거나 운반한다든지, 26파운드(11.79킬로그램)~50파운드(22.68킬로그램)을 자주 들거나 운반하는 중노동"이라고 표현하는 직업은 열 개 중 한 개꼴도 안 된다.[18] 근력을 요구하는 일자리가 줄어듦에 따라, 남자들은 신체적으로 점점 더 약해지고 있다. 전반적 근력의 좋은 지표인 악력 강도에서 남성의 수치가 급격하게 떨어지고 있다는 연구도 있다.[19] 한편, 그리고 아마 다들 놀라겠지만, 여성은 신체적으로 더 강해지고 있다. 1985년을 기준으로 30대 초반 남성은 평균적으로 비슷한 나이의 여성들보다 약 13.6킬로그램 더 많은 힘으로 손을 꽉 쥘 수 있었다. 하지만 오늘날 남녀의 악력은 거의 비슷하다.

여기서 목표는 남자들에게 힘쓰는 직업을 되돌려주는 것이 아니라, 변화에 적응하도록 돕는 것이다. 앞으로 가장 많이 성장할 직업 대부분에선 여자가 압도적이다.[20] STEM(과학, 기술, 공학, 수학) 기술을 요구하는 직업에 더 많은 소녀와 여자들이 들어가게 하는 지금까지의 노력은 칭찬할 만하고 상당히 성공적이었다. 하지만 이제는 여자가 지배하는 일자리에, 내가 HEAL(건강, 교육, 행정, 문해력)이라 부르는 일자리에 남자를 더 많이 투입하는 것이 훨씬 더 중요하다.

한편으로는 로봇이, 다른 한편으로는 외국인 노동자들이 남성 노동자들을 곤경에 빠뜨리고 있다. 자유무역은 특히 미국과 영국에서 최근 몇 년 동안 뜨거운 정치 주제가 되었다. 여기서 경험적으로 생긴 매듭을 풀기는 어렵다. 중국산 제품 수입이 미국 제조업 일자리 약 200만 개에서 300만 개를 줄여 버렸다는 데에는 의심의 여지가 없다.[21] 그러나 다른 분야에서 이를 상쇄할 만큼 일자리가 늘었는지, 그 영향이 중서부를 위시한 특정 지역에 국한되었는지, 그 충격은 중국이 세계무역기구WTO에 가입한 2001년 이후 불과 몇 년의 단기였는지 혹은 더 오래 영향을 미쳤는지, 노동자의 지리적 이동성 감소가 상황을 더 악화시켰는지 등등에 대해서는 논쟁이 계속되고 있다. 다시 말해서 참 복잡한 이슈다. 그뿐인가, 수천만 소비자에게(그리고 물론 중국 내 노동자들에게) 더 값싼 중국 상품의 혜택은 어느 정도였는지 경제적으로 측정하기도 매우 어렵다. 그것은 또 다른 얘기이지만.

나는 이렇게 말하고자 한다. 정치 엘리트들은 최종 결과로 보아서 자유무역이 장기적으로 좋다는 천하태평식의 주장만 수십 년 동안 펼쳐 왔다고. 그것이 사실이기는 하다. 하지만 그것은 '지금 바로 이 순간'에 '어딘가'에서 '어떤' 사람들이 상처받고 있다는 의미다. 노동자계급 편이라고 떠들어 대는 중도 좌파 정치인조차 이들을 돕기 위해 무엇을 했다는 말인가? 자유무역에서 생기는 이득이 패자에게 어느 정도 재분배될 것이라는 정책 서클의 가정은 대부분 틀린 것으로 판명되었다. 정부는 기본적으로 희생자들을 내팽개쳤고, 고작 그들에게 아이디어를 내 '평생 학습'에 참여하거나 프로그램에 동참하라고 소리치기만 했다. 2017년까지만 해도 미국 정부는 노동자들을 위한 무역 조정 지원 조치Trade Adjustment Assistance에 1달러를 지출할 때마다 엘리드 대학의 기부금에 대한 세금 보조용으로 25달러를 썼다.[22] (2017년의 「감세 및 일자리법Tax Cuts and Jobs Act」은 이들 기부금 중 가장 큰 기금에 세금을 부과했다.) 포퓰리즘의 반발 속에서 기술 관료 엘리트들은 그들이 뿌린 대로 거두어들였다.

일자리가 있는 남성의 경우 급여 수준은 일반적으로 과거보다 낮다. 남성의 시간당 평균 실질임금은 1970년대에 정점을 찍고는 그 이후로 줄곧 하락하고 있다. 여성의 임금이 지난 40년간 전반적으로 오르는 사이에, 소득 사다리의 대부분 계층에 있는 남성의 임금은 정체되었다. 최상위권 남성들만이 강한 소득 성장을 보였다. 1967년에 일을 시작한 남성과 비교해 1983년에 시작한 남성들은 실질적으로 평생 소득이 약 10퍼센트 더 적을 것이다. 이와는 대조적으로 여성의 경우 평생 소득은 같은 기간에 33퍼센트 증가했다.(이것들은 중위 수치다.)[23] 미국 노동통계국의 무미건조한 표현을 빌리자면 "남성 소득의 장기적 추세는 여성의 그것과는 상당히 달랐다."[24]

그렇다면 성별 임금격차는?

새로운 조사원을 고용할 때 나는 그들에게 두 권의 책을 읽으라고 부탁한다. 첫 번째는 로이 피터 클라크Roy Peter Clark의 『짤막하게 쓰는 법How to Write Short: Word Craft for Fast Times』으로, 블로그와 트윗이 난무하는 세계에서 예리하게 의사소통하기 위한 멋들어진 가이드다.(아, 물론 지금 여러분이 들고 있는 이 책이 다소 장황하다는 것은 잘 알고 있다.) 두 번째 책은 나의 영웅이나 다름없는 한스 로슬링Hans Rosling의 『팩트풀니스: 우리가 세상을 오해하는 10가지 이유와 세상이 생각보다 괜찮은 이유Factfulness: Ten Reasons We're Wrong about the World—and Why Things Are Better Than You Think』다. 2017년에 타계한 로슬링은 스웨덴의 의사였는데, 사람들이 통계를 제대로 읽지 못한다는 사실에 꽂혔다. 이 책에서 로슬링은 다양한 편견을 설명한다. 역사적인 추세선은 미래에도 변하지 않고 계속될 것이라고 가정하는 '직선 본능', 상황은 악화할 가능성이 크다고 생각하기 십상인 '부정 본능', 무엇이든 두 개의 뚜렷한 그룹으로 나뉘며 그 사이에는 빈틈만 있을 뿐이라는 '간극 본능' 등등이다.[25] 로슬링의 표현처럼 "우리는 이분법을 어마어마하게 좋아한다."

이 중 간극 본능은 인식의 두 가지 오류로 이어진다. 첫 번째, 우리는 두 그룹이 겹치는 부분이 얼마나 많은지 못 본다. 두 번째, 두 그룹 사이가 아니라 각 그룹 '내부'에 존재하는 격차가 더 큰데도 우리는 그것을 못 본다.

성별 임금격차가 대표적 사례다. 여성 임금 분포의 중간에 있는 여성들의 임금은 (1년 내내 정규직 근로자인 경우) 남성 임금 분포의 중간에 있는 남성들 임금의 82퍼센트로, 2020년을 기준으로 여성은 주당 891달러, 남성은 주당 1082달러였다.[26] 이런 격차를 들으면 저절로 이런 생각이 들 것이다. "여자가 남자보다 적게 버는구나." 하지만 사실은 좀 다르다. 오늘날 여성의 임금 분포는 남성의 임금 분포와 현저하게 비슷하며, 수십 년 전보다도 훨씬 더 비슷하다. 〈그림 2-2〉는 1979년과 2019년의 남녀 임금 분포를 보여 준다.

보다시피 지금은 남녀 임금 분포가 상당히 촘촘하게 서로 겹친다. 실제로 일반 남성보다 더 많은 소득을 올리는 여성들의 비율이 1979년에는 불과 13퍼센트였는데 현재는 40퍼센트로 커졌다. 여성 다섯 명 중 두 명이 남성 절반보다 소득이 더 높다는 것은 직관에 어긋난다고 느낄 사람이 많을 것이다. 나는 2021년 6월에 트위터 팔로워들을 대상으로 한 설문 조사에서, 남성의 중위 소득보다 더 많이 버는 여성 근로자가 전체 여성의 몇 퍼센트(10퍼센트, 20퍼센트, 30퍼센트, 40퍼센트)나 될 것 같냐고 물었다. 조사에 응한 사람이 264명에 지나지 않았기 때문에, 여기서 과학적 주장을 펼칠 마음은 없다. 하지만 내 팔로워들은 학문적 집단이어서 일반인들보다는 이런 종류의 일을 훨씬 더 잘 알 것이다. 그런데도 가장 많은 표를 얻은 답은 20퍼센트, 10퍼센트, 30퍼센트의 순서였고, 맨 꼴찌가 정답인 40퍼센트였다. 정말 '간극 본능'이 강력하다.

〈그림 2-2〉의 임금 차트는 간극 본능 사고의 또 다른 위험을, 즉 각 그룹 '안'에 존재하는 차이를 놓칠 위험을 보여 준다. 남성 임금 분포와 여성 임금 분포는 1979년보다 더 많이 겹치지만, 훨씬 더 너르게 분포되어 있다. 고임금 여성과 저임금 여성 사이의 격차가, 그리고 고임금 남성과 저임금 남성 사이의 격차가 크게

<그림 2-2> 줄어드는 임금격차
남녀의 임금 분포, 1979년과 2019년

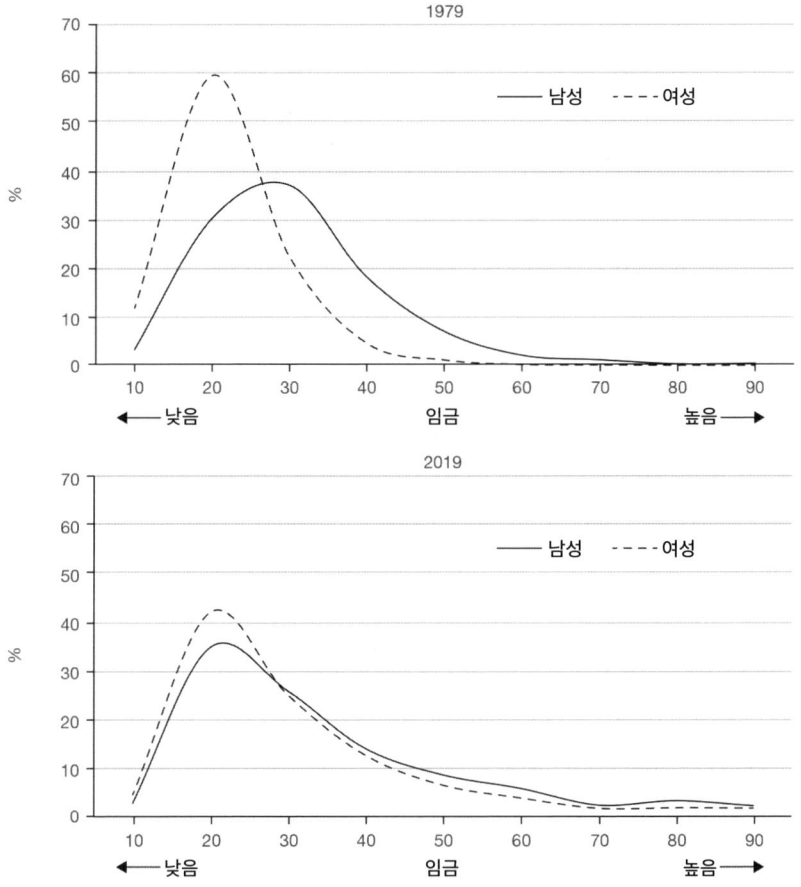

참고: 2019년 화폐가치로 환산하고 물가 상승률을 고려함. 가로축에 표시되어 있는 10달러 단위의 임금 분포에 해당하는 근로자들의 비율이 부드러운 곡선으로 나타난다.
출처: Current Population Survey, 저자의 계산.

벌어져 있다. 물론 남녀 임금 분포가 서로 가까워진 것은 양성평등 전선에서 놀라운 희소식이다. 지난 반세기 동안 소득뿐만 아니라 고용수준, 근로시간, 직업 유형에서 남녀 간 격차가 극적으로 줄어들면서 우리는 클로디아 골딘Claudia Goldin의 표현대로 "남녀 임금의 굉장한 수렴"을 목격했다.²⁷ 그러나 최근 몇 년간 여성이 학업 측면에서 거둔 성공에도 불구하고 임금격차 줄이기는 그 진전이 더딘 것 또한 사실이다.

그렇다면 왜 격차가 여전히 남아 있을까? 특히 가능한 여러 해결책을 생각할 때, 이 질문에 대한 대답은 매우 중요하다.

기본적인 팩트에는 논쟁의 여지가 없다. 이미 말했듯이 보통의(그러니까 중위의) 정규직 여성 근로자는 일반 남성 급여의 약 82퍼센트를 받는다. 문제는 왜 그런지다. 여기서 논쟁은 빠르게 뜨거워진다. 페미니스트 좌파가 볼 때 임금격차는 가부장제의 증거다. 전미여성기구National Organization for Women 의장의 말을 들어 보자. "임금격차는 여성들의 평생 경제적 잠재력을 괴롭히는 가부장적 노동 시스템이 남긴, 노골적으로 불공정한 잔재다."²⁸ 그런가 하면 보수주의자들은 임금격차라는 개념이 아예 있지도 않은 불공정의 인상을 만들어 내려고 페미니스트들이 사용하는 근거 없는 생각이라고 치부한다. 미국기업연구소American Enterprise Institute의 크리스티나 호프 소머스Christina Hoff Sommers는 임금격차를 "크게 신뢰를 잃은 정보"라고 부른다.²⁹ 소머스만 그렇게 부르는 것이 아니다. 2019년의 조사에서 남성의 46퍼센트와 여성의 30퍼센트가 임금 불평등 문제는 "정치적 목적을 위해 조작된 것"³⁰이라고 답했다.

임금격차는 임금 분포의 중간에 있는 남녀가 각각 사용할 수 있는 경제적 자원의 차이를 정확하게 보여 준다. 그것은 근거 없는 믿음이 아니라 수학이다. 정말 의견이 갈리는 지점은 보통 여성이 보통 남성보다 수입이 적은지 적지 않은지가 아니라, '왜' 그런지다. 시간, 업종, 경험, 연공서열, 지리적 위치 등 임금에 영향을 미치는 여러 요인을 고려하면 임금격차가 거의 사라진다고 결론짓는 연구가 많은데, 보수주의자들은 그런 결과를 지적한다.[31] 이런 종류의 다양한 연구는 조정된 성별 임금격차를 약 5퍼센트로 가정했다. 연방 정부가 의뢰한 2009년 연구의 서문에서 찰스 제임스Charles James 노동부 부차관보는 이런 결론을 내렸다. "시정 조치를 정당화하는 근거로 공제 전 임금raw wage의 격차를 사용해서는 안 된다. 아니, 사실은 시정할 것이 전혀 없는지도 모른다."[32]

여자들이 같은 일을 똑같은 방식으로 하면서도 남자들보다 낮은 임금을 받는다는 증거는 거의 없다. 하는 일의 종류가 다르거나, 일의 방식이 다르거나, 혹은 둘 다이기 때문에 여자들이 보수를 적게 받는 것이다. 하지만 당연하게도 거기서 이야기가 끝나는 것은 아니다. 고위직에 있는 여자들이 적어서 수입이 적을 수도 있지만, 그 사실 자체가 제도적 성차별의 결과이지 않겠는가? 마찬가지로 여성이 남성보다 저임금 직업이나 저임금 업종에 더 모여 있다는 것도 사실이다. 아마도 이것이 임금격차를 3분의 1쯤 설명해 준다. 하지만 그것은 사회화된 성 역할의 저하를, 특히 가족에 대한 책임 측면에서 성 역할의 저하를 반영하는 것일 수도 있고, 여성이 하는 일의 평가절하를 반영하는 것일 수도 있으며, 둘 다일 수도 있다. 어쨌든 직종 간에는 임금격차가 있지만, 한 직종 '내'의 성별 임금격차도 그에 못지않게 크다.

육아 격차에서 발생하는 임금격차

임금격차를 한마디로 설명하자면, 아이들이다. 젊은 성인의 경우, 특히 아이가 없는 젊은이들의 경우 임금격차는 본질상 없어졌다.[33] 경제학자 마리안 베르트랑Marianne Bertrand의 말을 들어 보자. "첫 아이가 태어날 때까지는 부부의 수입이 함께 움직인다는 놀라운 증거가 있습니다. 그런데 아이가 생기면서 여성의 수입이 뒤처지고 그 후로는 전혀 회복하질 못하죠."[34] 설상가상으로 임금 인상의 결정적 시기는 30대 중반부터인데, 이 분야의 또 다른 탁월한 경제학자 미셸 부디그Michelle Budig는 바로 이 시기를 "가족 내 책임이, 특히 어머니의 책임이 집중적으로 생겨나는 때"라고 적시한다.[35] 그래서 아이가 없는 여성의 소득 궤적은 남성의 그것과 비슷해 보인다. 어머니들의 소득 궤적은 그렇지 못하다. 아이를 많이 가질수록 여성은 고용과 소득 모두에서 뒤처진다는 얘기다.[36]

성별 임금격차가 주로 육아 임금격차라는 사실은 동성 관계와 이성 관계에서 새로 어머니가 된 여성들을 비교한 스웨덴과 노르웨이의 혁신적 연구에서 가장 잘 증명된다. 스웨덴의 노동시장 및 교육정책 평가 연구소Institute for Evaluation of Labour Market and Education Policy의 조사 결과를 보면 동성 관계든 이성 관계든 실제로 아이를 낳은 어머니의 소득에 미치는 영향은 거의 같다.37 하지만 아이를 직접 낳지 않은 레즈비언 커플의 어머니는 그 소득 패턴이 이성애자 커플의 아버지와 비슷하다. 시간이 지남에 따라 레즈비언 커플이 한 명 이상의 아이를 가지면 두 사람 간 불평등이 점차 해소되는 것처럼 보인다. 양쪽이 번갈아 가며 산모 역할을 맡기 때문이다. 이와는 대조적으로 이성애자 커플의 경우에는 아이가 생길 때마다 남녀 간 격차는 더 벌어진다.

매사추세츠만 교통공사Massachusetts Bay Transportation Authority: MBTA에서 일하는 버스 운전사와 철도 기관사들에 대한, 하버드의 두 경제학자 발렌틴 볼로트니Valentin Bolotnyy와 나탈리아 에마누엘Natalia Emanuel의 연구도 여기서 몇 가지 강력한 증거를 제공한다.38 운전사 수의 30퍼센트를 차지하는 여성 운전사들은 남성 동료들이 1달러를 벌 때마다 평균 0.89달러를 받는다. 볼로트니와 에마누엘은 같은 고용주를 위해 똑같은 일을 하는 남녀에 초점을 맞춤으로써 임금 차이를 가져오는 다양한 요인을 알아내려고 애썼다. 두 사람은 "직장에서 똑같은 선택지를 갖고 있으면서도, 여성과 남성이 서로 다른 선택을 한다는 사실"이 임금격차를 완전히 설명할 수 있다고 결론짓는다.39 남자들은 불시에 통보받아도 기꺼이 초과근무를 할 가능성이 두 배였다. 또한 남자들이 받은 무급 휴가 시간도 더 적었다. 자녀를 둔 철도 기관사들 사이에서는 격차가 훨씬 더 컸다. 아버지 기관사들은 훨씬 더 많은 초과근무 수당을 원했고, 어머니 기관사들은 더 많은 휴가를 원했다.

어떤 면에서는 최고위층에 있는 여자들을 들여다보는 편이 가장 합리적일지도 모르겠다. 그런 여자들이 선택권도 가장 넓고 경제력도 가장 크기 때문이다. 세계 최고의 엘리트 교육을 누린 집단의 구성원이라고 해도 좋을 여자들을, 즉 석박사 학위를 따고 하버드를 졸업한 여성들을 예로 들어 보자. 졸업 후 15년이 지난 시점에서 풀타임으로 일하는 여성들은 절반에 지나지 않는다. 이것이 무슨 일일까? 이들을 자세히 연구한 클로디아 골딘은 이렇게 적었다. "그토록 많은 장애에 맞닥뜨리고 수많은 자유를 얻고 나서야, 변함없이 거기 있었던 장애가 너무도 또렷이 드러난 것이다. 그 장벽은 바로 시간이라는 구속이다. 아이들도 시간을 요구하고, 커리어도 시간을 요구하니까 말이다."[40] 혹은 시카고 대학University of Chicago 경영학 석사MBA를 예로 들어 보자. 경영대학원을 졸업한 직후에 여성들은 함께 공부했던 남성들보다 약 12퍼센트 적게 벌었다. 이 격차는 주로 어떤 업종을 선택했느냐에 의해 설명된다. 그런데 졸업하고 나서 13년 뒤, 그 차이는 극적으로 확대되어 약 38퍼센트가 된다.[41] 하지만 MBA 여성들 중 한 가지 하위 집단만큼은 더 뒤처지지 않았다. 아직도 그것이 어떤 집단인지 굳이 말해야 할까? 그렇다. 아이가 없는 여성 집단이었다.

대체로 여자들에게 아이를 갖는다는 것은 경제적으로 말하자면 돌멩이로 한 대 얻어맞는 것과 다름없다. 반대로 남자들에게는 대체로 흔적조차 안 남긴다. 이처럼 서로 다른 역할을 자유의지로 선택했는지 묻지 않을 수 없다. 이 문제는 나중에 더 자세히 알아보고, 지금은 그냥 이렇게만 말해 두자. 어린아이가 있는 어머니들은 집에서 더 많은 시간을 보내고 싶은 것 같다고. 방금 인용한 시카고 MBA 연구에서 일하는 시간을 줄일 가능성이 가장 큰 여성들은 남편의 수입이 가장 많은 이들이었다. 하지만 실제로 어느 쪽을 선호하는지가 여기 나타난다고 해도, 두 가지 포인트는 추가해야겠다. 첫 번째, 그 선택에 대해 치르는 노동시장 가격은 지금처럼 높을 필요가 없다. 두 번째, 아이들이 성장하면 아버지가 가정에서 더 많은 역할을 맡는 것이 타당하다.

2조 달러의 여자

우리는 여자들에게, 특히 어머니들에게 적어도 한 세대 동안 경제성장의 불을 지펴 주어 고맙다고 치하해야 한다. 2019년에 여성은 전체 근로자의 47퍼센트를 차지했다.[42] 미국의 경제 규모는 여성의 경제 참여율이 1970년대 수준이라고 가정했을 때보다 2조 달러 더 크다고 미국 대통령 경제자문위원회Council of Economic Advisers의 2015년 보고서는 적었다. 소득이 고만고만하거나 낮은 가정의 경우 여성의 노동 참여가 늘고 임금이 오른 덕택에 남성의 경제적 하락이 가져온 고통을 다소 완화했다. 위원회의 결론처럼 "1970년 이후에 미국 중산층 가정이 경험한 모든 소득 증가는 근본적으로 여성의 소득 증가 때문이다."[43]

고용의 가장 큰 변화는 자녀를 둔 기혼 여성들 사이에서 생겨났다. 1970년에만 해도 어머니들은 대부분 유급 노동을 안 했으나, 지금은 거의 네 명 중 세 명이 유급 노동에 종사한다.[44] 미취학 아동의 어머니들조차 유급 노동은 이제 예외가 아니라 표준이다. 미국 경제에서 여성은 관리직의 약 절반을 차지한다.[45] 의학과 재무관리를 포함해 과거에 남성이 지배했던 많은 직업이 여성 쪽으로, 특히 젊은 전문직 여성 쪽으로 기울고 있다. 가령 여성 변호사의 비율은 1980년의 4퍼센트에서 2020년의 43퍼센트로 열 배로 증가했다.[46] 이런 변화는 경제활동뿐만 아니라 경제적인 열망과 기대에서도 일어났다. 1968년에는 10대와 20대 초반의 젊은 여성들 가운데 35세에도 유급 노동을 하기를 기대한다고 말한 여성은 33퍼센트에 지나지 않았으나, 1980년에 이르러 그 비율은 80퍼센트가 되었다.[47] (요즘 설문 조사에는 이 질문이 아예 빠져 버렸다.) 여자들이 직업이나 경제적 목표를 추구할 것이라는 생각은 이제 참신한 것이 아니라 보편적인 것으로 바뀌었다. '커리어 우먼career woman'이라는 말을 마지막으로 들은 것이 언제였던가?

『남자의 종말』을 쓴 해나 로진은 강연에서 이렇게 말했다. "남자가 우세했던 20만 년이라는 세월은 정말로 끝나 가고 있다. 글로벌 경제는 남자가 아니라 여자가 더 성공하는 무대로 변하고 있다."[48] 아니, 잠깐, 뭐라고? 여자들이 남자들보다 '더' 성공한다고? 그녀의 책이 출판되었을 때 뜨거운 비난이 쏟아진 것도 전혀 놀랍지 않다. 로진은 나중에 이렇게 평했다. "페미니스트들은 그런 논쟁, 안 좋아합니다. 여성이 완전히 승리라도 거둔 것처럼, 더는 걱정할 게 없는 것처럼 보이게 하니까요."[49] 하지만 이건 로진의 견해도 아니요, 나의 견해도 아니다. 경제의 더 높은 데까지 올라가는 것을 포함해 여성의 기회 측면에서 걱정할 일은 많다. 기업의 고위 간부 다섯 명 중에 여성은 겨우 한 명이고, 《포춘Fortune》 선정 500대 기업 가운데 여성이 CEO인 곳은 41개뿐이다.[50] 이것만 해도 그 수가 제로였던 1995년보다는 확실히 더 낫다. 하지만 여전히 충격적일 만큼 낮은 수치다. 여성 창업자에게 돌아가는 벤처 캐피털 자금은 고작 3퍼센트다.[51] 그러니까, 맞다. 여자를 위해 할 일은 많다. 특히 경제의 정점에서는 더욱 그렇다. 하지만 경제의 사다리 아래로 내려갈수록 아등바등 고생하는 것은 오히려 남자인 경우가 많다.

지난 수십 년 동안 소녀와 여자들은 학교와 대학 캠퍼스에서 남자들을 추월했다. 경제적 측면에서도 여자들이 우르르 앞서나가면서, 입지를 잃은 남자들이 (엘리트들은 아니겠지만) 많다. 이것은 좀 더 광범위한 문화에, 특히 가족생활에 중요한 영향을 미쳤다. 여자의 경제적 지위 상승은 성별 간 관계의 조건을 극적으로 변화시켰다. 많은 남자가 이런 상황에 적응하는 데 어려움을 겪고 있다.

제3장 소외감을 느끼는 아빠들

아버지가
먹여 살리던
시절은 끝났다

1955년 6월, 스미스 칼리지Smith College 졸업식 연사는 전前 일리노이 주지사이자 두 차례나 대통령 후보를 지낸 애들레이 스티븐슨 Adlai Stevenson이었다. 매사추세츠의 어느 따뜻한 날 오후, 그는 졸업생들에게 말했다. "여러분에겐 미래의 남편들이 '참된 목표'를 갖도록, 항상 '온전한 인간'이 될 수 있도록 만들어 줄 중요한 역할이 있습니다." 이것은 당대 진보주의의 지도자가 한 말이라 할지라도 얼마든지 해로울 것이 없어 보였다.(스티븐슨은 다른 누구보다도 엘리너 루스벨트Eleanor Roosevelt의 총애를 받고 있었다.) 그로부터 16년 후, 스티븐슨이 연설할 당시에 스미스 칼리지 3학년생이었던 한 여성이 졸업식 연단에 섰다. 그녀의 연설은 예전과 달라도 너무나 달랐다. 신을 '여성'으로 지칭하고 여성의 오르가슴orgasme이 갖는 정치적 의미를 강조하는가 하면, 무엇보다 중요하게도 결혼을 가리켜 "여성들을 꽁꽁 묶어 두려고" 만들어 낸 제도로 묘사했다.² 이 연사의 이름은 글로리아 스타이넘Gloria Steinem이었다.

그녀와 같은 세대인 페미니스트들이 대개 그랬듯이, 스타이넘에게 결혼은 절름발이식 의존의 관계였다. 스미스 칼리지의 잔디밭에서 열린 졸업식을 통해 그녀가 젊은 여자들에게 보낸 메시지는 스스로 삶의 길을 찾으라는 것, 필요한 비용은 스스로 내라는 것이었다. 스타이넘의 연설로부터 몇 년 뒤 마거릿 미드Margaret Mead는 이렇게 썼다. "의존한다는 것은 대안이 없다는 뜻이다. 스스로 생계를 유지할 준비가 된 여성은 절대로 갇혔다고 느낄 필요가 없다. 독립은 경제적 독립에서 시작된다."³

여성운동은 해방의 문제다.(그래서 '여성해방운동'으로 불렸다.) 다른 무엇보다도 이것은 남성에게서 '경제적'으로 독립하는 것을 의미했다. 이 목표는 주로 선진국 경제에서 달성되어, 결혼을 경제적으로 꼭 필요한 일에서 사회적 선택으로 바꿔 놓았다. 1970년대까지만 해도 여성이 대학을 졸업하면 1년 이내에 아내가 되기 마련이었다.⁴ 하지만 오늘날에는 스미스 칼리지 졸업생 중에 30대 중반까지 결혼한 사람은 절반 정도에 지나지 않는다.⁵ 남편이 있으면 좋을지 모르지만, 꼭 필요한 존재는 아니다. 경제적 사슬을 끊는 것이 중요하다는 스타이넘의 말은 옳았다. 그러나, 말하기는 어렵지만, 스티븐슨의 얘기도 옳았다. 아내와 아이들을 부양해야 한다는 것을 아는 남자는 '참된 목표'와 '온전한 인간'이라는 것도 또렷하게 이해하니까 말이다.

제3장에서 나는 어머니의 역할은 돌봄뿐 아니라 생계유지로까지 넓어졌지만, 아버지의 역할은 생계유지에 머물렀을 뿐 돌봄으로까지 확대되지 않았다고 주장할 셈이다. 구체적으로는 이렇게 주장할 것이다. (1) 남성의 역할은 문화적으로 오랫동안 생계유지로 정의되어 왔으며, 그 바탕에는 어머니가 남자에게 의존했다는 사실이 있다. (2) 여성이 경제적 독립을 확보하면서 이 전통적 역할은 해체되었다. (3) 문화와 정책은 경제 현실에 한참 뒤처진 낡아 빠진 아버지 모델에 붙들려 있다. (4) 이것이 '아빠 결핍'이라는 결과를 초래해, 남자들은 갈수록 전통적인 가장 역할도 수행하지 못하고 있고, 새로운 역할에도 발을 들여놓지 못하고 있다.

남자에 대한 여자의 경제적 의존은 여자들을 억누르기도 했지만, 동시에 남자들을 지탱하기도 했다. 그러나 이제 그 버팀목이 사라져 버려, 남자들은 쓰러지고 있다.

생계를 책임지던 아빠들

지중해 분지에서 타히티, 남아시아에 이르는 몇몇 문화를 아우르는 폭넓은 조사를 바탕으로 출간된 『만들어지는 남성성Manhood in the Making』에서 데이비드 길모어David Gilmore는 이렇게 썼다. "우리가 살펴본 대부분 사회에서 남자가 되려면 여자를 임신시켜야 하고, 부양가족을 위험으로부터 지켜야 하며, 친족에게 먹을 것을 제공해야 한다. …… 우리는 거의 전 지구적으로 나타나는 남성의 이런 모습을 '남자-임신시키는 자-보호자-부양자'로 부를 수 있으리라."[6] 길모어는 이런 어디에나 있을 남성Ubiquitous Male을, 전형적 여성과는 다르다고 하더라도 양육자의 모습으로 보아야 한다고 주장한다. 남자들은 전체를 위해 자원을 포기한다든지 전체를 보호하기 위해 부상이나 심지어 죽음까지 무릅쓰는 것을 포함해, 여러 가지 방법으로 다른 이들을 자신보다 먼저 생각하리라고 다들 기대한다. 여기서 핵심 개념 중 하나가 잉여물에 관한 것이다. 성숙한 남자는 자신의 생존에 필요한 것 이상으로 더 많은 자원을 생산하고, 이런 잉여물을 종족이나 가족과 공유한다. 사회학자 데이비드 모건David Morgan은 어떻게 적었을까? "먹을 것의 제공자라는 개념은 남성 정체성을 구축하는 주된 요소다. 그것은 경제적 범주일 뿐 아니라 도덕적 범주이기도 하다."[7]

적어도 지난 수천 년 동안 남자들은 그들 역할의 본질을 '내 가족 먹여 살리기'라는 네 단어로 표현할 수 있었다. 이 기간의 대부분에 그 가족은 대가족이었다. 그러나 최근 몇 세기 동안, 특히 서양에서 그것은 아버지-어머니-아이들로 더 좁게 정의되어 종종 핵가족이라 불리는 사회제도로 진화했다. 그 결과 아버지 역할과 남편 역할은 너무나 단단히 묶여서 사실상 구분할 수 없을 정도가 되었다. 좋은 남편 겸 아버지는 가족을 부양하는 사람이고, 그 가족은 자신에 더해 아내 또는 파트너와 아이들로 구성되었다. 이 부양자 역할은 남자를 성공적으로 가족생활 및 사회생활과 이어 주었고, 영국의 사회학자 제프 덴치Geoff Dench는 『남자들의 변신Transforming Men』에서 그것을 이렇게 설명한다. "그 역할이 하는 일은 남자를 사람과 사람 사이의 지원 구조에, 즉 의존의 사슬에 공식적으로 통합하는 것이며, 이는 모든 인간 사회의 핵심에 놓여 있다."[8]

역사의 문제로 볼 때 덴치의 말은 옳다. 하지만 앞으로 우리가 물어야 할 것은 남녀 사이의 의존 관계가 성공적으로 깨진 세상에서 아버지와 자녀 사이에 있는 '의존의 사슬'을 어떻게 유지하느냐다. 로라 택Laura Tach과 공저자들은 이렇게 썼다. "전통적 가족 모델은 아버지-어머니의 관계가 아버지-자녀의 관계를 좌우하는 '패키지 딜'을 제공했다."[9] 전통적 가족은 남성과 여성 모두를 꼭 필요한 존재로 만들기 때문에 효과적인 사회제도였다. 그러나 그것은 또한 정확한 분업에 의존했다. 어머니가 아이들과 직접적이고 일차적인 돌봄 관계에 있었던 반면에, 아버지는 아이들과 간접적이고 이차적이며 부양하는 관계에 있었다. 물론 이것이 전부였다고 말하려는 것은 아니다. 나의 아버지도 전통적인 부양자 역할을 맡았지만 동시에 훨씬 그 이상이기도 해서, 수영 코치, 운전 강사, 운반 책임자, 기사, 교육 고문 등등 모두이기도 했다. 그렇지만 그의 근본적 의무는 같은 세대 모든 아버지의 의무, 즉 생계유지의 의무였다.

아이를 돌보는 어머니와 부양을 책임지는 아버지 사이의 전통적 계약은 결혼을 통해 표현되었다. 길모어의 설명을 빌리자면, 부양자와 양육자의 이런 결혼은 "남자다운 적절한 태도를 기꺼이 수용하게 하는 데 필요한, 특별한 도덕 체계"[10]의 한 부분이다. 보수주의자들이 결혼율 감소를 가장 걱정하는 이유이기도 하다. 그들이 보기에 남편과 아내의 의존 관계야말로 남성의 에너지를 긍정적인 사회적 목적에 활용하는 메커니즘을 포함해 결혼을 제대로 작동하게 만드는 요소다. 이와는 대조적으로 페미니스트들은 결혼을 억압적 제도로, 혹은 존 스튜어트 밀John Stuart Mill의 표현처럼 '적들의 성채城寨'로 보며, 글로리아 스타이넘이 평가한 것처럼 "여성을 가두어 버리는 메커니즘"으로 간주한다.[11] 오늘날의 많은 페미니스트 작가도 이런 비판을 지지한다.[12]

양측이 동의하는 점은 결혼이 여자를 남자에게 예속시키면서도, 동시에 남자를 여자에게(고로 아이들에게) 예속시킨다는 것이다. 다만 양측의 차이점은 이것이 좋은지 아닌지에 있다. 과거에는 결혼이 사회제도로서 '잘 먹혔'다는 점에서는 보수주의자들이 옳다. 하지만 결혼이 잘 먹혔던 것은 여성의 자율을 축소했기 때문이라는 점에서는 페미니스트들이 옳다. 문제는 이제 우리가 어떻게 해야 하는지, 특히 남자들을 어떻게 해야 하는지다. 당연히 덴치와 다른 보수주의자들의 제안처럼 여성운동으로 얻은 이득을 다시 없애려고 시도하지 않는 것이 답이다. 아이들과의 좀 더 직접적인 관계를 바탕으로 부성애를 재창조하는 것이 정답이다. 나는 이에 대한 몇 가지 아이디어를 제12장에서 제시할 것이다.

하지만 전통적 가정에서도 남자들의 삶이 늘 장밋빛이었던 것은 아니다. 이것을 알아 두는 것이 중요하다. 우릴 위해 설계된 삶에는 뭔가 황량함이 있다. 전쟁이 끝난 뒤 회색 정장을 입고 일주일에 5일씩 꼬박꼬박 교외와 사무실을 오가는 '조직에 묶인 남자Organization Man'의 불안이 바로 이런 잠재적 공허감을 암시한다. 아서 밀러Arthur Miller의 「세일즈맨의 죽음Death of a Salesman」에 나오는 윌리 로먼Willy Loman의 조용한 절망을 보라. "고작 2주간의 휴가를 얻겠다고 1년의 50주를 견뎌 내야 하는" 그는 결국 스스로 목숨을 끊음으로써 비로소 가장의 역할을 해낼 수 있었다.[13] 가부장제는 엄격하게 규정된 역할과 강압적 기대치로써 남자의 자유까지 억누르는 일이 흔했다.

물고기 세상 속 자전거

"여자한테 남자가 필요하다고? 물고기한테 자전거가 필요한 것처럼 말인가?" 글로리아 스타이넘이 널리 퍼뜨린 이리나 던Irina Dunn의 이 말은 오래 기억할 만한 여성운동 슬로건이었으며, 여자에게 남자가 필요 없는 세상을 환기해 준 표현이었다.[14] 스타이넘은 2004년에 이렇게 말했다. "스스로 독립할 수 있다면, 그저 경제적으로 의존해서가 아니라 정말 사랑하기 때문에 결혼하는 게 가능해진다."[15]

현재 미국에서 여성이 주로 생계를 책임지는 가정은 41퍼센트 정도다.[16] 그중 일부는 싱글맘이지만, 물론 전부는 아니다. 남편보다 더 높은 수입을 올리는 아내가 열 명 중 세 명으로, 1981년의 두 배나 된다.[17] 이 어머니들은 대부분 풀타임으로 일하며, 맞벌이 가정 가운데 어머니가 아버지보다 돈을 더 버는 집이 거의 절반이다.[18] 게다가 어머니들은 복지 제도의 지원도 갈수록 많이 받게 되어서, 소득이 낮거나 없더라도 굳이 생계를 위해 남편이 필요하지 않게 되었다. 영국의 정치인이자 학자인 데이비드 윌리츠David

Willetts가 『위기The Pinch』에 썼듯이 "원래 남성의 소득 손실을 보상하려고 고안했던 복지 시스템이 이젠 여성의 남성 손실을 보상하기 위해 서서히 그리고 엉망으로 재설계되고 있다."[19]

같은 주장을 좀 더 긍정적으로 해 볼까? 남성에게 종속된 관계에 갇히게 하지 '않기' 위해서 각국 정부는 양육하는 여성들을 지원하는 것을 점점 더 자기들의 역할로 보고 있다. 동시에 어느 한쪽이 어떤 이유로든 혼인 상태를 끝낼 수 있는 '무과실' 이혼 또는 '일방적' 이혼이 늘면서 이혼법도 자유화되어 왔다. 이 법들은 여전히 열띤 논쟁의 주제로 남아 있으며, 분명히 앞으로도 사라지지 않을 것이다.[20]

사실상 결혼과 모성은 더는 동의어가 아니다. 현재 미국 신생아의 약 40퍼센트가 혼외 출산인데, 1970년에는 11퍼센트에 지나지 않았다.[21] 특히 눈에 띄는 추세는 '속도위반shotgun' 결혼의 감소다. 반세기 전에도 혼외 임신은 흔한 일이었지만, 그때 부부는 산부인과 병동을 찾기보다는 먼저 등기소registry office나 교회로 향했다. 이제 더는 그러지 않는다. 합동경제위원회Joint Economic Committee의 연구에 따르면 1960년 이후로 초산인 어머니들 사이에 혼외 출산이 증가한 가장 큰 원인은 '속도위반' 결혼이 줄어든 것이다. 가장 큰 변화는 사회·경제의 사다리 맨 밑바닥에서 일어났다. 1977년의 경우에 교육 수준이 낮은 임산부의 26퍼센트가 출산 전에 결혼했다. 하지만 2007년에 이르면 그 수치는 2퍼센트에 지나지 않았다.[22]

자녀를 둔 여성의 고용에 대한 사회적 규범이 너무 빨리 바뀌는 바람에 '워킹맘'이라는 용어는 이미 시대에 뒤떨어져 고리타분하게 들린다. 종합사회조사General Social Survey에 따르면 현재 미국 성인의 74퍼센트는 워킹맘이든 전업주부든 똑같이 아이들과 '따뜻'하고 '안정'된 관계를 맺을 수 있다는 데 동의하지만, 1977년만 해도 그렇게 생각하는 사람은 48퍼센트밖에 안 되었다.[23]

페미니스트 관점에서 이것은 놀라운 발전이다. 하지만 그것이 남자들에게는 무슨 의미일까? 주로 가족 부양 중심으로 만들어진 오래된 대본은 찢어지고 없다. 윌리엄 구드William Goode는 1980년의 강렬한 에세이 「왜 남자들은 저항하는가Why Men Resist」에서 이렇게 평했다. "표면 아래에서 일어나는 변화는 남자의 줄어드는 한계효용을 가리키고 있다."[24] 옳은 소리다. 하지만, 아이쿠, 아프다.

많은 남자가 소외감을 느끼고 있다. 그들의 아버지와 할아버지들이 따라야 할 길은 분명했다. 일, 아내, 아이들. 하지만 지금은 뭘 따라야 하는가? 물고기의 세계에서 자전거는 대체 무슨 소용일까? 반세기는 개인에게 긴 시간처럼 보일 수 있다. 특히 젊은 이들에게는. 하지만 문화사의 측면에서, 그것은 눈 깜짝할 사이다. 경제 분야에서 남녀 관계의 변화가 어찌나 빠른지, 우리의 문화는 아직 따라가지를 못했다.

경제 변화를 따라가지 못하는 가족 문화

어머니의 역할은 거의 알아볼 수 없을 정도로 현대화되었지만, 아버지의 역할은 여전히 과거에 머물러 있다. 존스 홉킨스Johns Hopkins 대학의 사회학자 앤드루 철린Andrew Cherlin은 이렇게 말한다. "남성성에 대한 우리 견해가 고용 시장의 변화를 따라잡지 못했다는 점에서 우리는 문화적으로 뒤쳐져 있다."[25] 경제 상황을 가리키는 수치가 바뀌었으나, 사회적 규범은 바뀌지 않았다. 고졸이거나 그 이하의 교육을 받은 미국 성인 다섯 명 중 네 명(81퍼센트)은 여전히 "남자가 좋은 남편이나 파트너가 되려면, 가족을 부양할 수 있는 능력이 매우 중요"하다고 믿는다. 이에 비해 학사 학위를 가진 성인은 62퍼센트만이 그렇게 생각한다.[26]

그래서 전통적인 가족 부양 능력이 가장 떨어지는 남자들이야말로 바로 그 전통적 잣대로 판단될 가능성이 가장 크다. 이것이 뭘 의미할까? 노동시장에서 무시당하는 남자들은 결혼 시장에서도 고생할 것이라는 얘기다. 특히 노동자계급에서 더 그렇다.[27]

알렉산드라 킬월드Alexandra Killewald가 연구한 바로는 남편이 일자리가 없으면 결혼이 파국으로 끝날 위험은 지금이 과거보다 훨씬 더 높다. 그녀의 결론은 이렇다. "아내가 집안일을 해 주리라는 기대는 약해졌을지 모르지만, 남편이 생계를 책임진다는 규범은 여전하다."[28] 마리안 베르트랑과 공저자들은 남자가 돈을 버는 것은 물론이고 아내보다 더 많이 벌어야 한다는 사회적 기대가 결혼 시장에 큰 타격을 안겼음을 보여 준다. 그들은 이렇게 썼다. "우리의 추정치는 남편보다 수입이 더 높은 여성에 대한 혐오가 지난 30년간 결혼율 감소의 29퍼센트를 설명한다는 뜻이다."[29](그런 혐오는 남성과 여성 모두에게서 발견되었다는 점에 주목하자.) 다시 말해 여자들의 수입이 남자들의 수입보다 높아지자 결혼하고픈 마음도 줄어들었다는 얘기다. 사회학자 스티브 러글스Steve Ruggles는 1960년에서 2013년 사이에 25세에서 29세 사이 미국인의 결혼 감소 현상은 전 세대보다 남성의 소득이 떨어진 사실로 40퍼센트 정도는 설명할 수 있다고 추정한다.[30] 결혼을 위축시키는 이런 효과는 교육을 덜 받은 사람들 사이에서 아주 강했다는 사실이 두드러진다.

여성의 남성에 대한 경제적 의존에 기반을 두었던 결혼과 가족의 오래된 모델은 대부분 해체의 길을 걸어왔다. 스타이넘이 열거한 모든 이유에서 이것은 좋은 소식이다. 그러나 큰 축복에도 다른 것이 섞일 수 있는 법. 전통적 방법은 안정적 가정을 만들도록 장려함으로써 아이들에게 상당히 잘 먹혔다. 또한 남자들에게 대체로 잘 작동했다. 유일한 혹은 주된 부양자로서 남자는 아이를 키우기 위해 통상적으로 결혼이라는 방식으로, 돌보아 주는 여자와 결합할 터였다. 덴치는 이렇게 적었다. "가족은 신화에 지나지 않을지 모른다. 하지만 그 신화 덕분에 어지간히 쓸모 있는 존재가 되는 남자가 많다."

전통적 부양자 역할이 없다면 남자들이 "완전히 받아들여지기 위해 아등바등하면서 무질서도 감수하고 단기 성과에만 급급한 위험도 감수할까 봐" 덴치는 걱정했다.[31] 오늘날 많은 이의 어려움을 고려할 때, 이런 두려움을 유언비어로 치부할 수는 없다. 여성운동의 성공이 남성의 사회적 정체성을 위태롭게 만든 것이 아니라, 그 아슬아슬함을 드러낸 것이다. 이제는 우리가 여기서부터 어디로 갈 것인지를 물어야 한다.

보수주의자들은 전통적 방식의 결혼을 회복하자고 촉구한다. 1996년에 출간된 영향력 있는 저서 『아버지 없는 미국Fatherless America』에서 데이비드 블랭컨혼David Blankenhorn은 이렇게 주장했다. "아버지의 지위는 '아이들과의 공동 거주' 및 '어머니와의 부모 동맹'이라는 두 개의 토대 위에 안전하게 놓여 있다."[32] 그것은 역사에서 일어난 사실이다. 다만 여자들에게 '공동 거주'는 거의 선택의 여지가 없었다. 그러나 이제 그들은 선택할 수 있다. 블랭컨혼은 아버지가 아이들과 다시 결합하려면 아버지들을 결혼의 굴레 안에 다시 집어넣어야 한다고 주장했다. 하지만 최근 수십 년 동안의 엄청난 문화적 변화를 고려할 때 이것은 비현실적 처방이다. 백미러를 들여다볼 게 아니라, 성평등을 지향해 온 우리의 거대한 진보를 포용하는 아버지의 상을 위한 새로운 기반을 확립해야 한다.

많은 부부에게 결혼이란 일련의 교육적·사회적·경제적 성취에 이르는 '절정' 혹은 '극치'로 사용된다. 앤드루 철린의 표현처럼 말이다.[33] 만족스러운 삶을 살기 위해 결혼이 필수적이라고 생각하는 미국 성인은 다섯 명 중 한 명도 채 안 되며, 결혼을 결정한 주된 요인이 경제적 이유였다고 말한 기혼자는 일곱 명 중 한 명뿐이다.[34]

하지만 가족을 부양하면서 함께 사는 아버지의 지위를 잃어버린 수많은 남자는 길을 잃은 기분이다. 경제학자 애리얼 바인더Ariel Binder와 존 바운드John Bound는 교육 수준이 낮은 남성들 사이에서 노동시장 애착이 줄어든 현상을 꼼꼼하게 연구한 끝에 이런 결론에 이르렀다. "남성들이 노동력을 제공하게 되는 중요한 동기는 가족을 새로이 형성하고 부양한다는 전망이다."[35] 그러니까 가족을 부양하지 않거나 적어도 자신을 부양자로 보지 않는 남자는 일을 덜 한다는 얘기다. 뉴저지의 노동자계급 남성에 대한 미셸 라몽 Michèle Lamont의 심층적 연구는 2000년에 『일하는 남자의 존엄성The Dignity of Working Men』이라는 책으로 나왔는데, 여기서 라몽은 "열심히 일하는 것은 남자다움을 표현하는 방식"이라고 결론 내린다. 일이란 "가족을 부양하고 보호하"는 남성의 핵심 역할을 성취한다는 표시이며, 성숙한 남성성을 구성하는 '기강 있는 자아'의 한 부분이었다.[36]

1858년과 1859년에 버지니아와 노스캐롤라이나에서 캘리포니아에 이르기까지 미국 전역의 신문에 가벼운 시 한 편이 실렸다.[37] 제목은 「총각은 어떤 사람인가?What Is A Bachelor Like?」였다.

> 그야 손잡이 없는 펌프지,
> 곰팡이 낀 쇠기름 양초,
> 짝꿍 잃은 거위,
> 끝이 달아난 풀무 한 쌍,
> 안장 없는 말,
> 노 없는 보트라고;
> 노새이자 — 바보,
> 다리 두 개짜리 스툴!
> 골칫거리이자 — 웃음거리!

칙칙하고 — 지루하며 —

옹고집에 — 제멋대로 —

꼬리 없는 물고기이며,

돛도 없는 배라고…

경제적 독립을 성취한 여자들은 이제 결혼했든 아니든 활짝 꽃필 수 있다. 그러나 대조적으로 아내 없는 남자들은 엉망진창이기 일쑤다. 미혼 남성은 기혼 남성보다 건강도 더 나쁘고, 취업률도 더 낮으며, 사회적 네트워크도 약하다.[38] 약물 복용으로 사망한 미혼 남성은 2010년부터 10년 새 두 배 이상으로 늘었다.[39] 이젠 이혼도 남편보다 아내가 시작할 가능성이 두 배나 되는데, 심리적으로 여자보다 남자에게 더 어렵게 다가온다.[40] 여자에게 남자가 필요한 것보다 남자에게 여자가 더 필요하다는 사실, 이것이 바로 페미니즘의 위대한 발견일지 모르겠다. 아내들은 경제적으로 남편에게 기댔지만, 남편들은 정서적으로 아내에게 의존했다. 쇳덩이 달린 차꼬니 뭐니 온갖 농담을 하면서도 남자들은 이것을 다 아는 것 같다. 2016년의 여론조사에서 지금 결혼했거나 앞으로 결혼하는 것이 "나에게 매우 중요"하다고 답한 사람은 여성(47퍼센트)보다 남성(58퍼센트)이 훨씬 많았다.[41] 남자들은 돛도 없는 배가 되고 싶지 않은 것이다.

2017년에 퓨 연구 센터Pew Research Center는 미국인들에게 어려운 질문을 던졌다. "인생의 의미가 무엇입니까?" 구체적으로 그들은 응답자들에게 제한 없는 질문을 들이댄 것이다. "지금 당신의 삶에서 무엇이 의미 있고 보람스러우며 만족스럽다고 봅니까? 무엇을 위해 당신은 계속 살아갑니까? 왜 그렇죠?" 그들의 가장 놀라운 발견 중 하나는 여자들이 남자들보다 그들의 삶에서 더 많은 의미를 찾는다는, 그것도 더 많은 이유에서 찾는다는 사실이었다. 여성(33퍼센트)이든 남성(34퍼센트)이든 자기 직업이나 경력이 '많은 의미와 성취감'을 준다고 말한 비율은 거의 같았다.[42] 그러나 다른 영역에서는 거의 모두 뚜렷한 성별 격차가 있었다. 예를 들어 모든 연령대 여성의 43퍼센트가 삶의 의미의 원천으로 자녀나 손자녀를 들었지만, 남성은 24퍼센트에 지나지 않았다.

  의미와 정체성의 원천이 풍부한 사람을 가리켜, 심리학자들은 '자기 복잡성 self-complexity'이 높다고 한다. 자아가 복잡하면 이런저런 비용이 든다. 가령 정체성의 여러 측면을 오가며 전환하는 데 시간과 에너지를 소비해야 할 수 있다. 인종이라는 맥락 안에서는 이를 위해 '코드 스위칭 code-switching'이라는 용어를 종종 사용한다. 예를 들어 여자들은 상황에 따라 각각의 정체성을 '활성화'하거나 '비활성화'해서 어머니와 노동자 사이를 오가야 할 수도 있다. 그 둘 사이에서 갈등을 느낄지도 모른다. 하지만 보통은 혜택이 더 크다. 심리학자 재닛 하이드 Janet Hyde의 말마따나 한 영역에 차질이 생기면 "여자들은 다른 정체성을 활성화해서 자신에 대한 긍정적 느낌을 되살리는데, 이것이 자기 복잡성의 혜택을 뒷받침한다."[43] 엄마로서 힘든 하루를 보냈다면 직장에서 멋지게 해서 만회할 수도 있고, 그 반대의 경우도 있다. 적어도 이론상으로는 그렇다.

현재 남자들은 의미와 정체성을 주는 원천의 범위가 좁으며, 그 때문에 하나의 원천이 손상을 입으면 특히 취약해진다. 가령 남자들은 직장을 잃었을 때 행복에 훨씬 더 큰 타격을 입는 것 같다.[44] 아이들에게 좋은 아빠가 되는 것 외에도 아버지들을 위한 더 강한 역할이 있다면, 삶의 의미와 목적을 위한 가외의 든든한 원천을 제공할 것이다.

아빠 결핍

"너무 많은 아버지가 …… 없어졌습니다. 너무나 많은 삶에서 …… 너무나 많은 가정에서 …… 아버지가 실종된 겁니다. 그렇기에 우리 가족의 기반은 한층 더 약합니다." 2008년 아버지의 날에 버락 오바마Barack Obama가 했던 말이다.[45] 이것은 대통령 후보의 무뚝뚝하고 용감한 메시지로, 특히 흑인 청중에게 보내는 메시지였다. 오바마는 남성이, 특히 흑인 남성이 직면한 구조적 장애물에 충분히 관심을 기울이지 않는다는 비판을 받고 있었다. 하지만 훨씬 더 긍정적이었던 그의 핵심 메시지를 놓치지 말아야 한다. 아버지가 중요하다. 그들은 없어도 되는 존재가 아니다. 그의 표현을 빌리자면 "아버지는 스승이요 코치다. 아버지는 멘토이자 역할 모델이다."

아버지와 끈끈한 관계를 맺지 못한 채 자라나는 아이가 많다는 오바마의 지적 또한 옳았다. 아이들 세 명 중 한 명은 부모가

헤어지는 경우 6년 안에 아빠를 아예 못 보게 되는데, 한 달에 한 번도 제대로 아빠를 보지 못하는 비율도 비슷하다.[46] 이러한 통계가 보여 주듯이 아빠 결핍의 주된 이유는 아버지가 아이의 어머니와 함께 살지 않을 가능성이 커져서다. 그래서 아이들의 집에서 없어지고, 끝내 아이들의 삶에서도 실종되고 만다. 가장 불우한 사람들에게는 특히 그렇다. 고등학교를 마치지 못한 아버지 중 40퍼센트가 자녀와 떨어져 사는 데 비해, 대학을 졸업한 아버지가 자녀와 떨어져 사는 경우는 7퍼센트에 지나지 않는다.[47] 아무튼 2020년에는 아이들 다섯 명 중 한 명(21퍼센트)이 어머니와만 살고 있었는데, 이는 1968년(11퍼센트)의 거의 두 배나 되는 수치다.[48]

미혼 부모를 대하는 태도는 훨씬 더 완화되었다. 25세에서 34세 사이 여성의 82퍼센트가 미혼 여성이 아이를 낳고 키우는 것은 괜찮다고 답했고, 또래 남성의 74퍼센트도 동의했다.[49] 미국 어린이들은 대부분 어린 시절을 오롯이 친부모와 함께 보내지는 않을 것이다.[50] 결혼과 출산에 관한 사회적 규범과 관행이 자유로워졌다는 것은 여러 면에서 긍정적인 발전이다. 하지만 그로 인해 아버지들이 하릴없이 멍하니 벤치에 앉아 있는 일을 막는 것이 정말로 중요하다. 여자들은 자신의 역할과 할 수 있는 선택의 범위를 넓혔다. 반면에 가족 부양이라는 좁은 역할에 갇혀 있는 남자들은 너무도 많은데, 지금 그 역할은 이론적으로나 실질적으로 고약하게도 쓸모가 없다.

결과적으로 남자가 여자에게서 분리되면 그건 곧장 아이들에게서 분리됨을 의미하는 경우가 흔하다. 이것은 남자, 여자, 아이들 모두에게 나쁘다. 여자들이 낡고 좁은 어머니 모델에서 대체로 벗어났듯이, 남자들도 가족 부양이라는 아버지 모델의 굴레에서 벗어날 필요가 있다. 설사 아버지가 아이들의 어머니와 결혼하지 않았다고 하더라도, 아니, 특히 결혼하지 않았다면 더구나 아버지는 아이들에게 중요한 존재다. 아이들과의 직접적인 관계에 더 초점을 맞추기 위해, 아버지라는 사회제도는 시급히 업데이트가 필요하다. 명백한 도전이지만, 동시에 남성의 역할을 확장할 커다란 기회이기도 하다.

여기에는 엄청나게 많은 것이 걸려 있다. 아버지라는 지위는 다른 무엇보다 성숙한 남성성을 형성하는 근원적 사회제도다. "과거와 미래의 여러 세대를 아울러 볼 때 카리스마 넘치는 지도자, 선동가, 또는 애국심이라는 웅대한 이념에 반응하는 남자보다는 주로 가족 안에서 맡은 역할을 통해 공동체 속으로 스며드는 남자가 더 일관성 있고 끈기 있게 사회질서와 이어져 있을 것이다." 1973년에 조지 길더_{George Gilder}가 쓴 글이다.[51] 길더는 둘째가라면 서러워할 보수주의자였다. 그러나 최근의 정치 역사를 고려할 때 그가 틀렸다고 말하기는 어렵다.

제2부

은총의 굴레

제4장   드와이트는 왜 안경을 쓸까

인종차별에
성차별이
더해지다

몇 년 전, 내 친구 아들이 안경을 쓴 것을 보고는 괜히 흐뭇해졌다. 여러분이 날 꾸짖어도 괜찮지만, 나처럼 다른 사람들도 나이가 들고 있다고 생각하니 기분이 좋아진 것이다. 나는 짐짓 공감하는 척하며 말했다. "이봐, 드와이트Dwight, 우울해할 거 없어. 결국에는 누구에게나 일어나는 일이잖아." 그러자 드와이트가 웃으며 대꾸했다. "아, 아녜요. 이거, 투명 렌즈예요. 이거 착용하면 그냥 장사가 더 잘되거든요." 드와이트는 자동차를 파는 것이 직업이다. 난 약간 혼란스러워졌다. 도수도 없는 안경을 쓰면 자동차를 더 많이 팔 수 있다고? 그러자 그가 설명했다. "특히 백인들은 내가 안경을 쓰면 편안한 마음으로 다가온다니까요."

드와이트는 키가 6피트 5인치(약 196센티미터)다. 그리고 흑인이다. 알고 보니 안경은 흑인 남성성에 대한 백인의 두려움을 완화해 주는 흔한 전술이었다. 내가 흑인 남성들이 모인 그룹에서 드와이트 이야기를 들려주자, 그중 두 사람이 "맞아요, 나도 그래요."라고 하면서 안경을 벗었다. 사실 나는 이것을 모르는 미국 흑인은 못 보았지만, 백인들은 모르는 이가 많다. 물론 변호사들은 이 사실을 잘 알고 있어서, 흑인 고객들에게 안경을 쓰라고 한다. 그러고는 그것을 '어수룩하게 보이기 작전 nerd defense'이라고 부른다.[1] 흑인 남성 피고인이 안경을 쓰면 좀 더 호의적인 인식을 유발하지만, 백인 피고인은 안경을 써도 아무런 차이가 없다는 연구 결과도 있다.[2]

드와이트의 그런 말을 듣는 순간, 세상을 보는 나의 시각이 뿌리부터 온통 뒤바뀌는 것 같았다. 그날 저녁 식사 시간에 내가 그에게 경찰이 종종 널 붙잡아 세우느냐고 물었을 때도 마찬가지였다. "음, 별로 안 그래요." 그렇게 답한 드와이트는 잠시 후 이렇게 덧붙였다. "글쎄, 두어 달에 한 번쯤? 얼마 전에는 경찰이 나한테 수갑을 채웠어요. 나중엔 자기들이 사람을 잘못 봤다고 하더군요." 이럴 때 난 비로소 깨닫는다. 미국에서 흑인으로 산다는 것이 어떤 것인지, 특히 흑인 남성으로 산다는 것이 어떤 것인지 내가 까맣게 모른다는 사실을. 그러니까, 한마디 충고해 두자. 미국의 인종차별에 관한 한, 영국 태생의 백인인 나의 관점은 적당히 무시되어야 할 것이다. 하지만 이것만큼은 힘주어 말해야겠다. 오늘날 미국의 공정을 가로막는 주된 장애물 가운데 하나는 흑인 남성들을 짓누르는 인종차별과 성차별의 콤비다. 난 그 점을 확신한다.

제1부에서 나는 교육, 직장, 가정생활 등에서 소년과 남자들이 직면한, 광범위한 도전을 논의했다. 제2부에서는 가장 엄혹한 도전을 만난 사람들에게 초점을 맞출 텐데, 특히 제4장에서는 흑인 소년과 흑인 남자들이, 제5장에서는 노동자계급의 소년과 남자들이 그 대상이다. 제6장에서는 사회복지 프로그램들이 남성들에게 효과가 없다는 우려스러운 증거를 설명할 생각이다.

미국의 허다한 흑인처럼 드와이트가 살아온 여정도 힘겨웠다. 그는 볼티모어에서도 가장 거친 동네에서 자랐다. 어렸을 때 사망한 아버지는 기억에도 아예 없다. 형사 사법제도에서 교육과 고용에 이르기까지 생활의 거의 모든 측면에서 흑인 남성들이 직면하는 심각하고도 구체적인 어려움을 고려할 때, 도수도 없는 거북이 등껍질 테 안경을 끼는 것은 정말 하찮은 짓으로 보일 수도 있다. 물론 드와이트는 태연하다. "뭐, 어쩔 수 없는 노릇이죠." 하지만 나는 그 태도가 거의 모든 것을 말해 준다고 생각한다. 자신들이 위협으로 인식된다는 사실을 잘 아는 흑인 남성들은 백인을 보기 위해서가 아니라 백인이 자신들을 잘 볼 수 있도록 쓸모도 없는 안경에 의존하는 것이다.

성차별의 방향이 바뀌고 있다

1980년대 후반과 1990년대에 '교차성 intersectionality'의 발전으로 불평등과 차별에 관한 연구에 돌파구가 생겼다. 킴벌레 크렌

쇼Kimberlé Crenshaw가 개척한 이 틀은 처음에는 흑인 페미니즘에 기반을 두었지만, 그 덕분에 다른 형태의 억압이 어떻게 함께 작동하는지를 검토하는 방법이 보인다. 크렌쇼는 남성/여성, 흑인/백인, 부자/빈자, 동성애/이성애 같은 이진법 용어로 불평등을 보지 않고 '복합체의 여러 가지 복잡성'을 주장한다.[3]

교차 사고의 힘은 피할 수 없는 다원성에서 비롯된다. 우리 한 사람 한 사람은 여러 가지를 '곱해서' 드러난다. 가령 여러분은 흑인이자 이성애자이며 유대인인 사회주의자 변호사일 수 있고, 나는 백인인 동성애자이며 무신론자인 자유주의자 광부일 수 있다. 복수의 정체성에 대한 이러한 주장은 19세기의 존 스튜어트 밀과 해리엇 테일러 밀Harriet Taylor Mill에서 21세기의 아마르티아 센Amartya Sen과 마사 누스바움Martha Nussbaum에 이르기까지 수백 년간의 진보적 자유주의 사상을 반영한다.

크렌쇼의 연구 대상은 흑인 여성들 중심이지만, 그 틀은 더 광범위하게 사용될 수 있고, 어떤 특정 집단의 위치도 다른 집단의 위치와 관련해 고정되어 있지 않다. 내 친구인 공중 보건 학자 티퍼니 포드Tiffany N. Ford는 교차 접근법을 가리켜 이렇게 썼다. "사회적 범주는 맥락에 달려 있다. 근본적 특성은 고정된 것이 아니라 시간에 따라 계속 변한다."[4] 동성애자, 흑인 또는 남성이라는 말들의 의미는 이성애자, 백인 또는 여성 같은 말의 의미와 관련해서 고정되어 있지 않다. 유리와 불리의 패턴은 고정불변이 아니다. 그러므로 반反흑인에서 생긴 인종주의는 흑인 남성과 흑인 여성에게 상처를 주지만, 같은 방식으로 아프게 하는 것은 아니다. 성별은 인종화되고 인종은 성별화되지만, 다른 방식으로 다른 장소에서 다른 시간에 이루어진다.[5] 공적 지원을 받는 흑인 여성들을 병자로 취급하는 데 사용되는 성별화된 렌즈인 '복지 여왕welfare queen'이라는 전형적 원형(아키타이프)을 생각해 보라.[6]

흑인 남성들은 또 다른 불이익의 교차점에 맞닥뜨리는데, 그중 다수는 흑인 여성들이 직면한 불이익보다 더 극심할 수 있다. 에든버러 대학University of Edinburgh의 아프리카 철학 및 흑인 남성 연구회장인 토미 커리Tommy Curry가 기술한 것처럼 "교양 분야에서는 피부가 검거나 갈색인 남성들은 남성이라는 이유만으로 모든 여성보다 타고난 이점이 있다고, 가부장적이라고 가정한다."[7] 그러나 커리는 그 반대도 사실이라고 주장한다. 『맨-낫: 인종, 계급, 장르, 그리고 흑인 남성성의 딜레마The Man-Not: Race, Class, Genre and the Dilemmas of Black Manhood』라는 제목의 책에서 그는 미국의 흑인 남성들이 "억압받고 인종차별당하는 남성"[8]이라고 주장한다. 커리는 흑인 남성 연구라는 새로운 학문 분야를 만들자고 촉구한다. 흑인 남성이 맞닥뜨린 성별화한 인종차별의 특정한 형태에 관해서라면, 기존의 페미니스트와 교차 학자들이 제공한 설명은 과녁을 벗어났다는 이유에서다.

하지만 이 문제는 학계에만 있는 것이 아니다. 흑인 소년과 흑인 남자들의 구체적 어려움에 초점을 맞추려는 노력은 흔히 의심의 눈초리를 받는다. 흑인 여자들이나 다른 인종-민족의 사람들이 겪는 어려움에 대한 주의를 흩뜨리기 때문이다. 나는 내 입장을 또렷이 밝히고 싶다. 나는 미국의 가장 깊은 편견이 흑인을 향한 인종차별에 뿌리를 둔다고 믿는다. 좀 더 자세히 표현하자면 법학자 셰릴 캐신Sheryll Cashin이 '후손들'이라고 부른 사람들을 향한, 즉 "오랜 노예제의 유산으로부터 내려온"9 아프리카계 미국인들을 향한 인종차별에 뿌리를 둔다고 믿는다. 다른 무엇보다 이런 이유로 나는 '유색인종'이라는 용어를 그다지 좋아하지 않는다. 백인 미국인들과 다른 모든 이가 굵직한 선으로 나뉘어야 한다는 생각도 좋아하지 않는다. 나는 연합 구축의 필요성을 이해한다. 또 다른 집단들을 위해 인종차별을 경시하는 것처럼 보이지 않고자 하는 마음도 이해한다. 하지만 백인이 아니면 모두 흑인과 비슷한 위치에 있다는 생각은 도덕적으로 모욕적일 뿐만 아니라 경험적으로도 틀렸다. 흑인을 향한 인종차별이야말로 주된 난제이며, 적어도 흑인 여성들에게 어려운 만큼 흑인 남성들에게도 어려운 노릇이다.

흑인 남성들이 처한 냉정한 현실

드와이트는 생애 첫 11년을 서부 볼티모어에 있는 로즈몬트Rosemont에서(혹은 인구조사국의 표현을 빌리자면 24510160700번 토지에서) 보냈다. 당시 그곳은 흑인 동네였다. 지금도 흑인 동네다. 볼티모어 기준으로 볼 때 로즈몬트 아이들의 성과는 그리 나쁘지 않다. 그렇다고 좋다고 말하는 것과는 다른 얘기다. 성인이 되었을 때의 결과로 볼 때, 볼티모어는 미국에서 소년으로 자라기에 최악의 지역 중 하나다.10 1980년 무렵에 로즈몬트의 저소득층 가정에서 태어난 소년들(드와이트의 친구들)은 2010년 4월 1일 현재 일곱 명 가운데 한 명꼴(16퍼센트)로 교도소에 있었다. 오해가 없도록 또렷이 말해 두자. 그들이 예전부터 4월 1일까지 교도소로 잡혀간 수가 아니라, 바로 그 날짜에 교도소에 있었던 사람의 수다.[11] 사실 30대 중반까지 이 친구들의 결혼율은 11퍼센트에 지나지 않았으니, 이들 중 죄수가 된 사람이 남편이 된 사람보다 더 많았다는 얘기다. 또한 세 명 중 한 명은 여전히 같은 동네에 살고 있었으니, 그들의 아이들도 동네의 벨몬트Belmont 초등학교에 다닐 가능성이 크다는 뜻이다. 벨몬트의 학생들은 모두 흑인이다. 학업 성과가 좋지 않다고 말하면 아주 얌전한 표현일 터이다. 2019년에 내 아이들이 다녔던 베데스다Bethesda 초등학교에서는 82퍼센트의 학생들이 메릴랜드의 수학 숙련도 기준을 통과했다. 주 전체로 보면 그 비율이 58퍼센트였고, 벨몬트에서는 1퍼센트였다.[12] 우리가 여기서 기록한 실패의 규모는 정말 이해할 수 없을 정도다.

    드와이트가 열한 살이었을 때, 몇 발의 유탄이 침실 창문을 뚫고 들어온 사건이 있었다. 풀타임 일자리를 둘이나 갖고 있던 그의 어머니는 어찌어찌 다른 동네로 이사했고, 드와이트는 체육 장학금을 받아 사립 가톨릭 학교에 들어갔다가 이후 두 개의 대학에 진학했다. 사회적으로 상향 이동을 한, 교육 수준이 높고 경제적으로 성공한 흑인인 드와이트는 규칙을 증명하는 예외다. 라지 체티Raj Chetty와 그가 이끄는 기회 통찰Opportunity Insights이라는 이름의 팀은 빈곤과 이동성의 세대 간 패턴을 자세히 살펴보기 위해, 1980년 무렵에 태어난 2000만 명의 미국인에 관한 많은 통계치를 조사했다. 그 결과 흑인 남성이 소득 상위 계층으로 올라갈 가능성은 백인 남성보다 훨씬 작지만, 가난한 부모 아래서 자란 여성은 흑인과 백인 모두 세대 간 상향 이동성이 비슷하다는 사실을 발견했다. 그래서 체티와 그의 팀은 이런 결론에 도달했다. "전반직인 흑백 세대 간 이동성 격차는 전적으로 여성들이 아닌 남성들의 결과가 다르다는 데서 비롯된다."[13]

물론 흑인 여성은 흑인 남성의 (특히 가구 소득 측면에서) 열악한 경제적 성과로 어려움을 겪는다. 체티와 그의 팀은 이렇게 썼다. "흑인 여성의 가구 소득은 여전히 백인 여성보다 상당히 낮은 수준에 머물러 있다. 결혼할 가능성도 작으며, 흑인 남성들이 백인 남성들보다 소득이 낮기 때문이다."[14] 나는 미국기업연구소의 스콧 윈십Scott Winship과 진행한 비슷한 연구에서 결혼 비율은 아주 작은 일부분에 지나지 않는다는 것을 깨달았다.[15] 정말 중요한 문제는 흑인 남성의 낮은 소득으로, 특히 빈곤 속에 자란 이들의 낮은 소득이다. 이는 흑인 여성이 이룬 몇몇 놀라운 진전에도 불구하고, 그 자녀들은 여전히 가난하게 자랄 가능성이 아주 크다는 뜻이며, 이는 세대 간 불평등을 악화할 것이다. 돌고 도는 흑인들의 빈곤을 깨기 위해서는 흑인 남성들의 경제적 성과가 좋아져야 할 것이다.

체티는 몇 가지 새롭고 예리한 통계치를 제공했지만, 그 통찰력은 그다지 새로울 것이 없다. 대니얼 패트릭 모이니핸Daniel Patrick Moynihan은 1965년에 흑인 가족에 관한 보고서에 이렇게 적었다. "그 틀을 벗어나는 많은 이도 기껏해야 한 세대뿐이다. 지금의 상황에서 그 아이들은 다시금 온갖 고충을 견뎌 내야 한다."[16] 그나마 다시 그런 고충을 피하는 한 가지 방법이 좋은 교육을 받는 것이다. 하지만 벨몬트 초등학교의 수치가 극적으로 보여 주듯이, 흑인들에게 양질의 학교는 여전히 접근하기가 어렵다.[17] 그리고 이 점에서 소년과 남자들은 특히 불리하다. 절랜도 잭슨Jerlando F. L. Jackson과 제임스 무어James L. Moore가 《티처스 칼리지 레코드Teachers College Record》 특별호에 썼던 것처럼 "초등학교, 중등학교, 고등학교의 전 과정에 걸쳐서 흑인 남성들은 흑인 여성에게도 백인 남성에게도 모두 뒤처져 있다."[18]

흑인 여성은 오랫동안 누리지 못했던 교육의 기회를 포착하고 있으며, 어떤 면에서는 백인 남성을 뛰어넘기도 했다. 고등학교 졸업 가능성은 흑인 소녀들이 백인 소년들보다 더 높고, 대학 입학 가능성은 18세에서 24세 사이의 흑인 여성이 젊은 백인 남성보다 더 높으며, 대학원 학위 소지 비율은 25세에서 29세 사이의 흑인 여성이 동년배의 백인 남성보다 더 높다.[19] 이 격차는 크지 않지만, 최근 몇 년 동안 흑인 여성들이 교육 면에서 얼마나 나아졌는지 잘 보여 준다. 〈그림 4-1〉에서 보다시피 교육에서 나타나는 흑인 남녀 사이의 성별 격차는 백인 남녀 사이의 성별 격차보다 훨씬 더 크다. 대학 학위 취득자의 수를 보아도 흑인 남성 한 명 대 흑인 여성 두 명의 비율이다.[20]

미국에서는 특히 흑인 남성이 극심한 도전에 직면해 있다. 하지만 다른 나라에서도 비슷한 양상이 나타난다. 예를 들어 영국에서는 모든 연령대의 흑인 남학생이 흑인 여학생보다 뒤처지는 등, 교육에서의 성별 격차가 흑인 학생들 사이에서 가장 두드러진

<그림 4-1> 교육에서 흑인 여성에게 뒤처진 흑인 남성
흑인 학생들의 성별 학위 취득 비율

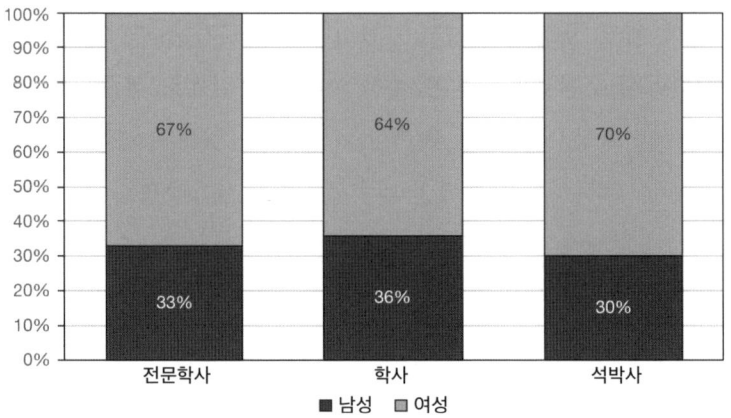

참고: 2018학년도~2019학년도의 자료임.
출처: National Center for Education Statistics, IPEDS. Digest of Education Statistics Tables 321.20, 322.20, and 323.20, and 324.20.

다.[21] (하지만 성적이 가장 나쁜 집단이 저소득층 배경의 백인 남학생들이라는 점은 여기서 주목할 만하다.)

따라서 흑인 남성은 거의 모든 다른 집단보다 더 적은 학력으로 무장하고 사회에 진출하는 셈이다. 이어서 그들은 노동시장의 여러 부분에서 차별당할 위험이 더 클 뿐만 아니라, 법 위반으로 구속되는 비율도 더 높다.[22] 그 결과 노동인구에서도 흑인 여성이 흑인 남성보다 더 큰 부분을 차지하는데, 이는 다른 그 어떤 인종이나 집단과도 대조를 이룬다.[23] 이건 단지 가난의 문제가 아니다. 체티의 보고 내용처럼 비교적 부유한 가정에서 자란 흑인 남성

<그림 4-2> 흑인 남성보다 소득이 더 높은 백인 여성
1979년과 2020년의 인종별 및 남녀별 주당 소득 비교

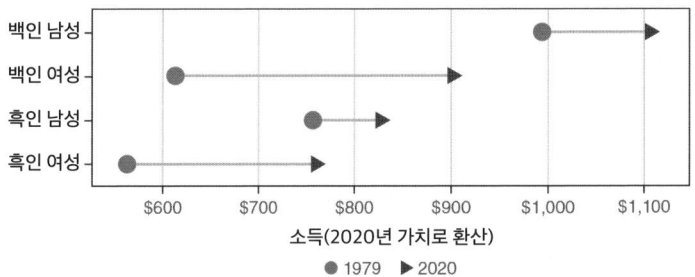

참고: 16세 이상 근로자의 주당 평균임금, 물가 상승을 고려한 2020년 가치로 환산.
출처: Bureau of Labor Statistics, Current Population Survey, Table 3.

들조차 가난하게 자란 백인 남성들보다 고용률이 더 낮으니까 말이다.[24]

현재 일자리가 있는 흑인 남성의 임금은 최저 수준이다. 1979년에 일반적인 흑인 남성 근로자의 주당 임금은 (현재 가치로) 757달러였다. 그런데 그 임금이 지금은 830달러다. 고작 10퍼센트 올랐을 뿐이다. 다시 말하지만 여기서 인종과 성별을 함께 살펴보아야 한다. <그림 4-2>가 보여 주는 것처럼 백인 여성은 최근 수십 년 동안 경제적으로 가장 놀라운 이득을 누렸다. 1979년에는 백인이든 흑인이든 여성들은 똑같은 소득을 올렸다. 그러나 지금은 흑인 여성의 소득이 21퍼센트 더 적다. 백인 여성은 1990년대에 흑인 남성을 따라잡았고, 그 후로도 소득이 더 빠르게 상승했다. 그 결과 흑인 남성은 이제 백인 여성보다 14퍼센트 더 적게, 그리고

백인 남성보다 33퍼센트 더 적게 벌고 있다.

노동시장의 성별 격차는 줄어들고 있건만, 인종 격차는 더 커지고 있다. 전반적인 성별 임금 격차가 줄어들고 있는 것은 여성, 특히 백인 여성의 임금이 빠르게 상승하고 있기 때문이다. 그러나 흑인 근로자, 특히 흑인 남성들의 임금은 고통스러울 정도로 더디게 증가하면서, 흑인과 백인 사이의 임금격차는 확대되고 있다. 이러한 추세를 고려할 때 흑인 여성이 흑인 남성보다 가족을 부양할 가능성이 훨씬 크다고 해서 어찌 놀랍겠는가? 다시 말하지만 이는 다른 모든 인종 집단과 뚜렷한 대조를 이룬다.[25]

상향 이동, 고용, 임금, 가족 부양 지위 등등의 측면에서 흑인 남성의 지위는 백인 남성과 확연히 다르며, 어느 모로 보나 흑인 여성에게도 뒤떨어진다. 그렇다고 해서 흑인 여성들이 어떻게든 인종차별이나 성차별에서 벗어났다는 얘기도 아니고, 평등의 근처에나마 다가갔다는 얘기도 아니다. 흑인 여성들은 흑인 남성들과는 또 다른 갖가지 불이익에 직면해 있다. 가령 흑인 여성들은 일단 아이를 갖게 되면 더 큰 차별을 당한다는 증거가 있다.[26] 그들은 종류는 다르지만, 여성만이 겪는 인종차별도 겪게 되는 것이다.

하지만 흑인 소년과 흑인 남자들 역시 남성인데도 당하는 것이 아니라 남성이기 때문에 당하는 특별한 고통이 있다. 《뉴욕타임스》가 요약해 실은 체티의 연구는 이런 결론에 이른다. "흑인 남성이 맞닥뜨리는 여러 장애물에는 무언가 독특한 점이 있다."[27]

오바마 대통령이 2014년에 내 형제를 지키는 자My Brother's Keeper라는 것을 시작한 데는 그런 이유가 있었는데, 지금도 오바마 재단의 내 형제를 지키는 자 동맹MBK Alliance이라는 이름으로 계속되고 있다.²⁸ 그런데 소년과 남자들에 대한 이런 관심은 예컨대 여성정책연구소Institute for Women's Policy Research의 비판을 불러왔다. 흑인 여성들이 맞닥뜨린 도전들이 받아야 할 관심과 주목을 빼앗는다는 이유에서다.²⁹ 하지만 내가 보기에 그런 노력은 옳은 것 같다. 소년과 남자들을 괴롭히는 문제에 대한 제도적 투자가 전반적으로 부족하다는 것을 고려할 때는 그렇다. 어쨌거나 흑인 여성의 문제들을 해결하는 곳을 포함해 여성의 어려움에 초점을 맞추는 단체는 (공적이든 사적이든) 많지 않은가? 최근 몇 년 동안 일부 재단이나 연구소들이 흑인 남성에게도 더 많은 관심을 기울이기는 했다. 하지만 카미유 뷔제트가 말하는 '끔찍한 위기'를 생각한다면 이런 반응은 여전히 미온적인 것으로 보인다. 그녀의 말인즉슨 우리에게는 적어도 '흑인 남성을 위한 뉴딜'이 필요하다는 것이다.³⁰

흑인 남성은 위협적이라는 고정관념

많은 흑인 남성은 결국 타네히시 코츠Ta-Nehisi Coates의 표현처럼 미국 교도소 시스템의 '회색 폐기물' 신세가 되고 만다. 드와이트가 살던 볼티모어의 그 동네도 마찬가지다. 1970년대 후반에 출생한 흑인 남성 네 명 중 한 명은 30대 중반이 되기 전에 교도소를 들락거렸다.³¹ 고등학교 중퇴자 중에서는 무려 열 명 중 일곱 명인 셈이다. 이 남성들은 1980년대와 1990년대의 초당적인 마약 전쟁으로 교도소 수감 붐이 시작된 바로 그때에 성인이 되었다.

문제는 흑인 남성은 위험하다는 인식에서 비롯된다. 암묵적 편견을 연구했던 정치학자 이스마일 화이트Ismail White와 코린 내코너기Corrine McConnaughy에 따르면 흑인 남성에게는 '특별한 낙인'을 찍는다고 한다. 백인에게 물어보면 셋 중 하나꼴로 흑인 남성 '대다수 혹은 거의 모두'가 '폭력적'이라고 평가한다. 백인 남성들에 대해 그렇게 평가하는 사람은 열 명 중 한 명뿐이다.[32] 두 사람의 말을 빌리자면 "성性을 수식하는 말만 붙으면 묘하게도 흑인 남성에 대한 부정적 개념에 잘도 다가간다."[33] 다시 말해서 흑인 남성들은 남성이라는 '이유'로 차별당한다. 이것이 해묵은 문제라고 굳이 말할 필요가 있겠는가? 1965년에 모이니핸은 이렇게 지적했다. "깜둥이를 '있어야 할 곳'에 놔둔다는 것은 깜둥이 남자들을 있어야 할 곳에 놔둔다는 뜻으로 볼 수 있다. 여자들이야 누구에게도 위협이 안 되니까."[34]

이런 인식은 흑인 남성의 삶을 아주 구체적으로 제약한다. 예컨대 사회학자인 내 동료 래숀 레이Rashawn Ray는 중산층 흑인 남성이 백인 동네에 가서 활동할 가능성은 별로 없다는 사실을 보여 준다. 왜 그럴까? 흑인 남성은 자신이 하나의 위협으로 비치는 것을 싫어하기 때문이다. 그의 말을 들어 보자. "흑인 남성들의 사회적 현실은 흑인 여성들의 그것과는 사뭇 다르다. 다른 사람들의 인식은 흑인 남성이 직장 동료나 이웃들과 이루는 사회적 상호작용에 영향을 미치며, 상대적 박탈의 독특한 형태를 만들어 낸다." 이런 점에서 교차성이라는 틀은 흑인 남성의 다중성 및 취약성을 조

명하는 데 쓸모 있게 된다.³⁵

그런데 이것은 생사가 걸린 문제로서의 교차성이다. 2020년 2월 23일에 아모드 아버리Ahmaud Arbery는 자기 동네에서 달리기하러 나섰다가 총에 맞아 사망했다. 그를 죽인 이들은 전직 경찰관 그레거리 맥마이클Gregory McMichael과 그의 아들이었다. 반박할 수 없는 증거에도 불구하고 두 사람은 2개월 동안 체포되지 않았다. 아메리칸 대학American University의 학자 이브람 켄디Ibram X. Kendi는 그 나름의 달리기 경험을 이렇게 적었다. "그들은 내가 '누구'인지는 아랑곳하지 않고 오직 내가 '무엇'인지를, 즉 내가 흑인 남성이라는 사실만을 본다. 그리고 그들에게는 내가 무엇인지가 곧 누구인지다. 즉 나를 범죄자라고, 위험을 구현하는 자라고, 공포 분자라고 간주한다."³⁶

흑인 남성들은 더 위협적이라는 생각 때문에 경찰에게 제지되고 몸수색당하고 체포되고 기소될 가능성이 더 크다. 마약이나 범죄와의 전쟁도 사실상 흑인 남성들과의 전쟁이 되었다. 그래서 흑인 남성들은 (마약 복용 가능성은 비슷해도) 마약 범죄로 체포당할 가능성이 백인 남성의 세 배 이상이고, 그 결과로 교도소에 갇힐 가능성은 아홉 배 이상이다.³⁷ 흑인 남성에게 남성성이란 보통 남성의 남성성과 비교하면 더 양날의 칼이다. '초超포식자'니 '늑대 무리'니 하는 말로써 흑인 남성 범죄자를 묘사한 데서도 알 수 있듯이 흑인의 남성성은 폭넓게 사용되기 훨씬 전부터 '유해'한 것으로 받아들여졌다.³⁸

흑인 소년과 흑인 남자들을 향한 인종차별의 가장 두드러진 측면 중 하나는 그것이 신체적이라는 특성이다. 타네히시 코츠가 쓴 것처럼 이것은 인간의 몸뚱어리를 훔치고 파괴한 역사요, "말채찍, 집게, 무쇠 부지깽이, 톱, 돌, 문진의 역사이거나 흑인의 몸, 흑인 가족, 흑인 공동체, 흑인 국가를 박살 내는 데 쓸모 있는 온갖 것의 역사다."³⁹ 그리고 이제는 총기의 역사이기도 하다. 2016년 7월에는 뉴욕 브루클린의 델론 스몰Delrawn Small, 루이지애나 배턴루지의 올턴 스털링Alton Sterling, 미네소타 세인트폴의 필랜도 캐스틸Philando Castile 등 세 명의 흑인 남성이 세 개 도시에서 사흘에 걸쳐 경찰의 총에 쓰러졌다.

그 사건의 마지막 날에 친한 동료가 겉으로는 업무 이야기를 하겠다며 내 사무실을 찾았다. 아이를 둔 흑인인 그녀는 이내 눈물을 흘리면서 아들들 걱정에 어쩔 줄을 몰랐다. 주변 사람들이 어쩌면 그렇게 아무 문제도 없는 듯 무심하게 일하는지 무척 당혹해하는 모습이었다. 그녀가 내 사무실에 들어오기 전까지는 나 역시 그 무심한 사람들 가운데 하나였다.

직장 있는 흑인이 드문 이유 중 하나는 간단하다. 교도소에 있을 가능성이 훨씬 더 크기 때문이다. 설사 석방된다고 해도 그들이 일자리를 구할 가능성은 엄청나게 작아진다. 그저 전과자가 되었기 때문이기도 하지만, 어쨌거나 고용주들은 흑인을 범죄자로 간주할 것이기 때문이다.⁴⁰ 전과 '없는' 흑인이 고용될 확률이 전과 '있고' 자격도 비슷한 백인의 취업 확률보다 낮다는 것을 보여 주는 연구도 있다. 그렇기 때문에 (예를 들면 입사 지원 시에 전과 기록 유무 체크 박스를 삭제하는) '박스 퇴출Ban the Box' 개혁이 흑인 남성의 고용 확률을 높이지 못하는 것으로 보인다.⁴¹ 디바 페이저Devah Pager가 적은 것처럼 "실제로 미국의 고용시장은 한 번도 범죄를 저지른 적이 없는 흑인 남성을 전과자로 간주한다."⁴²

흑인 남성들이 범죄자로 취급받는 바람에 미국에서는 일자리 없는 남성 수백만 명과 아빠 없는 가족 수백만이 생겼다. 하지만 노동시장에서 허덕이는 남자들은 결혼 시장에서도 허덕이기 일쑤며, 이것이 한부모가족 비율까지 높이는 결과로 이어진다. 오바마 대통령도 아버지가 옆에 없어서 자기 마음에 생긴, 뻥 뚫린 '구멍'을 얘기하지 않는가?⁴³ 『흑인 소년 키우기Raising Black Boys』를 쓴 자완자 쿤주푸Jawanza Kunjufu의 말을 빌리자면 '외상 후 아빠 부재 장애'로 고통받는 흑인 남성이 아주 많다.⁴⁴ 흑인 어린이 네 명 중 한 명은 열네 번째 생일을 맞기도 전에 부모가 교도소에 가는 것을 보게 된다.⁴⁵ 작가 겸 배우 겸 시인인 대니얼 비티Daniel Beaty는 세 살까지 하고 놀았던 게임을 회상한다. 아버지가 아침에 그의 침실 문을 노크하면, 그는 잠든 척하고 있다가 깔깔대며 아버지의 품으로 뛰어 안기곤 했다. 그러던 어느 날 아버지는 아침인데도 노크하지 않았다. 교도소에 갔기 때문이다. 그로부터 30년 후에 비티는 「똑똑Knock Knock」이라는 시를 낭송했는데, 거기에는 다음과 같은 구절이 있다.

> 25년이 지난 지금, 난 이 글을 씁니다
> 아직도 아빠의 노크를 기다리는 어린 소년을 위해
> 아빠, 보고 싶으니 집으로 와

아침에 날 깨워서 사랑한다고 말해 주던 아빠가 그리워

아빠, 집으로 와, 나 모르는 게 있어

아빠가 가르쳐 줄 수 있을 것 같아:

면도하는 법;

드리블하는 법;

여자와 대화하는 법;

남자답게 걷는 법[46]

아버지의 중요성에 관해서는 제12장에서 몇 마디 더 하게 될 것이다. 하지만 지금은 흑인 소년들이 다른 그 누구보다 '보살피는 아버지의 존재'로부터 더 혜택을 받는 것 같다는 사실에, 특히 어머니와 결혼하지 않았거나 함께 살지 않을 때 여러 가지 면에서 흑인 아버지들이 다른 인종의 아버지들보다 더 따뜻이 보살펴 준다는 사실에 주목하고자 한다.[47]

스트레스에 짓눌리는 흑인 가정

흑인 여성은 가족 내에서 항상 중요한 경제적 역할을 해 왔다. 특히 백인 여성에 비해서는 더욱 그렇다. 오늘날에도 불평등은 가족생활에서 인종 차이를 형성한다. 아이를 키우는 흑인 여성의 절반은 남편이나 동거 파트너 없이 아이를 키우므로, 다른 인종 집단(특히 백인)의 여성과 극명한 대조를 이룬다. 흑인 어머니는 싱글맘일 가능성이 백인 어머니의 세 배(52퍼센트 대 16퍼센트)나 되고, 배우자와 함께 살 확률은 절반(41퍼센트 대 78퍼센트)이다.[48] 흑인 여성의 출산 중 약 70퍼센트가 혼외 출산인 데 비해, 히스패닉 여성은 그 절반가량이고, 백인 여성은 28퍼센트 정도다.[49]

결혼 추세에 관한 켈리 레일리Kelly Raley, 메건 스위니Megan Sweeney, 대니엘 원드라Danielle Wondra의 폭넓은 연구는 이런 결론에 이른다. "백인 여성이나 히스패닉 여성들과 견주어 볼 때, 흑인 여성은 결혼 비율도 낮고, 결혼하더라도 늦은 나이에 하며, 결혼 생활도 더 불안하다."[50] 40대 초반의 흑인 여성들은 같은 연령대 백인 여성들보다 결혼하지 않을 가능성이 (34퍼센트 대 7퍼센트로) 다섯 배나 된다. 흑인의 결혼은 흑인을 향한 인종차별로 인해 훼손되었고, 그 차별에는 흑인 남성들이 직면한 이런저런 어려움이 포함되어 있다. 윌리엄 줄리어스 윌슨William Julius Wilson은 1990년에 출판된 사회학 고전 『정녕 불리한 사람들The Truly Disadvantaged』에서 경제 상황이 너무 어려워 '결혼 가능 남성'의 범주도 작아진다고, 결혼에 이르는 커플도 적어진다고 주장했다.[51]

나는 이 논쟁이 언제나 불편했다. 남자의 '결혼 가능성'이라는 것이 틀에 박힌 가정 위에 만들어지기 때문이다. 그러니까, 결혼할 수 있으려면 남자가 가족을 부양해야 한다는 얘기다. 이 무슨 케케묵은 성차별적 생각이란 말인가! 그런데도 대부분의 흑인을 포함한 사람들 대다수는 이런 윌슨의 의견에 동의한다는 것이 문제다. 가족을 부양할 능력이 있다는 것은 배우자 후보에게는 매우 중요하다. 미국 흑인의 84퍼센트는 좋은 남편이나 파트너가 되기 위해서 "가족을 재정적으로 책임지"는 것이 "매우 중요"하다고 말했고, 백인의 경우는 67퍼센트가 그렇게 답했다.⁵² 하지만 여자가 가족을 부양하는 것으로 주제가 넘어가면, 차이는 더 커진다. 여자가 가족의 경제를 책임지는 것이 매우 중요하다고 말한 흑인은 52퍼센트였고, 백인은 겨우 27퍼센트였다. 흑인 남녀가 직면한 경제적 어려움을 고려할 때 놀라운 일은 아니다. 그러나 흑인 여성들의 교육적·경제적 입지가 어느 정도 좋아지고 있고, 그로 인해 가족을 부양할 능력도 높아지고 있지만, 흑인 남성들은 훨씬 더 뒤처지고 있다.

　내 말은 (설사 그것이 가능하다 할지라도) 흑인 남성을 흑인 여성보다 더 높이 올려 주자는 얘기가 아니라, 단지 그들이 뒤처진 것을 해소하도록 돕자는 얘기다. 이 점이 여러분에게 분명히 전달되면 좋겠다. 흑인 여성들의 길에 놓인 장애물을 제거하려면 한층 더 노력을 기울여야 한다. 하지만 흑인 남성들을 위해서는 그보다 더 많은 것이 이루어져야 한다. 이것은 제로섬게임이 아니며, 마치 그런 것처럼 호도하면 안 된다. 1965년에 모이니핸이 린든 B. 존슨Lyndon B. Johnson 대통령에게 보낸 편지가 그런 그릇된 틀을 씌운 예다. "남자들은 직업을 반드시 가져야 합니다. 신체 건강한 흑인 남자가 한 사람도 빠짐없이 일할 때까지 우린 편히 쉴 수 없습니다." 이렇게 쓴 모이니핸은 이어서 치명적인 한마디를 덧붙였다. "설사 그러기 위해서 여자들을 좀 밀어내는 한이 있더라도 말입니다."⁵³ 물론 모이니핸의 그 편지는 이미 50년 넘은 과거사다. 게다가 그는 백인이고 기득권층 인물이다. 하지만 그의 말을 그냥 무시해서는 안 된다. 심지어 오늘날에도 남성을 돕는 것이 의도적이든 우연이든 여성을 방해하는 일이 될 수 있다는 두려움이 있다. 하지만 그것은 사실이 아니다. 성별, 계층, 인종에서의 평등을 위해 노력하는 것은 중요하다. 헤더 맥기Heather McGhee가 『우리 모두의 총화The Sum of Us』라는 저서에서 주장하듯이 말이다.[54] 남성을 일으켜 세운다는 것은 여성을 제압하거나 밀어내고 남성으로 '교체'한다는 뜻이 아니다. 그것은 함께 일어선다는 것을 의미한다.

흑인 남성들은 자유를 원한다

2014년 8월 9일, 비무장한 흑인 청소년 마이클 브라운Michael Brown이 세인트루이스 도심의 퍼거슨 지역에서 백인 경찰관의 총에 맞아 사망했다. 다음 날 숀 조Sean Joe 박사가 워싱턴 대학의 사회개발과 교수직을 맡기 위해 세인트루이스에 도착했다. 그는 흑인 소년과 흑인 남자들이 직면한 문제들을 연구할 계획이었다. 그런데 브라운의 죽음과 그 여파로 도시가 온통 휘청거리자, 그의 연구는 새삼 다급해졌다. 그는 인종과 기회 연구소Race and Opportunity Lab를 새로 설립하고 우리 동네 STLHomegrown STL이라는 프로젝트에 착수했다. 그 지역에 사는 12세에서 29세까지의 흑인 소년과 흑인 남자 6만 명의 앞날을 개선하는 데 초점을 맞춘 사업이었다. 브라운 사건 이후에 미주리주 주지사는 이 지역 지도자들로 구성된 위원회에 "퍼거슨 지역 내 사건들로 드러난 문제점들의 폭넓고 심도 있는 연구"를 맡겼다. 그리고 2015년 10월에 위원회는 그 도시에서 일어나는 인종차별의 내력과 영향에 관해 강력한 보고서를 제출하면서 200여 개의 개혁 권고 사항을 제시했다.[55]

하지만 숀 조는 실망했다. 그는 내게 이렇게 말했다. "그 보고서는 보편적인 인종 평등을 이야기하지만, 딱히 흑인 소년과 흑인 남자들에 관해선 한마디도 없습니다. 우리는 흑인 소년과 흑인 남자들이 직면한 문제를 자신 있게 말할 수 있어야 하잖아요. 마이클 브라운 사건이 나타내는 게 이것 아닙니까? 그가 흑인이라는 사실만이 중요한 게 아니라, 그가 흑인 '남자'라는 사실이 중요합니다. 그런데 사람들은 그걸 이야기하고 싶지 않은 거예요." 사실 보고서는 성별에 관해서는 침묵한다. 이건 유별난 문제가 아니다. 인종 평등은 이제 많은 기관과 지역사회의 어젠다가 되었다. 하지만 흑인 소년과 흑인 남자들이 직면한 특별한 문제에 천착하는 것은 정말로 꺼리는 모습이다. 흑인 남성들이 성별 '때문에' 불이익을 받는다는 사실은, 사람들이 편안하게 받아들이는 인종차별이나 성차별의 이분법 모델에 들어맞지 않는다. 현재 흑인 남성들의 고충을 보여 주는 증거의 무게를 고려할 때, 그런 모델은 전혀 먹혀들지 않을 것이다.

희망의 조짐이 없는 것은 아니다. 2020년에는 보기 드문 초당적 입법 덕분에 흑인 남자와 흑인 소년들의 사회적 지위를 위한 위원회Commission on the Social Status of Black Men and Boys가 설립되었다. 이는 미국시민권위원회 안에 만들어지고 19명으로 구성된 상설위원회로, "흑인 남성에게 영향을 미치는 잠재적인 민권 침해"를 조사하고 "교육, 형사 사법, 건강, 고용, 부권父權, 멘토링, 폭력 등의 분야에서 일어나는 불평등"을 연구하는 과제를 맡는다.[56] 플로리다의 비슷한 프로젝트를 본뜬 이 위원회는 해마다 의회에 보고하고 정책 권고 및 조언도 제시해야 한다.[57] 이 위원회의 창립에 대해서는 일부 민주당 하원 의원들의 저항이 있었는데, 역시 여성 문제에 집중된 주의를 흩뜨릴까 봐 두려워서다. 내가 보기엔 그릇된 걱정이다. 당시에 카멀라 해리스Kamala Harris 상원 의원은 이렇게 말했다. "미국에 존재해 온 제도적 인종차별이, 특히 흑인 소년과 흑인 남자들에 대한 인종차별이 단 한 번도 충분히 다루어지지 않았다는 사실을 우리가 받아들여야 할 때입니다."[58] 흑인 소년과 흑인 남자들이 직면한 성 기반의 인종차별은 그 폐해의 수준이 독특해서, 이제는 이를 똑바로 직시해야 할 때다. 이 책 후반부에서 내가 제안하는 많은 것이 이 목표를 염두에 두고 있다.

드와이트의 고충에 관해 오랜 대화를 나눈 후, 나는 그에게 세 아들을 위해 가장 원하는 것이 무엇이냐고 물었다. 그의 대답은 이랬다. "있잖아요, 전 그저 아이들이 자유롭기를 바랄 뿐입니다. 두려움에서의 자유, 두려움을 인지한다는 그 엄청난 무게로부터 자유요. 그냥 자유롭기를 원해요."

제5장 유리 천장보다 계급 천장

가난한 남자는
더 외롭고
더 불행하다

2017년에 새로운 표현 하나가 사회학 사전에 등재되었다. '절망 사deaths of despair'라는 문구였다. 앤 케이스Anne Case와 앵거스 디턴Angus Deaton이 널리 퍼뜨린 이 용어는 약물 과다 복용, 자살, 음주 관련 질병 등으로 인한 죽음을 가리킨다. 학술 논문과 2020년에 출간된 책에서 두 사람은 학력이 낮은 중년 백인들 사이에 늘어난 절망사를 잘 보여 주었다.[1] 그들은 노동자계급의 불황이 다양한 형태의 사회적 붕괴(특히 가정생활 속 붕괴)와 결합해 '누적된 불리함'이라는 패턴을 만들었다고, 또는 더 노골적으로 '백인 노동자계급의 붕괴'라는 패턴을 만들었다고 주장한다.[2] 그러나 이것은 남녀라는 성의 이야기이기도 하다. 전반적으로 남성 절망사는 여성 절망사의 세 배나 된다.[3]

나는 흑인 소년과 흑인 남자들이 성 기반의 인종차별 때문에 특별한 불이익을 받는다고 주장해 왔다. 바로 이 때문에 인종이라는 렌즈로 남녀 차이를 들여다보는 것과 성이라는 렌즈로 인종차별을 들여다보는 것이 대단히 중요하다. 하지만 사회 계급에 관해서도 마찬가지다. 경제 사다리의 맨 꼭대기에 있는, 특히 소득분배의 상위 20퍼센트에 있는 남녀 모두가 재산 증가에서부터 수명 연장에 이르기까지 거의 모든 측면에서 번창하고 있다.(내가 예전에 펴낸 책 『20 VS 80의 사회Dream Hoarders』도 여기에 초점을 맞추었다.) 이 최정상 계급 아래에 있는 남자들은 예전보다 일자리도 적고, 임금도 더 낮다.

남녀의 임금격차는 줄었지만, 고임금 근로자와 다른 모든 근로자 사이의 격차는 더 커졌다. 1979년에 일반 여성의 소득은 일반 남성의 63퍼센트였다. 2019년에 이르면 남성의 82퍼센트로 증가한다. 대조적으로 일반 근로자의 임금(중간값)은 고소득자 임금의 54퍼센트였으나, 2019년에는 42퍼센트로 하락했다.[4] 이런 측정치로 볼 때 성별 임금격차는 19퍼센트포인트 줄어든 반면, 계급별 임금격차는 12퍼센트포인트 확대되었다.

계급투쟁 전사들은 '소수 독재'에만 초점을 맞춘 채 성차별의 우려를 경시한다. 성차별과 싸우는 전사들은 가부장제에만 초점을 맞춘 채 계급 격차의 우려를 경시한다. 그러나 계급과 성에 따른 불평등은 함께 고려되어야 한다. 특히 그 둘이 다른 방향으로 나아갈 때는 더욱 그렇다. 닉 힐먼Nick Hillman과 니컬러스 로빈슨Nicholas Robinson은 이렇게 적었다. "정책 결정은 여성의 불이익, 사회적·경제적 격차, 남성의 저조한 성취도 가운데 어느 하나에 신경 쓸지를 선택하는 제로섬게임이 아니다. 그 셋 모두가 중요하다."⁵ 여전히 여성들을 가로막는 장벽에만 골몰하는 것은 우리 사회에 만연한 더 깊은 계급 분열에서 주의를 빼앗아 버릴 수 있다. 그렇게 해서 몸을 숙일 수는 있겠지만, 저 밑을 내려나볼 수는 없다.

　이 제5장에서 나는 남성들의 절망사에 대한 증거를 제시하고, 노동자계급 남성들의 경제적 어려움이 어떻게 가족을 아프게 하고 여자들에게 더 많은 압박으로 작용하는지 보여 줄 생각이다. 또한 이들 가운데 결혼처럼 한때 남자의 정체성을 붙들어 매었던 사회제도와의 연결 고리를 상실한 남자가 얼마나 많은지 설명할 생각이다. 아동기의 불이익이 소녀들보다 소년들에게 더 큰 상처를 준다는 사실과 더불어 결국 세대 간에 서로를 좀먹는 악순환이 된다는 사실도 알려 줄 것이다. 노동자계급 남성들이 어려움을 겪으면 그들의 가정은 더 가난해진다. 그리고 이런 가정에서는 소년들이 가장 고통을 받으며, 그들이 성인이 된 뒤에도 앞날을 해치게 된다. 남성들이 느끼는 불안이 유전 질환으로 변하는 것이다.

　소년과 남자들에 관한 책에서 경제적 불평등을 이처럼 강조하는 것이 이상하게 보일지 모르겠다. 하지만 나는 그 두 가지 문제를 떼 놓을 수는 없다고 보게 되었다. 불우한 소년과 남자들의 부를 개선하지 않고서는 도대체 무슨 수로 경제적 불평등을 줄이겠는가?

절망에 빠져 죽는 남성들

도널드 트럼프Donald Trump가 취임사에서 "미국의 참상 American carnage"을 이야기할 때, 나는 눈을 부라렸다. 그랬다는 것을 인정한다.[6] 터무니없는 과장이라고 생각했기 때문이다. 지금 생각해도 그건 과장에 불과하다. 트럼프는 어떤 사람들이 자기 말을 듣고 있는지 잘 알고 있었다. 절망사가 가장 많았던 카운티는 2012년에 밋 롬니Mitt Romney가 거둔 성과에 비하면 2016년에 트럼프에게 그야말로 결정적인 지지를 보냈던 카운티였다.[7] 이 지역은 고용(특히 남성의 고용)이 가장 급격하게 감소한 지역이기도 하다.

최근의 경제 동향에 가장 큰 타격을 입은 공동체를 연구해 『줄타기: 희망에 목마른 미국인Tightrope: Americans Reaching for Hope』을 펴낸 니컬러스 크리스토프Nicholas Kristof와 셰릴 우던Sheryl WuDunn은 이렇게 썼다. "유독 남자들은 소득뿐만 아니라 좋은 일자리에 수반되는 품위까지 잃어버렸다고 느꼈다. 외롭고 불안한 그들은 술이나 마약으로 자신을 달랬고, 그러면서 범죄 기록만 늘어나 일자리도 못 찾고 결혼할 가능성도 떨어지고 말았다. 가족의 근간이 무너진 것이다."[8]

절망사에 대한 케이스와 디턴 등의 연구는 약물 관련 사망이 급격히 증가했음을 보여 준다. 여기서 오피오이드opioid는 분명히 이야기의 큰 부분을 차지하며, 미국 내 오피오이드 과다 복용으로 인한 사망자의 70퍼센트 가까이가 남성이다.[9] 2016년에 프린스턴 대학의 경제학자 앨런 크루거Alan Krueger가 분석한 바에 따르면 일자리 없는 중년 남성의 거의 절반이 바로 전날 진통제를 복용했다고 말했다. 그는 1999년에서 2015년까지 오피오이드 처방의 증가가 같은 기간 남성 고용 감소의 거의 절반(43퍼센트)을 설명할 수 있으리라고 보았다.[10] 물론 오피오이드 사용이 증가해서 취업 전망을 나쁘게 만들 수도 있지만, 반대로 취업 전망이 안 좋으니까 오피오이드 사용이 늘어났을 수도 있다. 캐서린 에이브러햄Katharine Abraham과 멀리사 커니 같은 메릴랜드 대학 경제학자들의 고용 동향 보고서는 이렇게 결론짓는다. "제한된 노동력 참여와 오피오이드 사용이라는 문제가 서로 얽혀 있음은 분명해 보이지만, 인과의 화살은 두 방향을 모두 향한다."[11]

나는 오피오이드가 사회문제의 원인이기도 하다고 생각하지만, 사회 문제를 알려 주는 바로미터도 된다고 생각한다. 오피오이드는 자신감, 에너지, 깨달음 등을 인위적으로 높이기 위해 복용하는 다른 약물들과는 차이가 있다. 사람들이 댄스 클럽에서 메틸렌디옥시메스암페타민MDMA을 복용하거나 영혼의 탐구를 위해 환각제를 찾는 데는 이유가 있다. 오피오이드는 그저 통증(아마도 처음에는 신체적 통증, 그다음에는 실존적 통증)을 누그러뜨리려고 복용한다. 그것은 영감이나 반항의 약물이 아니라 고립과 후퇴의 약물이다. 그렇게 많은 이가 오피오이드 과다 복용으로 죽는 한 가지 이유는 그들이 대개 실내에 혼자 있어서다.[12]

남성들이 자살할 확률은 여성들보다 훨씬 더 높다. 전 세계적으로 해묵은 패턴이다. 그러나 성별 격차는 선진국들에서 가장 커서, 남성이 자살할 가능성은 여성의 약 세 배나 된다.[13] 현재 45세

<그림 5-1> 이미 높은 데다가 증가하고 있는 남성의 자살률
성별 및 연령대별 자살률, 1999년과 2019년

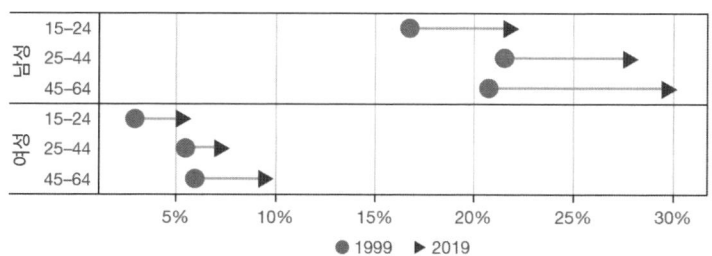

참고: 국제질병분류 제10차 개정판의 내용에 따른 자살 건수.
출처: National Center for Health Statistics, National Vital Statistics System, Mortality.

미만 영국 남성들의 경우, 자살은 가장 큰 사망 원인이다.[14] 미국에서는 중년 남성의 자살률이 가장 빠르게 증가하고 있지만, 〈그림 5-1〉에서 알 수 있듯이 최근 수십 년 동안 청소년과 젊은 남성들 사이에서도 크게 늘었다. 여성의 자살률도 훨씬 낮은 수치에서 시작해 역시 증가했지만, 남성의 자살률에는 훨씬 못 미친다.[15]

배럿 스완슨Barrett Swanson은 2019년에《하퍼스 매거진Harper's Magazine》에 실렸던, 남성성에 관한 에세이에서 남자 친구나 이웃들 가운데 이런저런 이유로 소외된 것처럼 보이는 이가 얼마나 많은지에 주목했다. 그리고는 이렇게 적었다. "이런 남자 몇몇은 중독과 우울증으로, 또는 정체를 알 수 있는 다른 질환으로 고생했다. 하지만 더 흔한 증상은 좀 더 모호한 것이었다. 그러니까 굳이 일반화하자면, 영혼을 좀먹는 허무감에서 비롯된 조용한 절망감처

럼 보이는 것이었다."¹⁶

　호주의 연구자 피오나 샌드Fiona Shand와 동료들은 자살을 시도한 남성들이 자신을 묘사하기 위해 가장 자주 사용한 단어나 문구를 들여다봤다.¹⁷ 그 목록의 맨 위에는 '쓸모없는'과 '가치 없는' 같은 단어들이 있었다. 남성들이 느끼는 불안의 진짜 원인은 노동력에 가담하지 못하는 것이 아니라, 문화적으로 '무용지물'이 되는 것이다. 난 그렇게 믿는다.

가족의 불행이 미치는 영향

　남자가 어려움에 허덕이면 가족은 더 가난해진다. 현대 경제사를 볼 때 가장 놀라운 사실 가운데 하나는 지난 몇십 년 동안 미국 가정을 재정적으로 지탱해 온 것이 여자들이었다는 사실이다. 그래 보았자 근근이 견뎌 낸 것이지만 말이다. 가장 부유한 가족들을 제외하고, 그러니까 상위 5분의 1을 제외하고 1979년 이후 가계소득의 모든 성장은 여성들의 늘어난 노동시간과 수입 덕분이었다. 2021년에 경제자문위원회에 임명된 헤더 부셰이Heather Boushey와 카비아 바굴Kavya Vaghul의 기록처럼 "여성의 기여 덕분에 저소득 및 중위 소득 가족들은 급격한 소득 감소를 피할 수 있었다."¹⁸

　여자들이 단지 목구멍에 풀칠이라도 하려고 자신의 의지에 반해서 어떤 식으로든 일을 강요당했다고 생각한다면 그것은 실수다. 물론 의심할 여지없이 그런 경우도 있기는 했다. 하지만 어머니를 포함한 여자들 대부분은 스스로 생계를 유지하기를 '원하'며, 남자에게 의존하는 쪽보다는 일하는 쪽을 확실히 원한다. 여기서 중요한 것은, 남자들이 더 잘해 준다면 대다수 가족이 혜택을 받으리라는 것이다.

여자들은 지금도 육아의 책임 대부분을 지고 있어서, 정규 일자리 외에도 가사 노동이라는 일을, 사회학자 앨리 혹실드Arlie Hochsild가 '두 번째 출근second shift'이라고 불렀던 일을 하게 된다.[19] 물론 이런 이중 근무는 혼자 아이를 키우는 이들에게 가장 혹심하다. 미국의 경우에 18세 미만 아이들 네 명 중 한 명은 성인 한 사람이 양육하는데, 그중 82퍼센트가 어머니다.[20] 당연한 노릇이지만, 이 여자들이 걸머진 짐이 더 무겁다. 그런데도 그들은 관계 맺기를 꺼리는 경우가 많다. 사회학자 캐스린 에딘Kathryn Edin과 마리아 케팔라스Maria Kefalas의 『지킬 수 있는 약속: 가난한 여성들이 결혼보다 모성을 우선시하는 이유Promises I Can Keep: Why Poor Women Put Motherhood before Marriage』라는 저서를 보면, 빈곤 지역의 여자들에게 (아이의 아버지까지 포함해서) 남자라는 것은 그저 먹여 살려야 할 입 하나 더 느는 것에 지나지 않는다는 내용이 나온다. 이것은 남자들에게 기대해 오던 역할을 뒤집어 버린 것이다.[21]

여성의 소득이 증가함에 따라, 남편감이 되고 싶은 남자들은 더 높은 기준을 넘어야 한다. 여자들은 경제적으로 취약한 남자와 파트너가 되느니, 차라리 혼자 살아갈 가능성이 더 크기 때문이다. 에딘과 케팔라스의 연구가 보여 주듯이 "나 혼자라면 좀 못한들 무슨 상관인가?"라고 마음먹는 여자가 많다.[22] 소득 분포의 하위 5분의 1에서는 어머니 열 명 중 일곱 명이 현재 가족을 부양하는 주체인데, 대개는 그들이 혼자 가족을 이끌기 때문이다.[23] 이처럼 가족생활에서 커지는 계급 차이는 경제적 요인들(특히 절대적 측면에서든 여성에 대한 상대적 측년에서든 남성이 차지하는 위치)이 가족 형성에 어떻게 영향을 미치는지를 보여 준다.[24] 데이비드 오터와 멜러니 와서먼의 말을 빌리자면 대학을 나오지 못한 남자들의 소득 감소는 그들의 결혼율이 하락한 한 가지 원인이다.[25]

경제적 제도로서의 의미는 약해졌지만, 그래도 결혼은 상징적 힘을 대체로 유지하고 있다.[26] 2015년에 미국에서는 레즈비언 커플과 게이 커플들이 오랜 투쟁 끝에 결혼할 권리를 얻었다. 그로부터 2년이 지났을 때 함께 사는 동성 커플은 다섯 커플 중 세 커플 꼴로 결혼했다.[27] 그러나 한 가지 격차가 좁혀지자, 사회 계급이라는 다른 격차가 심해졌다. 교육 수준이 높고 부유한 미국인들의 결혼율은 최근 수십 년 동안 꽤 높은 수준을 유지했지만, 다른 모든 계급의 경우는 하락했다.[28] 1979년만 해도 사회계층별로 결혼율에 거의 차이가 없었는데, 오늘날 그 격차는 대단히 크다.[29] 고등학교 이하 학력인 40세에서 44세까지의 남성 결혼율은 지난 40년 동안 20퍼센트포인트 이상 하락했는데, 이는 대학 학력 소지자들의 6퍼센트포인트 하락과 대조된다.[30] 내 동료 이저벨 소힐Isabel Sawhill이 쓴 것처럼 "가족 형성은 미국의 계급 구조에 등장한 새로운 단층선이다."[31]

현재 고졸 여성의 출산 대부분(59퍼센트)이 혼외 출산이지만, 4년제 대학을 졸업한 여성의 경우에는 단지 열 명 중 한 명꼴로만 혼외 출산이다.³² 앤드루 철린의 연구에 의하면 대학 교육을 받은 여성들이 첫 아이를 가질 때는 여전히 싱글이라 하더라도, 두 번째 아이를 가질 무렵에는 보통 그 두 아이의 아버지가 남편일 가능성이 상당히 크다. 그래서 철린의 결론은 이렇다. "여전히 결혼은 대학 문턱을 넘지 않은 미국인들보다 대학을 졸업한 미국인들의 가정생활에 더 핵심이 된다."³³

그런데 여기 다소 역설적인 점이 있다. 가장 높은 교육을 받고 잠재력도 높으며 고도의 경제적 자립을 이룬 여자들일수록, 이제는 결혼하고 결혼 상태를 유지할 가능성도 가장 크다는 사실이다. 글로리아 스타이넘을 비롯한 그 누구도 일이 이렇게 펼쳐질 것이라고는 생각하지 않았을 터이다. 스타이넘도 결국에는 66세에 결혼하면서 이렇게 해명했다. "우리는 결혼을 기대할 순 없지만, 선택할 수는 있는 시대를 살고 있다."³⁴

교육받은 미국인들이 결혼을 '경제적 의존'이라는 제도에서 '육아 목적의 합작 투자'로 바꾸어 버린 것이 아닌가 하는 생각이 든다. 여기서 결혼은 주로 아이들에게 시간과 돈을 함께 투자하기 위한 약속 장치의 역할을 한다. 나는 이런 '고액 투자 육아High Investment Parenting'를 줄여서 HIP라 부른다.³⁵ 부유하고 고학력인 부모라면 일터에서도 융통성이 있고, 가사 노동을 아웃소싱할 수 있는 돈도 넉넉하며, 원한다면 집에서 시간을 벌 수 있는 부와 신용도 더 많다. 부부 중 한 사람이 굳이 일하지 않더라도 가정의 경제적 여유는 영향받지 않을 것이다. 자녀를 돌보는 데 쓰이는 시간이 성별 임금격차를 얼마나 유발하는지 보여 주는 MBA 졸업생들의 연구를 제2장에서 언급했는데, 수입이 가장 높은 남편을 가진 여자들이 일을 그만둘 가능성이 가장 큰 것으로 나타났다.[36] 이는 남자들의 지위가 계급에 따라 얼마나 다른지를 여실히 보여 준다. 대학을 졸업한 남성들은 많은 이를 궤도에서 이탈하게 만든 노동시장의 충격에서 대체로 멀리 떨어져 있다. 그들은 이미 높은 수입이 더 오를 전망과 함께, 여전히 매력적인 남편감으로 인식된다. 심지어 노동시장에서 잘나가는 여자들에게조차 멋진 남편감이다. 하지만 이런 남자들은 대체로 전업주부 아빠stay-at-home dad가 되지는 않는다.

경제 사다리의 꼭대기에서도 두 명의 승자가 가족 부양의 책임을 공유하는 데에는 그럴 만한 이유가 많다. 교육 수준이 높은 미국인들도 아이들의 장래에 가족의 안정이 중요하다는 메시지를 이미 들었고 받아들였다. 전문직 남성들은 충분히 근대화되어서 훌륭한 파트너가 될 수 있다. 남성의 지위에, 특히 부양자로서 남성의 지위에 전통적으로 따라오는 과시적 요소를 포기할 필요도 없이 말이다. 하지만 임금은 낮아지고 일자리 전망은 어두워지는 남자들의 삶은 그것과 매우 다르다. 평등이란, 부유한 사람들에게 한층 더 만만하지 않겠는가?

가족생활의 계급 격차는 사회적·경제적 불평등을 반영하고 악화한다. 고소득자들은 자기 집안에 자원을 모아 다른 고소득자들과 공유하지만, 저소득자들은 그럴 여지가 없다. 경제학자 쇼샤나 그로스바드Shoshana Grossbard와 공저자들은 이렇게 적었다. "모든 가계를 고려할 때, 1973년에서 2013년까지의 기간에 증가한 불평등의 가장 큰 요인은 남성이든 여성이든 싱글로 남아 있으려는 경향이다."³⁷ 돈 걱정 없는 부부들은 아이들을 위한 투자도 훨씬 더 크게 할 수 있다. 그 결과를 셸리 런드버그Shelly Lundberg와 공저자들은 어떻게 보았을까? 아이들의 운명이 다양해졌다고, 여성의 경제적 책임과 독립이 더 커졌다고, "부담 없고 묶인 데도 없는" 남성이 더 많아지는 결과를 초래했다고 적었다.³⁸

엉겁결에 생긴 자아

대본이 없다면 즉흥적으로 하는 것 외에는 별 대안이 없다. 하지만 성공하는 삶을 즉흥적으로 만드는 것은 극히 어려운 일이다. 데이비드 모건은 이렇게 적었다. "안정된 남성성의 표본은 두 가지 사이의 비교적 높은 일치도를 가져야 할 것이다. 하나는 남성성에 대한 공적 담론이고, 다른 하나는 공적으로나 사적으로 남성성을 실천하는 것이다. 그렇게 되면 남자 한 사람 한 사람은 존재론적 안정감을 누릴 것이다."³⁹ 이것은 훌륭한 슬로건이 아니다. "우리가 원하는 게 무엇인가? 존재론적인 안전감이라고! 언제 그걸 원하느냐고? 지금 당장!" 그러나 사실 이것이야말로 남자들이 추구하는 바다. 더 확고하게 사회에 닻을 내리는 것, 다시 말해 세상에서 어떻게 '존재'할 것인지에 대한 명료함 말이다.

캐스린 에딘이 이끄는 질적 연구팀은 13년간에 걸쳐 미국의 4개 도시에서 남성들을 상대로 심층 인터뷰를 진행했다. 그 결과를 정리한 2019년 논문 「노동계급 남성의 미약한 애착The Tenuous Attachments of Working-Class Men」에서 그들은 성숙한 남성성을 위한 주된 제도적 프레임워크(특히 일, 가족, 종교)가 어떻게 붕괴하는지 기록했다. 서사들은 이렇게 썼다. "이런 핵심 제도들이 특징 사회 영역에서 인간의 활동을 이끌어 주고 의미를 부여하는 애착, 투자, 관여, 믿음을 창조했다. 그리고 나아가 사회 활동을 체계화해서 공통된 패턴의 태도로 만들었고, 그러한 패턴을 정당화하는 규범과 신념과 의식儀式까지 제공했다."40

그들의 논문 제목이 암시하듯이, 이제 많은 노동계급 남성이 일-신앙-가족 같은 제도에 대해 느끼는 애착은 아주 희미할 뿐이다. 상황이 이러하니 "이전 세대보다도 더 보람 있는 삶을 창출하는 사람도 없지는 않겠지만, 대다수는 힘겹게 허덕일 것이다."41 결과적으로 에딘의 팀이 '엉겁결에 생긴 자아'라고 부른 것을 지닌 남성이 늘어났다. 이들은 여러 가지 계획과 우선순위 사이에서 요동치기도 하고, 어떤 특정한 궤도에 머물려고 애쓰는가 하면, 뒤로 미끄러지는 경우도 흔하다.

인류학자 제니퍼 실바Jennifer Silva는 펜실베이니아의 어느 무연탄 산지인, 콜 브룩Coal Brook이라는 이름이 붙은 소도시에 관해 다음과 같이 서술했다. "성별, 일, 가족의 거대한 변화는 남자들의 삶을 찢어발겼고, 그들은 그 삶을 되찾기 위해 버둥대야 했다." 그녀의 보고에 의하면 2016년 선거를 앞두고 사람들은 도널드 트럼프를 긍정적 의미에서 '남자 중의 남자'로 간주했다. 실바는 콜 브룩의 일부 남자들이 어려움을 무릅쓰고 어떻게 "가족 부양, 보호,

용기 등 물려받은 남성적 유산을 유지하려고" 애쓰는지 보여 준다.[42] 다른 이들은 종교에 대한 헌신이나 각자 초점을 맞춘 자기 계발 등을 통해 남성의 정체성에 이르는 또 다른 길을 찾고 있다. 더러는 백인 민족주의에 굴복했고, 더러는 약물이라는 일시적 도피에 굴복했다. 어떤 식으로든 실바의 말마따나 "자아를 다시 끼어 맞추려고" 모두가 안간힘을 쓰고 있다.

저 외로운 남자들을 보라

그들은 혼자서 그렇게 하는 경우가 흔하다. 남자는 여자보다 친구도 적고 고립될 위험도 더 크다. 그 격차는 최근 몇 년 동안 더 커졌다. 미국인의 삶에 관한 조사 센터Survey Center on American Life의 2021년 보고서는 남성의 15퍼센트가 가까운 친구가 없다고 말하는, 남자들의 '우정 불황'을 확인했다. 1990년의 3퍼센트에서 급증한 수치다.[43] 그리고 놀랄 일도 아니지만, 외로움을 느낀다고 말할 만한 이들도 바로 이 남자들이다.

설문을 진행한 미국기업연구소의 대니얼 콕스Daniel Cox는 이렇게 썼다. "1990년에는 젊은 남성들의 45퍼센트가, 그러니까 거의 절반이 개인적 문제에 직면하면 친구들에게 먼저 손을 내밀 것이라고 했다. 하지만 지금은 어려울 때 친구에게 기대는 젊은 남성은 22퍼센트에 불과하다. 36퍼센트는 부모에게 맨 먼저 전화할 것이라고 한다."[44] 이건 물론 남자들이 부모와 같은 지붕 아래에 살

가능성이 더 크기 때문일 수도 있다. 2014년에는 젊은 성인 남성 세 명 중 한 명(35퍼센트)이 아내나 파트너가 아니라 부모와 함께 살고 있었다.⁴⁵ 여자들의 경우는 그 반대다.

내가 본 뉴욕의 어떤 스탠드업 코미디언은 자신을 '집콕 아들stay-at-home son'이라고 부르면서 쇼를 시작했고, 이후 같은 주제를 계속 써먹었다. 대부분의 농담처럼 진실의 날카로운 일면이 있어 재미있다. 이런 남자들의 대다수는 사회학자 마이클 키멀Michael Kimmel이 '가이랜드guyland'라 이름 붙인 곳의 주민이다.⁴⁶ 무언가를 시작하지 못하는 것은 그저 비유가 아니다. 그건 하나의 팩트다. 2021년 11월에 방영된「새터데이 나이트 라이브Saturday Night Live」의 웃픈 스케치tragicomic sketch에는 여자들이 남자 파트너를 '남자 공원'으로 데려가는 장면이 나온다. 다른 남자들과 좀 어울리게 하려는 것이다. 어떤 여자가 다른 여자에게 묻는다. "어느 남자가 당신 남자죠?"

왜 남자들 사이에는 우정이 부족할까? 우선 남자들은 여자들보다 우정에 투자를 덜 하는 경향이 있어서다. 또한 그들은 사회생활을 구축할 때나 속을 털어놓을 상대가 필요할 때 여자친구나 아내에게 의존한다.⁴⁷ 결혼이 깨지더라도 여자들은 친구 네트워크를 훨씬 더 잘 유지하고 구축하는 것 같다.⁴⁸ 어니스트 헤밍웨이Ernest Hemingway라든지 거의 한 세기 후의 무라카미 하루키村上春樹까지 자신들의 단편소설 모음집에 "여자 없는 남자들Men without Women"이라는 제목을 붙인 데에는 다 이유가 있다.⁴⁹ 자립하는 남자들은 혼자인 경향이 있다. 존 스타인벡John Steinbeck의『생쥐와 인간 Of Mice and Men』에서 크룩스Crooks는 이렇게 말한다. "남자에겐 누군가가 필요해, 누군가가 가까이 있어 줘야 하지. 아무도 없으면 남자는 미쳐 버려. …… 내 말은, 남자가 너무 혼자만 있으면 병이 난다고."[50]

극단의 경우는 사회에서 완전히 도피해 버리는 젊은 남자들이다. 이 추세는 일본에서 가장 두드러져, 히키코모리ひきこもり, 즉 '아예 틀어박힌 인간'이 늘어나자 폭넓은 국가적 우려를 낳았고 심지어 온라인 지원의 형태로 정부까지 행동에 나섰다.[51] 일부 히키코모리는 몇 년이고 방에 처박혀 살아왔다. 공식적으로 질병은 아니고 정신적으로 또렷이 아픈 것도 아니지만, '심각한 사회적 탈퇴'라는 표현이 따라다닌다. 일본 내각부의 조사에 따르면 이러한 현대의 은둔자는 이제 50만 명이 넘는다.[52]

일부 절박한 부모들은 이런 히키코모리 아들들에게 편지도 써 주고 전화로 대화도 해 주는 이른바 '렌털 여친'을 빌리기 위해 돈을 쓰기도 한다. 아들이 주류 사회로 복귀할 수 있기를 바라는 마음에서다. 젊은 히키코모리만 있는 것도 아니다. 적어도 이제는 안 그렇다. 그들의 3분의 1이 40세 이상이니까 말이다. 히키코모리는 어떤 차원에서 조용한 반란을 일으키고 있다. 그들이 마음의 문을 닫아 버린 이유 중 하나로 일본의 일 중독 문화를 꼽는 사람도 많다. 어쨌거나 위험 신호는 분명하다. 《내셔널 지오그래픽》 기사를 위해 그들의 사진을 찍은 마이카 일런Maika Elan의 말을 들어 보자. "사회와 오래 떨어져 있을수록 히키코모리들은 자신이 사회에서 실패했음을 더욱 또렷이 알게 된다. 가지고 있던 자존감과 자신감을 잃고, 집을 떠난다는 생각만 해도 점점 더 끔찍해진다. 방에 스스로 갇힘으로써 자신이 '안전'하다고 느끼는 것이다."[53]

일부 학자들은 일본이 이런 추세를 이끄는 가운데 다른 나라들도 뒤따를 수 있다는 점을 우려한다. 이달리아의 히키코모리를 위한 단체가 이미 설립되었다.[54] 미국의 연구자인 오리건 보건 과학 대학 앨런 티오Alan Teo 부교수는 일반인들의 생각보다 히키코모리가 더 널리 퍼져 있을지도 모른다고 믿는다. 그는 HQ-25라는 새로운 25개 항목의 설문지로 이 증후군을 정의하고 측정하기 위해 연구해 왔다.[55] 사회를 완전히 등지는 남자는 거의 없을지 모르지만, 히키코모리로 나아가는 길을 어느 정도 걷고 있는 사람은 더 많다고 그는 믿는다. 그는 이렇게 말한다. "미국엔 지하 침실에 사는 20대 초반이 많다. 그것도 젊은 축인 경우가 많다. 일하느라 고생하고, 뭔가를 시작하느라 애를 먹는 것이다. 아직 초기 성장 단계인데, 발목을 잡혀 있다는 얘기다."[56]

난초로 자라나는 소년들

당신의 아이는 민들레인가, 혹은 난초인가? 괴상한 질문이라는 것은 나도 안다. 하지만 심리학자들은 꽤 회복력이 있고 웬만한 역경과 스트레스에 대처할 수 있는 아이들(민들레)과 자신이 처한 상황에 좀 더 민감한 아이들(난초)을 구분하기 위해 이런 비유를 사용한다.[57] 상황이 전반적으로 좋다면 난초는 활짝 꽃을 피울 것이고, 맞지 않으면 고통을 받을 것이다. 심리학자들은 난초와 민들레의 이분법이 개인 수준에서 어디까지 적용될 수 있는지를 두고 여전히 논쟁을 벌인다. 하지만 그러는 사이에 사회과학자들은 소년들이 어린 시절의 역경 때문에 더 나쁜 결과를 겪게 된다는 증거를 차곡차곡 쌓고 있다.

예를 들어 소득분배 하위 5분의 1에 속하는 가정에서 자란 남자아이들은 성인이 되어서도 빈곤에서 벗어날 확률이 비슷하게 자란 가난한 가정의 여자아이들보다 낮다.[58] 오늘날 무일푼에서 부자가 된 스토리를 쓴다면, 주요 등장인물은 여자아이들이어야 할 테다. 이건 단지 미국만의 현상이 아니다. 가령 뉴욕 시립 대학교 대학원The Graduate Center, CUNY의 경제학자 마일스 코락Miles Corak에 따르면 캐나다 극빈 가정에서 태어난 남자아이들은 성인이 되어도 여전히 가난할 가능성이 여자아이들의 두 배나 된다.[59] 또한 미국의 경우, 가난하게 자란 남자아이들이 30세에 급여를 받고 일할 가능성은 여자아이들보다 낮다고 하니, 어쩌면 이것이 더 놀라운 일일지 모르겠다.

제4장에 나온, 미국에 관한 연구를 수행한 라지 체티와 공저자들은 이렇게 썼다. "성인기의 성별 격차는 그 뿌리가 어린 시절에 있다. 어린 시절에 가난했던 경험과 빈곤한 동네에서 살았던 경험이 소년들에게 특히 해롭기 때문이 아닐까?"[60]

소년들은 자란 가정이 빈곤한 데다 동네마저 가난하다면 더욱 형편없어진다. 장기적인 결과에 이웃이 중요하다는 증거는 더 많아지고 있다. 하지만 사는 동네는 여자아이들보다 남자아이들에게 더 중요한 것 같다. 예컨대 남자아이가 범죄 수준이 높은 지역에서 성장하면 커서도 성과가 나쁘며, 한부모가족의 대다수는 남자아이들에게 특히 치명적인 듯하다. 바로 그런 이유로 디트로이트나 프레즈노 같은 곳은 물론이거니와 볼티모어 등 몇몇 도시에서는 남자아이들이 특히 사정이 안 좋아 보이는 반면에, 여자아이들의 성과는 우편번호의 영향을 덜 받는다. 긍정적인 면을 보자면 아버지가 함께 사는 비율이 높은 지역에서 자란 흑인 소년들은 어른이 되어서도 전망이 더 좋다. 체티의 말을 빌리자면 "사는 동네는 여자아이들보다 남자아이들에게 더 중요"하다는 결론이다.[61]

교육에도 비슷한 민들레와 난초의 이야기가 있다. 유치원에 다니기 시작하는 남자아이와 여자아이 사이의 발달 격차는 어머니의 학력이 낮을수록, 아버지가 육아에 별로 관여하지 않는 가정일수록 훨씬 더 크다. 고등학교에서 남자아이들의 학업성적은 수입, 부모 학력, 결혼 여부 등 가족의 배경에 의해 여자아이들보다 훨씬 더 많은 영향을 받는다.[62] 사회적 계급이 소년과 남자들에게 더 큰 영향을 미친다는 것은 중등교육이 끝나고도 분명하다. (예를 들면 소득 분포 하위 5분의 1에 속하는) 극빈 가정에서 자란 여자아이들은 비슷한 배경의 남자아이들보다 4년제 대학을 졸업할 가능성이 57퍼센트 더 높지만, 이에 비해 (상위 5분의 1에 속하는) 부유한 가정 출신 아이들의 경우 그 차이는 겨우 8퍼센트 정도다.[63] 영국에서 대학 진학률의 성별 격차는 무료 급식 대상자들에게서 가장 크게 나타난다.[64]

마지막으로 역시 중요한 점을 하나 더 짚자면 남자아이들은 가정의 불안정으로 인해, 특히 아버지가 함께 살지 않음으로 인해 더 큰 고통을 겪는다.[65] 싱글인 부모, 특히 싱글맘이 키워 낸 남자아이들은 학교에서도 (누나나 여동생을 포함한) 여자아이들보다 성적이 나쁘고 대학 진학률도 더 낮다. 학교에서의 태도 문제에서 차이가 더 크다는 것도 한 가지 이유다.[66] 마리안 베르트랑과 제시카 팬Jessica Pan은 "결손가정의 남자아이들이 특히 형편없다."라고 적었다.[67] 또한 스탠퍼드 대학의 캐머런 테일러Cameron Taylor가 분석한 바에 의하면 남자아이들은 그룹 홈에 머무르는 것보다 제대로 위탁 가정을 찾아 들어갈 때 여자아이들보다 훨씬 더 많은 혜택을 받는다.[68]

그렇다면 어느 모로 보든 이런 패턴은 분명하다. 경제적·사회적 불이익은 여자아이보다 남자아이에게 더 큰 상처를 준다. 이것은 매우 중요한 사실인데도 여전히 충분한 관심을 못 받고 있다. 남성의 문제는 사회적·경제적 불평등을 '부채질'할 뿐만 아니라 그런 불평등 때문에 생기기도 한다. 데이비드 오터와 멜러니 와서먼이 적었듯이 "저학력 남성의 어두운 경제적 미래가 아들에게 유난히 큰 불이익을 만들고, 그로 인해 다음 세대의 성별 격차를 잠재적으로 키우면서 하나의 악순환이 뒤따를 수 있다."[69]

새로운 젠더 경제학이 필요하다

성평등의 압도적인 서사는 거의 전적으로 소녀와 여자들의 불리함이라는 틀에 맞추어져 있다. 하지만 우리가 성평등을 인종과 계층의 맥락에서 모두 고려한다면 전혀 다른 그림이 모습을 드러낸다. 특히 경제적 사다리의 밑바닥에서 소녀와 여자들에게 뒤처지는 것은 소년과 남자들이다. 마일스 코락의 글을 인용해 보자. "공공 정책은 새로운 젠더 경제학에서 정보를 얻을 필요가 있다. 적어도 사회적 이동에 관해서는 그렇다. 불우한 가정에서 자란 소년과 소녀들의 인생 전망에는 중요한 차이점들이 있다."[70]

상향 이동 속도를 개선하거나 경제적 불평등을 줄이려는 진지한 노력은 소년과 남자들이 맞닥뜨린 특별한 문제들을 고려해야 한다. 그렇지 않으면 세대가 바뀌어도 남성의 불이익이라는 패턴은 되풀이될 것이다. 그렇게 되면 여자와 아이, 특히 남자아이들을 포함한 모두에게 나쁜 일이다. 이것은 군데군데 정책을 살짝 뒤틀거나 재빨리 개입하는 것 이상의 노력을 요구할 것이다. 이러한 문제들은 뿌리가 깊고 그만큼 깊은 대응이 필요하기 때문이다.

경제적 불평등과 남자들이 느끼는 불안 사이의 뚜렷한 연관성은 초당파적 대응의 가능성을 제공한다. 그것은 좋은 소식이다. 소년과 남자들을 걱정하는 보수주의자들은 경제적 불평등을 걱정해야 한다. 하지만 불평등을 우려하는 진보주의자들은 소년과 남자들에게 더 많은 관심을 기울여야 한다.

제6장 응답 없는 사람들

소년과 남자들은
기회를 잡지 않는다

"그냥 여자들이 남자보다 똑똑하게 태어났잖아요. 그리고 이제 그게 드러나고 있는 겁니다." 대학 3학년생인 조너선Jonathan의 얘기다. 우리는 왜 여자들이 대학에서 남자들보다 더 우수한지 논의하고 있었다. 그는 이렇게 덧붙였다. "아시잖아요, 남자들에겐 동기부여라는 게 더는 없거든요. 이건 멘털mental 문제라고요."

나는 조너선의 고향인 미시간주의 캘러머주에서 그와 함께 커피를 마시며 이야기를 나누고 있다. 캘러머주는 특별한 곳이다. 정책 입안자들에겐 더욱 그렇다. 「캘러머주(에 애인이 있어)(I've Got a Gal In) Kalamazoo」라는 글렌 밀러Glenn Miller의 노래 때문이 아니라, 독특한 대학 등록금 무료 프로그램 때문이다. 익명의 후원자 덕분에 이 도시의 K-12 학교 시스템에서 교육받는 학생들은 미시간주 내 거의 모든 대학에서 등록금 전액을 면제받는다.¹ 다른 도시에도 비슷한 프로그램들이 있지만, 이 '캘러머주 약속Kalamazoo Promise' 프로그램은 유난히 관대하다. 게다가 업존 연구소Upjohn Institute의 학자 3인방인 티머시 바틱Timothy Bartik, 브래드 허시바인Brad Hershbein, 마르타 라초프스카Marta Lachowska가 떠들썩하게 평가했던 몇 안 되는 프로그램 중 하나다.² 그들이 보기에는 이 캘러머주 약속이 엄청난 결과를, 다른 그 어떤 기부 약속 프로그램보다 더 큰 결과를 가져왔기 때문이다.

하지만 이 평균 효과의 뒤에는 극심한 성별 격차가 숨어 있다. 이 프로그램은 여성의 대학 이수율에 로켓 부스터를 장착해 학사 학위를 받는 여성의 수를 45퍼센트나 늘렸다. 하지만 남성의 비율은 꿈쩍도 하지 않았다. 비용편익분석을 해 보자면 여성 참가자 1인당 총 6만 9000달러의 이익을 얻어 최소 12퍼센트의 투자 수익률이 나온다. 이에 비해 남성은 1인당 총 2만 1000달러의 손실을 보았다. 그러니까 남자들에게는 비싸고 효과가 없었다. 철학자 버트런드 러셀Bertrand Russell이 문명인의 특징은 한 줄의 숫자를 보고도 눈물을 흘리는 능력이라고 말하지 않았던가? 정책 전문가에게는 이 회귀분석표의 숫자로 충분할지도 모르겠다.

하지만 단지 캘러머주 약속만의 얘기는 아니다. 나는 여성에게 잘 먹히는 사회 프로그램들은 놀라울 정도로 많이 보았지만, 남성에게 효율적인 프로그램은 별로 없었다. 여기서는 먼저 교육과 훈련에 관해서 설명하고, 그다음에는 직업 프로그램 위주로 몇 가지를 설명하고자 한다. 내가 보기에 이것은 아주 중요한 일이다.

그런데도 아는 사람이 거의 없어서 별반 주목을 못 받고 있는 형편이다.

캘러머주의 엄청난 성별 격차 뒤에 무엇이 있는지 브래드 허시바인에게 물어보았다. 브래드는 진정한 학자인지라, 그의 대답은 "우리도 모르지요."였다. 그가 말하고 싶은 것은 그 격차를 통계적으로는 설명할 수 없다는 점, 적어도 시험 점수나 가족 배경처럼 쉽게 관찰할 수 있는 요인으로는 안 된다는 점이다. 제1장에서 언급했듯이 남성들의 저조한 교육 결과를 둘러싼 의문은 여전히 수수께끼투성이다. 하지만 나는 "멘털에 관한 거"라고 짚어 주었던 조너선이 옳다고 생각한다. 정말 답을 원한다면 우린 숫자가 아니라 젊은이들의 마음에서 그것을 찾아야 할 것이다.

내가 캘러머주로 달려간 한 가지 이유가 바로 그것이다. 그 약속 프로그램이 돕고자 하는 그 젊은이들을 좀 만나고 싶었던 것이다. 어째서 기부 약속이 그들에게 도움이 안 되었는지 그들은 알 테니까.

도움이 안 되는 교육정책

내가 인터뷰했던 쿼머리Quamari의 얘기를 먼저 들어 보자. "저는 대학 공부가 그저 시간 낭비처럼 느껴지더군요. 상당한 우울증에 빠졌죠. 아예 뭘 해 볼 생각조차 안 나더라고요." 그는 결국 대학을 중퇴하고, 어떤 은행에 일자리를 구했으나 곧 해고되었다.

그래서 이번엔 북동쪽으로 70마일 떨어진 랜싱에 있는 미시간 주립 대학에 들어가 학업에 복귀했다. 작고 조용한 도시에서 공부하면 좀 더 쉽게 집중할 수 있지 않을까 해서였다. 어쨌든 그의 말처럼 공부 외에는 할 일이 별로 없었다. 쿼머리는 한 단계 높은 공부, 그만두기, 바꾸어 보기, 다시 시작하기를 반복하는 스타카토 여정을 거쳐 왔다. 회계학에서 치아 교정학("이상하게 들리겠지만, 전 치아를 좋아하거든요. 치아 교정기도 해 봤고요."), 실내 디자인, 사회학에 이르기까지 전공도 여러 번 바꾸었다. 그러다가 음악 및 미술 치료에서 진로의 가능성을 발견해, 지금은 심리학으로 가고 싶어한다. 그의 이야기는 대학을 다니면서 여성들은 쭉 한 길을 가지만 남성들은 이리저리 헤맬 가능성이 더 크다는 연구와 잘 들어맞는다.[3] 그의 말마따나 "여자들은 그냥 더 열심히 공부하고, 더 잘하고, 더 많이 물어보거든요." 캘러머주의 남성 성공 스토리 주인공 중 하나인 제일런Jalen도 같은 생각이다. 웨스턴 미시간 대학을 졸업하고 학사 학위를 받은 그는 이렇게 말한다. "저는 그저 여자가 많은 그룹만 쫓아다녔죠. 누구나 알잖아요, 그런 그룹이라면 틀림없이 해낼 거라는 거."

우리 사무실에서 나온 또 다른 연구가 있다. 텍사스 포트워스에 있는 2년제 커뮤니티 칼리지인 태런트 카운티 칼리지Tarrant County College의 흔들리지 않고 나아가기Stay the Course라는 멘토링 및 지원 프로그램에 대한 평가다.[4] 커뮤니티 칼리지는 미국 교육 시스템의 초석으로, 주로 중산층 가정 출신과 저소득층 가정 출신의 학생 약 770만 명을 가르친다.[5] 그런데 이곳은 졸업이 저조하다는 점에서 위기다. 등록한 학생의 절반 정도만이 3년 이내에 자격을 취득한다는(또는 4년제 대학으로 편입한다는) 얘기다.⁶ 졸업장 받는 학생보다 중도 탈락자가 더 많은 것이다. 그래도 흔들리지 않기처럼 학생의 성공 가능성을 높일 수 있는 프로그램이 있다는 것은 좋은 소식이다. 반대로 포트워스의 실험이 보여 주듯이 그 프로그램들이 남학생들에게는 잘 안 먹힐 수 있다는 것은 나쁜 소식이다. 애초에 중도 탈락의 위험이 가장 큰 것이 남학생들인데 말이다. 여학생들 사이에서는 이 정책이 전문대 학위 획득자를 세 배로 늘려주었다.⁷ 이것은 엄청난 발견이다. 하지만 캘러머주의 대학 등록금 무료 프로그램과 마찬가지로 남학생들의 졸업률에는 아무런 영향도 못 미쳤다.

왜 그럴까? 다시 말하지만, 평가하는 이들은 추측할 뿐이다. 이 프로그램을 검토하는 학자들 가운데 제임스 설리번James Sullivan도 "우리는 모릅니다."라고 말한다.⁸ 똑같은 답이다. 다만 그의 팀은 학생들과 함께 일하는, '내비게이터navigator'(멋들어진 이름이다.)로 불리는 케이스 매니저들이 모두 여성이라는 점에 주목한다. 프로그램이 일대일의 긴밀한 관계에 크게 의존할 경우, 제공하는 자와 받는 자가 동일 성별이라는 것이 중요할 수 있다. 이는 교사와 학생 또는 멘토와 멘티의 인종이나 성 정체성이 같으면 학업 결과도 더 낫다는 연구 결과와 일치한다.⁹

흔들리지 않고 나아가기와 캘러머주 약속은 소년과 남자들에게는 썩 도움이 되지 않는 두 가지 예이지만, 그런 교육정책은 다음에 열거한 것을 포함해 수십 개에 이른다.

- 초보자Abecedarian, 페리Perry, 조기교육 프로젝트Early Training Project 등 세 가지 유아교육 프로그램은 여자아이들에게는 장기적으로 '상당한' 혜택이 나타났지만, 남자아이늘에게는 이렇다 할 장기적 혜택이 없다는 평가 결과가 있다.[10]

- 노스캐롤라이나의 여름 독서 프로그램인 프로젝트 REDS는 초등학교 3학년 여학생들의 문해력 점수를 '획기적'으로 높여 6주간 학습 개선과 동등한 효과를 냈지만, 남학생들의 읽기 점수에 미친 효과는 "부정적이고 의미도 없었다."[11]

- 노스캐롤라이나 샬럿에서 추첨 방식으로 1순위 선택 고등학교에 들어간 학생들은 GPA도 높게 받았고, 대학과목 선이수제AP 수업을 더 많이 들었으며, 대학 진학률도 더 높았다. 그렇지만 "이러한 전반적 성과는 전적으로 여학생들이 주도했다."[12]

- 뉴햄프셔의 고등학교 3학년 학생들을 위한 새로운 멘토링 프로그램은 4년제 대학에 입학하는 여학생의 수를 거의 두 배로 늘렸지만, 남학생들에게는 '평균적인 효과'조차 없었다.[13]

- 볼티모어와 워싱턴 D.C.에 있는 도시 기숙 학교들은 저소득층 흑인 학생들의 학업 성취도를 높였지만, 그것은 여학생들에게만 해당하는 얘기다. 평가팀은 이렇게 지적한다. "문자 그대로 해석하자면 이 성적 추정치는 우

리가 찾아낸 결과가 전적으로 여성 지원자들 때문이었다는 것을 암시한다."[14]
- 아칸소 및 조지아의 대학 장학금 프로그램은 학위를 획득한 여성의 수를 증가시켰지만 백인 남성에게는 '소리 없는' 영향을 미쳤고, 흑인 남성과 히스패닉 남성들에게는 '혼잡하고 요란한' 결과를 가져왔다.[15]
- 대학 신입생들에게 추가 학습을 후원하고 경제적으로 지원하는 프로젝트 STAR은 여학생들에게 더 높은 평점, 더 많은 융자금, 더 낮은 학사경고율 등의 형태로 학업 성취도에 큰 힘을 주었지만, "남학생들에게는 전혀 영향을 미치지 않았다."[16]

노벨 경제학상을 받은, MIT의 조슈아 앵그리스트Josh Angrist는 이들 가운데 마지막 프로그램을 연구했고, 이 분야에서 많은 시간을 보냈다. 그는 성별 격차에 관해서는 "딱히 이론이 없다."라고 말했다.("모르겠다."라는 말을 좀 더 완곡하게 표현한 것이다.) 내 생각에는 캘러머주의 젊은이들이 많이 이야기했던 낮은 수준의 참여와 동기부여가 가장 큰 문제다. 외부에서 쉽게 고칠 수 있는 것들이 아니다.

2009년, 앵그리스트와 공저자들은 이렇게 썼다. "인센티브나 서비스에 대한 반응에서 나타나는 이러한 성별 차이는 앞으로의 연구에 중요한 영역이 된다."[17] 틀림없이 그럴 것이다. 하지만 내가 알고 있는 한, 이런 호소에 귀를 기울이는 사람은 하나도 없다. 다른 것은 몰라도 이런 결과는 정책 입안자와 학자들이 남녀에 따라 다르게 나타나는 효과에, 프로그램 설계에 미치는 잠재적 영향에 훨씬 더 민감해져야 한다는 것을 시사한다.

물론 좋은 평가를 받는 또 다른 커뮤니티 칼리지 멘토링 시스템인 전문학사 속성 과정Accelerated Study in Associate Programs: ASAP이라든지 기타 초기 교육 프로그램 등 남녀 모두에게 긍정적 결과를 보여 주는 프로그램들도 있다.[18] 그러나 성에 따라 차이가 있는 경우에는 거의 언제나 소녀와 여자들에게 유리하다. 이 원칙의 유일한 실질적 예외는 직업 지향의 프로그램이나 기관인데, 이건 여성보다 남성에게 더 많은 혜택을 주는 것으로 보인다. 그래서 그런 프로그램이나 기관이 더 필요하다.

도움이 안 되는 보조금과 직업훈련

뉴욕은 미국의 이른바 '할 수 있어!' 정신을 상징하는 도시다. 그래서 마크 트웨인Mark Twain도 "뉴욕에서 이름을 떨쳐 봐, 그럼 넌 성공한 거야!"라고 쓰지 않았던가?[19] 그렇다면 뉴욕은 더 많은 남자가 이름을 떨치도록 도와주는 새로운 프로그램을 시험하기에 완벽한 장소다. 가령 페이체크 플러스Paycheck Plus 시범 사업은 약 3000명의 무자녀 참가자에게 최대 2000달러의 보너스를 제공했는데, 그 주된 목표는 고용률을 올리는 것이었다. 이 실험에 대한 MDRC 연구팀의 엄격한 평가는 어땠을까? 여성의 고용률에는 긍정적인 영향이 비교적 컸지만, 남성들에게 미친 영향은 딱히 감지할 수 없다는 것이었다.[20] 게다가 여성 참가자들은 건강도 더 좋아졌지만, 남성 참가자들은 그렇지 못했다.[21]

MDRC 팀은 남성에 대한 실험 결과를 '다소 실망'이라고 표현한다.[22] 프로젝트에 대한 희망이 컸으나 저숙련 남성들의 임금 및 고용수준이 떨어졌음을 고려할 때, 이건 절제된 표현이다.[23] 또한 여기에는 더 폭넓은 정책적 의미도 있다. 페이체크 플러스는 아이 없는 성인들도 근로소득세액공제 Earned Income Tax Credit: EITC를 이용하게 하는 국가정책 변화의 가능성을 실험했다고 볼 수 있다. 그 비용은 만만치 않을 터이다. 2021년의 '더 나은 재건 Build Back Better' 법안에 포함된 유사한 근로소득세액공제 확대안은 예산이 연간 135억 달러 소요될 것으로 추정되었다.[24] 근로소득세액공제 확대는 저숙련 남성을 돕기 위한 프로그램이다. 빌 클린턴 Bill Clinton 대통령과 버락 오바마 대통령의 경제 고문을 지낸 진 스펄링 Gene Sperling은 정책 변화가 "젊은 남성들이 공식 경제에 참여하도록 장려하는 데 중요"하다고 주장한다.[25] 그러나 페이체크 플러스 시범사업의 결과는 더 높은 보조금이 독신 남성보다는 독신 여성을 더 많이 일터로 끌어들인다는 것을 암시한다. 분명히 말해 두자. 여성의 고용이 늘어나는 것이 나쁘다는 얘기가 아니다. 다만 그것은 개혁의 주된 목표가 아니라는 얘기다.

보조금이 남성들에게 효과가 없다면, 직업훈련은 어떨까? 애석하게도 이에 대한 평가는 읽기에도 암울하다. 남성이든 여성이든 누구에게나 효과가 있는 정부 지원 훈련 프로그램은 그 예를 찾기 어렵다.²⁶ 그러나 성과를 내는 데 성공한 몇 안 되는 프로그램은 다음과 같이 주로 여성에게 치우쳐 있다.

- 민관 합동 사업으로 자금을 받은, 밀워키의 한 교육 프로그램은 2년간 여성의 고용률과 소득에 긍정적이고 통계적으로 상당한 영향을 주었지만, 남성에게는 그렇지 못했다.²⁷
- 「노동력 투자법Workforce Investment Act」에 의해 자금이 지원되는 실직자 프로그램에서는 "여성의 분기별 수입 증가가 남성보다 높아 …… 여성이 참여에 따른 혜택을 더 크게 누렸다." 훈련의 가치 또한 장기적으로 여성의 수입과 고용에 더 큰 긍정적 영향을 미쳤다.²⁸
- 1982년의 「직업훈련 파트너십 법Job Training Partnership Act」에 근거한 직장 내 훈련 프로그램과 구직 지원 프로그램은 여성 참가자의 소득과 교육 성취에 '상당히 긍정적인 영향'을 주었지만, 남성에게는 그렇지 못했다.²⁹

이미 말했다시피 효과적인 훈련 프로그램에 관해서는 전반적으로 얻은 것이 별로 많지 않다. 하지만 긍정적인 영향을 보여준 몇 안 되는 프로그램에서조차도 성별 격차가 자주 나타난다. 훈련 프로그램이 제대로 먹혀도 여성들에게는 대체로 효과가 있지만, 남성들에게는 늘 그렇지 않다.

정책 개입을 평가하는 연구에는 명확하고 반복적인 패턴이 있으며, 소년과 남자들보다 소녀와 여자들에게 더 강력한 효과가 있다. 이것은 연구와 정책에 심각한 의미를 부여한다. 평가자들은 무엇보다도 분명히 남녀별로 나눈 결과를 담아야 한다. 그리고 차이가 발견되면 그것을 강조해야 한다. 하지만 지금은 그런 차이가 관심을 거의 못 받고 있다. 공공/민간 벤처Public/Private Ventures가 수행하고 애스펀 연구소Aspen Institute를 통해 발표된 세 가지 민간 훈련 프로그램 평가에 기초한 요약 보고서에도 성별 격차는 언급되지 않았다.[30] 보고서를 모두 읽은 독자들조차 72페이지의 부록 D 표 5에 이르러서야 비로소 그 격차를 볼 수 있었다.[31]

인구의 절반에게 도움이 안 되는 프로그램이 많다는 사실을 고려할 때, 과연 이 돈이 제대로 쓰이고 있느냐고 의문을 제기하지 않는 정책 입안자들은 무책임하다. 성별을 따지지 않는 프로그램과 서비스를 지지하는 그 어떤 가정에도 이의를 제기할 만한 충분한 증거가 있다. 이런 '실망스러운' 결과를 보고도 그저 어깨 한번 으쓱하고 돈을 계속 낭비해서야 되겠는가?

남자들은 왜 열망을 잃어버렸나?

"이런 프로그램이 남성들에게는 '왜' 효과가 없을까? 그 대신에 다른 어떤 것이 효과가 있을까?" 물론 어려운 질문이다. 경험에서 얻은 증거도 취약하다. 하지만 캘러머주에 있는 커뮤니티 칼리지에 다니는 젊은 흑인 남성 타이리즈Tyreese는 이 질문을 곰곰이 생각해 보았다. 타이리즈는 캘러머주 약속이 돕고자 하는 바로 그런 사람이다. 그의 아버지는 그가 다섯 살 때 세상을 떠났다. 그의 형제 둘은 교도소에 있다. 그는 그의 주변에 있는 여자와 남자들 사이에서 네 가지 큰 차이점을 관찰했다. 첫 번째, 동기부여: "여자들은 의욕이 넘친다. 가족을 부양해야 한다는 것을 안다." 두 번째, 독립성: "여자들은 정말 관계가 필요 없다. 혼자서도 살아갈 수 있다." 세 번째, 끈기: "상황이 어려워지면 남자들은 도망가지만, 여자들은 그렇지 않다." 네 번째, 계획성: "여자들은 미래에 살지만, 남자들은 현재에 사는 경향이 있다." 동기부여, 독립성, 끈기, 계획성 같은 것을 종합해 볼 때 적어도 타이리즈에게는 여자들의 학교 성적이 더 좋은 것이 놀랄 일이 아니다.

수치로 파악하기가 거의 불가능한 동기와 열망이 여기서 얘기하는 큰 부분이라는 것은 분명해 보인다. 젊은 여자들이 젊은 남자들보다 훨씬 더 큰 열정으로 기회를 포착하고 있다. 해외 유학을 또 다른 예로 들어 보자. 최근 수십 년 동안(적어도 팬데믹 이전까지) 유학은 훨씬 더 인기가 많아져, 여권과 회화책을 들고 주로 유럽 등 해외로 향하는 학부생의 수가 늘었다.[32] 왜 안 그렇겠는가? 몇 달 동안 다른 나라에 가는 것은 멋진 일일 테니 말이다. 미국 해외 유학 연구소American Institute for Foreign Study와 국제 교육 연구소Institute of International Education도 공동 보고서에서 해외 유학의 가치를 극찬했다.[33] 그런 연구소야 당연히 그렇게 말하겠지만, 그래도 어쨌거나 옳은 얘기다. 고용주들은 더 넓은 시야를 가진 졸업생들을 기꺼이 고용하는 것 같고, 외국에서 갈고 닦은 기술들은 살아가면서 유용한 것 같으니까. 그런데 놀랍게도 여학생들이 유학 갈 확률은 남학생들의 두 배 이상이다.[34] 유럽 국가들의 경우에도 비슷한 격차가 있다.[35] 여러분은 이렇게 생각할지 모르겠다. "아, 하지만 그거야 언어나 예술처럼 유학 선택권이 더 많은 과목을 여자들이 더 많이 공부하기 때문이겠지." 아니다. 이런 성별 격차는 모든 과목에서 드러난다.

이 격차는 다시 한번 연구자들을 난처하게 만들었다. 우리가 아는 것은 여자들이 교육 수준 높은 부모라든지 인간의 다양성과 차이점을 파고드는 수업 등등, 별의별 요인에 의해 해외 유학의 동기부여를 받는 것 같다는 사실이다. 그런 요인들 가운데 남자들에게 영향을 미치는 것은 하나도 없다. 남자들의 해외 유학 결정에 영향을 준 듯한 한 가지는 '또래 간 상호작용'이었지만, 부정적 방향이었다.[36] 남자들은 어디로 떠나기보다는 한군데 붙어 있도록 서로 동기를 부여하는 것 같다. 보고서는 좀 더 다양한 집단을 대표하는 학생들이 해외로 나갈 필요성을 강조하면서, 현재 유학생 열 명 중 세 명꼴인 비非백인 학생들을 위해 장벽을 낮추는 데 진지한 노력을 기울인다. 그러나 여학생과 남학생의 비율이 2 대 1이라는 사실은 언급하지 않는다.

단지 해외 유학뿐만이 아니다. 일반적으로 젊은 여자들의 모험심이 더 큰 것 같다. 평화 봉사단 Peace Corps이라든지 그 국내 버전인 봉사 단체 아메리코어 Americorps 가입자를 보아도 2 대 1의 남녀 불균형이 드러난다.[37] 영국의 해외 봉사 프로그램에서는 그 격차가 더 크다.[38] 오늘날 젊은 여자들은 남자들보다 시야가 더 넓다. 방랑벽으로 헤매는 남자 따위의 케케묵은 고정관념은 깡그리 잊어버리자. 이제는 여자들이 탐험가다. 그리고 아무도 그럴듯한 이유를 대지 못한다. 남자들에게 기회가 적은 것도 아니다. 기회가 있어도 잡지 않는다. 행위도, 포부도, 동기도 줄어든 것이 문제인 것 같다. 하지만 이것은 외부와 단절된 상태에서 일어난 일이 아니다. 나는 이것이 구조적 문제들이 낳은 결과라고 생각한다. 난 우리 교육 시스템이 남학생들에게 덜 적합하다는 것을, 노동시장이 남자들에게 더 어려운 곳이 되었다는 것을 이미 보여 주었다. 하지만 더 깊게는 문화적 원인도 있다. 특히 지난 수십 년 동안 남녀의 권력 관계가 극적으로 재조정되면서 해묵은 남성성을, 특히 가장으로서의 남성성을 쓸모없게 만들었다. 그런데도 그것을 대체한 것은 전혀 없다.

  쿼머리는 이렇게 생각한다. "여자들은 점점 더 홀로 서고 있다. 더욱 고집이 세지고, 그 고집대로 함에 주저하지 않는다. 다른 여러 선택지가 필요하다는 걸 여자들은 잘 알고 있다." 그 자신도 인정하는 바이지만, 쿼머리는 이 새로운 세상과 드잡이를 벌이고 있다. 그는 평등을 지지하지만, 가장은 남자여야 한다고 가르치는 기독교 한 지파에 속해 있다. 그는 남들이 원하는 그런 남자가 될지, 아니면 지금 세상에 필요한 종류의 남자가 될지 사이에서 고민하고 있다. 그런 남자는 쿼머리 말고도 너무 많다. 남자들이 직면한 숱한 난제를 관통하는 공통의 실마리는 여성의 경제적 독립으로 대표되는 문화적 충격이다. 소년과 남자들에게 무슨 일이 일어나고 있는지를 제대로 이해하기 위해서는, 적어도 경제학자들만큼이나 인류학자들이 필요하다. 그리고 어떤 프로그램들이 가장 효과적인지에 관한 사실을 포함해서 모든 사실을 피하지 않고 기꺼이 맞닥뜨릴 정책 입안자들도 필요하다. 그렇지 않으면 우리의 일부 소년과 남자들은 뒤처지는 정도가 아니라 끝내 우리가 손을 뻗어도 닿지 못할 데로 추락해 버릴 것이다. 그것이 우리가 당면한 위험이다.

제3부

모성애라는 신화

제7장   어떤 남자로 만들 것인가

본성도 중요하고
양육도 중요하다

남성과 여성은 어떻게, 그리고 왜 만들어졌을까? 종교마다 그것을 알려 주는 이야기가 있다. 유대교와 기독교에서는 아담과 이브에게서 모든 것이 시작된다. 이슬람 신학은 남녀가 하나의 영혼으로부터 '짝이 되도록' 만들어졌다고 가르친다. 그런가 하면 힌두 전통에서는 브라흐마Brahma가 루드라Rudra에게 남성과 여성으로 나누어 달라고 부탁한다. 그래야만 창조가 계속될 수 있다면서. 이런 천지창조 이야기에는 인간 생물학의 가장 근본적인 이분법이, 즉 남과 여의 이분법이 담겨 있다.

생물학의 성별 차이는 뇌를 포함한 우리의 몸뿐만 아니라 우리의 심리까지 형성한다. 우리는 빈 서판blank slate이 아니다. 이러한 차이 중 일부는 최종 결과보다는 발달 시점과 관련이 있다.

가령 나는 여자아이들의 뇌가 훨씬 더 빨리 성숙하는 것이 교육에서의 성별 격차를 가져온다고 설명한 바 있다. 하지만 없어지지 않고 계속되는 차이도 많다. 소년과 남자들은 대체로 소녀와 여자들보다 더 공격적이고, 더 많은 위험을 무릅쓰며, 성욕도 더 왕성하다.[1] 물론 이 목록이 모든 것을 아우르지는 않는다. 여성보다는 남성에게서 더 흔히 볼 수 있는 특성도 많다. 가령 남성들이 사물에 더 관심을 보인다면, 여성들은 사람에 좀 더 관심이 많다. 남성이 차고에서 무언가를 만진다면, 여성은 친구와 수다를 떤다.[2] 하지만 공격성, 위험성, 섹스에서 그 차이는 가장 두드러지고, 여기서 내가 더 이야기하려는 것도 그 세 가지다.

제7장에서 나는 자연스러운 성별 차이의 증거를 특히 공격성, 위험성, 성욕의 측면에서 설명하겠다. 그런 다음 우리의 주변 환경과 폭넓은 문화는 생물학적 차이가 어떻게 뚜렷해지고 발현되는지를 결정하기 때문에 그 역시 매우 중요하다고 주장할 것이다. 직업 선택, 특히 이른바 STEM 역설은 주변 환경과 폭넓은 문화를 모두 고려해야 한다는 본보기를 제시한다. 본성과 양육은 '둘 다' 중요하며, 그들은 또한 중요한 방식으로 상호작용한다. 이제 우리는 이 신물 나는 논쟁을 옆으로 제쳐 두어도 괜찮지 않겠는가? 마지막으로 나는 특히 심리학 같은 응용 분야에서 생물학을 완전히 무시하면 여러모로 위험할 것임을 지적할 생각이다.

그러나 성별 차이에는 자연스러운 근거가 있다는 생각에는 정치적 함의가 있다. 따라서 지체하지 말고 경고 사항부터 집어넣는 편이 낫겠다. 첫 번째, 어떤 특성은 남성 혹은 여성 중 한쪽과 더 연관되어 있지만, 그 분포는 (특히 성인 사이에) 중첩된다. 영국 내 사상 최대 규모인 5000명 이상을 대상으로 MRI 스캔을 사용해 성별 차이를 표본조사한 후, 심리학자 스튜어트 리치Stuart Ritchie와 그의 동료들은 이렇게 결론지었다. "모든 뇌 측정에서, 심지어 성별 차이가 컸던 측정에서도 남녀 사이에는 항상 겹치는 부분이 있었다. 심지어 뇌의 총부피에서 커다란 차이가 나타난 경우에도 표본의 48.1퍼센트가 겹쳤다."³ 다시 말해 그 차이들은 이분법이라기보다는, 다르지만 중첩되는 이형성=形性이다.(제2장에서 언급한 간극 본능에 주의하라.) 전형적인 남성은 예를 들어 전형적인 여성, 특히 사춘기 여성보다 위험을 무릅쓰려는 의지가 더 크다. 그러나 어떤 여성들은 일부 남성들보다 더 위험을 감수한다. 대부분의 연구에서 밝혀진 바처럼 가장 큰 차이들은 대다수가 아니라, 이러한 분포의 꼬리 쪽에 있다. 가장 공격적인 사람들의 대다수는 남성이지만, 인구 전체에서 나타나는 공격성의 차이는 훨씬 작다.

두 번째, 이러한 성별 차이는 문화에 의해 요란해지거나 조용해질 수 있다. 어떤 문화는 폭력에 가치를 부여하는 반면, 다른 문화는 그렇지 않다. 확신하건대 내가 몇천 년 전 스파르타에서 태어났더라면 난 신체적으로 훨씬 더 공격적이었을 것이다. 브루킹스 연구소에서는 공격 성향이 그다지 쓸모가 없지만 말이다. 이러한 문화적 변형은 타고난 경향이 행동에 어떻게 나타나는지, 또한 어느 정도로 나타나는지에서 아주 중요하다. 문화와 생물학은 서로 분리되어 발달하지 않는다. 둘은 함께 진화한다. 생물학도 문화도 혼자서 전체를 얘기할 수는 없다. 하지만 생물학의 역할을 이해하는 것은 생물학이 제자리를 찾는 데 꼭 필요하다. 루안 브리전딘Louann Brizendine은 『여자의 뇌The Female Brain』라는 저서에서 이렇게 썼다. "생물학은 우리의 성격과 행동 성향의 근간을 보여 준다. 우리가 자유의지와 정치석 올바름을 핑계 삼아 생물학이 뇌에 미치는 영향을 부인하려 든다면 우리 자신의 본성과 싸우기 시작하는 셈이다. 만약 다른 요소들이 우리의 생물학에 영향을 미쳤음을 인정한다면 우리는 생물학이 우리를 지배하는 고정된 현실을 창조하지 못하도록 막을 수 있다."[4]

세 번째, 이러한 성별 차이는 전형적으로 21세기의 일상생활에 근소한 영향을 미친다. 지금은 문화뿐만 아니라 개인의 기능 같은 훨씬 더 큰 행동 동인動因들이 있다. 현대 사회에는 고맙게도 개인을 위한 여지가 훨씬 더 많다. 남자나 여자가 되려면 무엇이 필요한지에 대한 좁은 정의에서 벗어난다면 그건 사회로서나 개인으로서나 진보의 표시다. 그러나 이것은 모든 자연적 차이를 부인하라는 것이 아니라, 그저 책임감 있게 그런 차이를 다루라고 요구한다. 신경 과학자 지나 리펀Gina Rippon은 이렇게 경고한다. "생물학에 대한 믿음에는 인간 활동의 고정되고 불변하는 본질에 관한 특별한 마음가짐이 따른다."[5] 하지만 인간의 본성은 '고정불변'이라고 가정하지 않거나 문화와 환경은 전혀 무관하다고 분별없이 가정하지 않더라도 '생물학에 대한 믿음'을 갖는 것은 완벽히 가능하다. 생물학의 문제에 대해 철저한 결정론자이거나 철저한 부정론자인 책임 있는 과학자는 찾기 어렵다. 진짜 논쟁은 생물학이 중요하냐가 아니라 '얼마만큼' 중요한지, '어떤 때' 중요한지다.

네 번째, 평균적으로 성별 차이가 있다고 해서 성 불평등을 제도화하는 것은 온당치 못하다. 생물학이 성차별의 지적 기반을 제공하는 데 악용될 수 있다는 두려움이 있다. 인간의 역사를 고려할 때 충분히 근거 있는 걱정이다. 자연적 차이에 대한 증거가 나쁜 손에 들어가면 실제로 억압을 정당화하는 데 쓰일 수 있으니까 말이다. 그렇다고 해서 과학을 전면 부인하는 것도 쓸데없다. 진실은 항상 되돌아와 결국 우릴 물어뜯을 테니 말이다. 다소 따분해도 진실은 무엇일까? 어떤 맥락에서는 남성적 특성이 더 유용하고 다른 맥락에서는 여성적 특성이 더 유용하다는 것, 그리고 그 어떤 조합도 다른 조합보다 본질상 나은 것은 아니라는 것이다.

다섯 번째, 집단 간 평균 차이가 개인을 바라보는 시각에 영향을 주어서는 안 된다. 그것이야말로 사람들이 대부분 고정관념이라고 부르고 경제학자들이 통계적 차별이라고 부르는 것이다. 평균적으로 여자들이 남자보다 육아에 더 적합하게 태어났다고 해서(사실 그렇기는 하지만) 내 아들이 어린아이들을 가르치는, 탁월하고 배려심 있고 공감력 있는 교사가 되지 말라는 법은 없다. 육아와는 거리가 먼 여자들도 얼마든지 생각할 수 있을 것이다. 육아 능력이 중요한 일자리에 사람을 쓴다면, 성별이 아니라 그 개인의 특성에 집중해야 한다.

그렇다면 생물학의 역할을 균형 있게 바라보는 것이, 있을 수 있는 오용을 방지하는 것이 중요하다. 자연스러운 것은 반드시 좋은 것이어야 한다는 전제 아래 '자연주의적 오류'에 굴복할 위험은 항상 존재한다. 하지만 자연적 성별 차이라는 현실을 부정하거나 무시하는 것 또한 도움이 안 된다.『결국은 여자들 Women After All』
이라는 책에서 인류학자 멜빈 코너 Melvin Konner는 이렇게 적었다.
"나는 남성과 여성 사이에 문화 때문에 생긴 차이가 아니라 진화와
생물학에 뿌리를 둔 여러 가지 차이가 있다는 사실을 우리 아이들
이 이해하기 바란다. 우리 집 아이들도, 혹은 해마다 만나는 수백
명의 학생도, 어떤 젊은이들도, 그 누구도 바로 그 사실을 놓치는
큰 불이익을 감수하며 살지 않았으면 좋겠다."⁶

테스토스테론과 공격성

종교가 만들어 낸 창조 신화가 대부분 남성을 여성보다 먼
저 만든다는 것은 참으로 아이러니하다. 생물학에서는 그 반대여
서, 태초에 여성이 있었다. 모든 포유류와 마찬가지로 모든 인간의
초기 유전자 계획은 여성을 위한 것이다. XY 조합에서, 짧지만 부
지런한 Y 염색체의 역할은 세심하게 마련된 그 여성 계획을 혼란
케 하는 것이다. 옥스퍼드 대학의 유전학자 브라이언 사이크스 Brian
Sykes의 말을 빌리자면, 남성은 "기본적으로 여성이 유전적으로 변
형된 존재"다.⁷

수정 후 약 7주가 지난 Y 염색체의 첫 번째 과제는 고환을
자라게 하는 것이다. 그다음에 배아는 안드로겐 테스토스테론 목
욕을 통해 남성성으로 가는 길을 걷게 된다. 안드로겐은 뇌를 남성
화한다. 그런 다음에 세르톨리 Sertoli 세포 내 SOX9의 명령에 따라

19번 염색체 단완 13.3[19p13.3]의 항뮐러관 호르몬[AMH]과 12번 염색체의 항뮐러관 호르몬 제2형 수용체[AMHR2]로 구성된 2인 1조 유전자 팀이 생식을 위한 여성 신체 부위의 발달을 억제한다. 이후 남성 호르몬은 몇 년 동안 휴식을 취하는데, 마침내 사춘기가 되면 음경과 전립선을 키우기 위해 테스토스테론이 다시 필요해진다.

성을 결정하는 전 과정은 너무 복잡해, 거의 언제나 계획대로 진행된다는 것 자체가 놀라울 지경이다. 하지만 그렇게 진행된다. 거의 모든 인간은 확실히 남성 아니면 여성으로 태어난다. 때때로 XX 배아는 유전적 이상이나 임신 중 복용한 특정 약물 때문에 평소보다 더 많은 남성 호르몬에 노출되는데, 이렇게 되면 남성이나 여성이 아닌 '간성[間性, intersex]'으로 정의되는 일도 생긴다. 성 발달의 스펙트럼 중 이 부분은 코너가 표현한 것처럼 "이색적인 유리 조각품 같아서 작지만 아름답고 이상하다."[8] 하지만 역사적으로 간성은 아름답다기보다 이상한 사람으로 취급받아 왔고, 희생과 원치 않는 수술과 수치심을 겪어야 했다. 오늘날까지도 그들은 무시로 인권을 침해당한다.[9] 간성에 대해 하나로 통일된 정의는 없고, 얼마나 많은지에 대한 추정도 다양하다. 가장 너른 정의를 적용하면 대충 100명 중 한 명꼴이라는 것이 합리적인 상위 추정치다.[10] 해부학적으로 여성에 가까운 간성들은 출생 시 흔히 여성이 되지만, 사실 남성 정체성을 더 편하게 받아들이는 사람이 많고, 나중에 남성으로 전환하는 이도 많다.[11] 이것은 태어난 후에 생기는 일보다 자궁 안에서 일어나는 일이 성을 훨씬 더 강력하게 결정한다는 중요한 증거다.

남성의 뇌가 테스토스테론 목욕을 하면 물리적 공격성이 더 높아지는데, 이는 인간뿐만 아니라 거의 모든 영장류와 포유류가 마찬가지다. 남성들은 모든 나이, 모든 문화에서 더 공격적이다.[12] 남자아이들은 공격적인 성향을 보일 가능성이 여자아이들의 다섯 배인데, 이는 17세가 아닌 17개월 즈음의 이야기다.[13] 그 차이는 성인 초기까지 벌어지다가 다시 좁혀진다.[14] 전 세계적으로 벌어지는 살인의 95퍼센트 이상을 남성이 저지르고, 성폭력을 포함한 기타 폭력 행위의 압도적 대다수도 남성이 저지른다.[15] 그러나 테스토스테론, 남성성, 공격성의 관계는 복잡하다. 우선 테스토스테론은 공격성을 직접 촉발하는 것이 아니라 그것을 증폭시키는 것처럼 보인다.[16] 이러한 증폭이 어느 정도까지 일어나는지는 상황에 따라 크게 좌우된다. 캐럴 후븐Carole Hooven이 저서 『테스토스테론의 진실: 우리를 지배하고 갈라놓는 테스토스테론 이야기 Testosterone: The Story of the Hormone That Dominates and Divides Us』에서 보여 주듯이, 소년과 남자들이 선천적으로 공격적 성향은 지닌 것은 사실이지만, 반드시 발현되는 것은 아니다. 우리는 우리 세포의 노예가 아니니까 말이다.

또한 인간 사회는 시간이 지나면서 대부분 폭력성이 줄었으며, 오늘날 범죄율은 국가마다 천양지차라는 점에 주목해야 할 것이다. 후븐은 이렇게 적었다. "이 요인들 모두가 중요하다고 해서 T와 공격성 사이의 관계가 약하다는 것을 증명하는 것은 아니다. 오히려 그 관계가 얼마나 복잡한지를 보여 준다. 관계가 어떻게 작동하는지를 조사하는 연구처럼 말이다."[17] 문화와 사회화가 중요하다는 것을 부인할 사람은 아무도 없다. 그런 것이 없으면 서로 다른 지역과 다른 시대에서 나타나는 남성 폭력의 극적인 수준 차이를 어떻게 설명하겠는가? 하지만 여기서 생물학도 중요하다는 점을 부인하는 것도, 특히 남녀 사이의 차이에서 중요하다는 점을 부인하는 것도 똑같이 어리석은 노릇이다.

위험을 무릅쓰는 남자들

이러한 성별 차이는 우주에서 일어난 무슨 사고의 결과가 아니다. 데즈먼드 모리스Desmond Morris의 말마따나 인간은 "타락한 천사가 아니라, 진화한 원숭이"다.[18] 번식 혹은 생식에 효율적인 특성이 대대로 전해 내려간다. 성선택이란 바로 그런 것이다. 남성에게 최적의 생식 전략은 여성의 그것과 달랐고, 장기적으로는 심리에 영향을 미쳤다. 예를 들어 남성은 위험 무릅쓰기를 훨씬 더 좋아한다. 이것은 사회적 구성 요소가 아니다. 이는 인간 역사를 통틀어 알려진 모든 사회에서 확인되며, 조이스 베넨슨Joyce Benenson이 『싸우는 자들과 걱정하는 자들: 성의 생존Warriors and Worriers: The Survival of the Sexes』이라는 저서에서 보여 준 바와 같다.[19] 리더십 스타일을 연구한 일단의 학자는 이렇게 말한다. "성별 차이는 사실상 위험에 관한 연구가 이루어졌던 모든 분야에 존재하며, 남성은 여성보다 위험을 더 많이 감수한다. 이와 같은 사실은 수렵 채집인에서 은행 CEO에 이르기까지 두루 보고되었다."[20]

공격성과 마찬가지로 위험 감수도 우리의 진화 역사에 명확한 뿌리를 둔 남녀 심리의 차이점 중 하나다. 그렇다면 위험을 무릅쓰는 것은 남성에게 더 말이 된다. 하지만 왜 그럴까? 단도직입적으로 말하면 여성과 달리 남성은 생식의 가능성이 전혀 없기 때문이다. 사실 우리에게는 여성 조상이 남성 조상의 두 배나 된다.[21] 이것을 여러분이 이해하려면 1분쯤 걸릴지 모르겠다. 유전학적으로 말하면 결국 모든 사람은 어머니와 아버지가 있어야 한다. 하지만 물론 한 남자는 여러 여자와 함께 아이를 많이 낳을 수 있지만, 아이를 전혀 낳지 않는 남자들도 있다. 역사적으로도 정확히 일어난 일이다. 지금 살아 있는 사람은 200명 중 한 명꼴로 칭기즈 칸Genghis Khan의 직계 후손이라는 것이 아마도 가장 유명한 예다. 이것을 정중하게 표현해 볼까? "여성보다 남성이 생식 성공의 편차가 더 크다."[22] 심리학자 로이 바우마이스터Roy Baumeister의 표현은 훨씬 더 거침이 없다. "어떤 문화가 생식을 극대화하려면 가능한 한 많은 자궁이 필요하지만, 음경은 몇 개만 있어도 충분하다. 그래서 보통은 음경이 남아도는 것이다."[23]

여기에다 한 가지 사실을 더해 보자. 인간 사회는 대개 일부다처제여서 남자가 여러 명의 아내를 가질 수 있도록 허용해 왔고, 결국 하버드 대학의 진화 심리학자 조지프 헨릭Joseph Henrich이 말하는 '잉여 남성의 수학 문제'에 이르게 된다.[24] 위험이 등장하는 것은 바로 이 지점이다. 진화론의 낙오자가 될 위험에 처한 남자들은 짝을 얻기 위해서 엄청난 위험까지 기꺼이 감수할 것이다. 어쩌면 더 많은 자원을 얻으려고 범죄를 저지르거나, 높은 수익을 약속하는 전쟁에 나가 싸울 것이다. 딴 방법으로는 도무지 아이를 가질 법하지 않은 남자에게는 50 대 50의 가능성조차 꽤 좋아 보인다. 헨릭은 이렇게 적는다. "그 결과, 남성의 심리는 남성끼리 더 치열한 경쟁을 촉발하게끔 변한다."

이 주장에 대한 최근의 증거는 중국의 한 자녀 정책 관련 연구에서 나왔다. 이 정책은 성(省)마다 다른 시기에 도입되어 연구자들이 그 영향을 조사할 수 있었다. 모든 가족이 아들 갖기를 선호했기 때문에 일단 규칙이 시행되자 성 비율은 급격히 남성 쪽으로 기울었다. 경제학자 리나 에들런드Lena Edlund는 정책이 도입된 후 18년이 지나 잉여 소년들이 성인이 되자, 범죄율이 증가하기 시작했다는 사실을 보여 주었다. 미약한 증가도 아니어서, 체포율은 거의 두 배가 되었다.[25] 에들런드의 연구는 한 가지 중요한 점을 강조한다. 남성 심리가 위험을 무릅쓰게 되어 있기는 하지만, 이것은 보통 극심한 경쟁 상황에서만 범죄처럼 반사회적 형태의 위험 감수로 이어진다는 점이다.

위험을 끌어안는 남성들의 태도에는 여러 가지 단점이 따라온다는 사실을 굳이 언급할 필요가 있을까? 이제 중년이 된 아버지의 눈으로 10대였던 나와 내 친구들이 하곤 했던 몇몇 '게임'을 돌이켜 보면 머리칼이 쭈뼛해진다. 트럭이 쏜살같이 다가오는데 누가 맨 마지막으로 고속도로를 가로지르는지로 다투던 게임이 특히 끔찍하다.(나는 한 번도 마지막으로 건너지 못했다.) 하지만 남성들이 기꺼이 목숨을 내거는 의지에는 몇 가지 좋은 점도 있다. 타인을 구하기 위해 훨씬 더 기꺼이 위험을 무릅쓰는 것 같다는 점이다. 이는 종족 번식을 위해 여성이 상대적으로 더 중요하다는 점을 고려할 때 다시 한번 진화론적으로 완벽하게 합리적이다.

1904년에 설립된 카네기 영웅 기금Carnegie Hero Fund은 매년 용기 있는 행동을, 특히 낯선 사람을 구하기 위해 목숨을 건 행동을 보여 준 시민에게 메달을 수여한다. 2021년의 경우 71개의 메달 중 66개가 남성에게 돌아갔다.[26] 그해의 메달리스트에는 불타는 건물에서 세 살짜리 아이를 구해 내려다 목숨을 잃은 열아홉 살의 루커스 실베리오 멘도사Lucas Y. Silverio Mendoza가 포함되었고, 아홉 살 소년과 그 어머니의 목숨을 구하고 익사한 열일곱 살의 크리스천 앨릭잰더 부르고스Christian Alexander Burgos 등도 포함되었다. 우리는 위험을 무릅쓰는 남성들의 의지에 따라오는 단점을 줄이고자 노력할 수도 있지만, 마찬가지로 그것이 가져오는 여러 가지 혜택을 북돋우고 축하할 수도 있다. 마거릿 미드가 쓴 것처럼 "나라를 위해 죽는 것이 실현 불가능해지더라도, 사랑하는 것을 위한 위험 감수는 여전히 가능하게끔 미래의 과제들을 조직해야 한다. 이건 대단히 중요한 일이다."[27] (그러나 이 책을 쓰는 지금, 전쟁으로 황폐해진 우크라이나에서는 나라를 위한 죽음이 너무도 생생한 현실이다.)

남성의 뇌 속엔 섹스가 있다

남성과 여성의 심리학 차이가 상당 부분 성선택을 통해 생겼음을 고려할 때, 남녀 간 가장 큰 차이가 아마도 섹스 그 자체에 있다는 것은 놀라운 일이 아닐 테다. 하나의 생물학적 사실로서, 남성은 훨씬 더 성욕이 강하다. 또는 코너의 표현을 빌리자면 여성보다 더 '충동적인 섹슈얼리티driven sexuality'를 갖고 있다.[28] 150여 개 연구를 종합적으로 검토한 결과, 남성의 성욕이 더 높다는 압도적 증거가 발견되었으며, 이는 "섹스의 빈도나 다양한 환상에 대한 즉흥적 생각, 원하는 성관계 빈도, 원하는 파트너 수, 자위, 다양한 성 관습에 대한 선호, 섹스를 포기할 의사, 섹스를 시작하거나 거부하는 것, 섹스를 위해 희생하는 것, 그 밖의 여러 가지 척도"에 반영된다.[29] 영화 「굿바이 뉴욕 굿모닝 내 사랑City Slickers」에서 빌리 크리스털Billy Crystal이 말하듯이 "여자에겐 섹스할 이유가 필요하고, 남자에겐 섹스할 장소만 있으면 되지 않겠는가?"

다시 말하지만 이런 차이에는 그럴듯한 진화적 이유가 있다. 후손을 못 가질 확률이 훨씬 더 높으므로, 남성들은 번식의 기회란 기회는 무조건 잡을 태세가 되어 있어야만 했다. 성별 특화 의학 재단Foundation for Gender-Specific Medicine의 메리앤 리가토Marianne Legato 이사는 이렇게 적는다. "신체적으로 한창때의 남성은 임신과 출산을 할 수 있는 주변 여성과 언제든 결합할 준비가 되어 있게끔 태어났다."[30] 바로 이런 이유에서 리가토와 몇몇 전문가는 튼튼한 발기가 남성의 전반적 건강을 대변하는 것으로 간주한다.

남성의 성욕을 상업화하는 것은 인간의 역사만큼이나 오래된 일이다. 라틴어로 '성매매'를 뜻하는 단어가 스물다섯 개나 될 정도다.[31] 성을 매수하는 사람은 거의 전적으로 남성들이며, 오늘날 미국에서 일하는 성매매 여성은 약 100만 명으로 신부나 목사들보다 훨씬 많다.³² 뉴욕의 한 연구에 따르면 스트립 클럽이나 에스코트 에이전시 영업이 주변 지역의 성범죄를 13퍼센트 감소시킨 것으로 나타났다.³³ 도시 연구소가 여덟 개 도시를 대상으로 조사한 결과, 성매매를 통해 움직이는 돈이 마약과 총기의 거래액을 합친 것보다 더 많은 것으로 나타났다.³⁴ 남성의 성 충동이라는 현실은 좋든 싫든 간에 성매매업 종사자들이 항상 우리 곁에 있음을 의미한다. 정책 입안자들은 남성 섹슈얼리티에 변화가 일어날 것이라는 마법 같은 꿈을 가질 게 아니라, 이런 사실을 인식해야 한다.(성매매를 범법의 굴레에서 풀어 주어도 좋을 것이다. 특히 성매매업 종사자들의 여건을 개선하기 위해서라도.³⁵)

포르노그래피 또한 새로운 것이 아니다. 2008년에 발견된 에로틱한 상아 조각상은 약 3만 5000년 전 작품이다.³⁶ 인쇄기에서 카메라와 영화에 이르기까지 모든 기술 혁명은 더 많은 포르노를 의미한다. 하지만 인터넷이야말로 강력한 전력 승수戰力乘數, force multiplier였다. 온라인 최대 포르노 사이트인 폰허브PornHub와 엑스비디오Xvideos는 2021년에 미국에서만 각각 월평균 6억 9400만 명과 6억 4000만 명의 방문자를 기록했다. 어느 정도냐 하면 넷플릭스(5억 4100만 명)나 줌(6억 3000만 명)보다 많은 수치다. 영국 아동위원회는 "기본적으로…… 포르노는 어디에나 있다."라고 간결하게 요약했다.³⁷ 여성들도 물론 더러 포르노를 보겠지만, 남성보다는 훨씬 덜하다.³⁸

《뉴요커》에 기고하는 CNN 해설자 제프리 투빈Jeffrey Toobin은 기나긴 줌 미팅 중 잠깐 쉬는 시간에 자위하는 모습이 발각되면서 유명해졌다. 그때 내 여자 친구들 반응은 대개 이랬다. "회의가 한창 진행되는 대낮에 그 사람은 도대체 무슨 생각을 한 거야?" 하지만 남자들의 반응은 대체로 이런 식이었다. "아니, 카메라 꺼진 것도 확인하지 않고 그 친구는 뭘 생각을 하고 있었어?" 포르노 사용이 왜 이렇게 강한 부정적 반응을 일으킬까? 나는 그것이 남성 섹슈얼리티의 본질을 생생하게 드러내기 때문이라고 생각한다. 보통 젊은 남성들은 일주일에 이삼일 정도 포르노를 보는데, 평균 방문 시간은 6분으로 짧다고 한다. 그것도 거의 언제나 자위를 위한 방법이라고 한다. 누군가와 진지한 성적 관계에 있는 남성들은 포르노를 보며 자위하는 경우가 훨씬 적다.[39] 게임과 마찬가지로 이미 중독되었다고 할 정도로 자주 하는 일부 남성들이 문제다.

  문화가 남성의 충동적인 섹슈얼리티 표현에 좋게든 나쁘게든 어마어마한 영향을 미친다는 것을 되뇌일 필요는 없으리라. 젊은이들이 주변 문화로부터 배우는 가장 중요한 것 중 하나는 자신의 성적 욕망을 어떻게 적절하게 표현하는지다. 그러나 남성의 욕망이 더 크다는 것은 인생의 진리다.

우리는 문화적 동물이다

  생물학에서의 성별 차이가 행동을 결정하는 것은 아니지만 그것은 정말 중요하다는 사실을, 그리고 그것을 부정함으로써 얻는 이득은 거의 없다는 사실을 이제는 여러분도 믿기 바란다. 하지만 우리의 환경과 문화의 무게 역시 만만찮다. 그것은 본성 '혹은' 양육의 문제가 아니다. 그것은 본성 '그리고' 양육의 문제다. 트리니티 칼리지 더블린Trinity College, Dublin의 신경유전학자 케빈 미철Kevin Mitchell은 이렇게 적었다. "우리에게는 '진화에서 벗어나 자유롭게'라는 카드가 없다. 하지만 그렇다고 해서 우리는 사회적 힘과 전혀 무관하게 손잡이 몇 개나 스위치 몇 개의 위치에 의해 태도가 결정되는 고기 로봇도 아니다."[40] 이 분야의 가장 흥미로운 최근 연구 일부는 우리를 둘러싼 환경이, 특히 어린 시절의 환경이 어떻게 유전적 성향의 발현 방식을 형성하는지 보여 준다. 가령 스트레스 많고 불안정한 가정환경에서 성장하는 것은 뇌의 세로토닌 대사 능력에 영향을 미쳐 공격적 행동을 줄이는 데 도움이 되는 것으로 보인다.[41] 일란성 쌍둥이의 서로 다른 삶의 궤적은 위험 감수와 관련된 유전자들이 얼마나 억압되거나 증폭되는지에 영향을 준다.[42] 아버지가 교도소에 있는 아이들은 (염색체 끝부분인) 텔로미어telomere의 길이가 짧아지는데, 이것은 성인이 되었을 때 건강 문제의 위험을 늘린다. 환경에 더 민감하도록 만드는 유전자를 가진 소년들은 아버지가 집을 떠나면 더 나빠지지만, 아버지가 집에 돌아올 때는 가장 크게 혜택을 본다. 이것은 난초가 되면 대가도 치르지만 혜택도 가져올 수 있음을 보여 주는 한 가지 예다.[43] 생물학과 사회적 환경 사이의 복잡한 쌍방향 관계에 대한 예시는 그 외에도 헤아릴 수 없이 많다.

    생물학이 중요하다고 해서 문화가 덜 중요하다는 얘기는 아니다. 아니, 그 때문에 문화는 더 중요해진다. 문화는 내가 여기서 설명한 여러 자연적 특성을 어떻게 관리하고 내보내며 표현하는지를 결정하기 때문이다. 생물학은 문화에 영향을 미치지만, 문화 또한 우리 생물학에 영향을 미친다. 조지프 헨릭의 주장처럼 본성과 양육의 '공진화共進化'를 생각하는 것이 가장 일리가 있다. 그의 말을 들어 보자. "문화는 근저에 깔린 유전자 코드를 바꾸지 않고도 우리 뇌의 배선을 다시 정리하고 생물학을 바꾼다."[44] 불의 사용법을 배우면서 인간은 예컨대 고기를 더 많이 먹기 시작했고, 소화기 계통도 이에 적응했다. 문해력은 헨릭이 '위어드WEIRD'(서구의Western, 교육받고educated, 산업화된industrialized, 부유하며rich, 민주주의적인democratic)라고 부른 많은 사람의 심리를 바꾸어 놓았다.

한 가지 두드러진 예가 결혼의 역할인데, 헨릭은 결혼을 '테스토스테론 억제 시스템'이라고 다소 거칠게 묘사한다.[45] (난 30년 동안 거의 계속해서 결혼한 상태였다.) 테스토스테론 수치는 젊은 독신 남성들이 가장 높고, 테스토스테론이 높은 남성은 실제로 아버지가 될 가능성도 더 크다. 하지만 아내와 아이들과 함께 사는 남성들 사이에서 테스토스테론 수치는 떨어지고, 게다가 육아를 더 많이 하는 남성들은 그 감소 폭이 가장 급격하다. 이 증거를 연구하는 일단의 학자는 이렇게 결론짓는다. "남성은 생식 성공의 핵심 요소인 아버지 겸 양육자 역할을 쉽게 하도록 형성된, 진화된 신경 내분비 구조를 지니고 있다."[46] 여기에는 더 넓은 사회적 의미도 담겨 있다. 일부일처제가 퍼지면서 가족 양육에 직접 관여하는 남성의 수도 늘어났다. 그 전체적인 영향은 테스토스테론 수치 감소를 통해 전반적인 남성 폭력의 수준을 극적으로 줄인 것이다. 이는 생

물학, 주변 환경, 폭넓은 문화 사이의 복잡한 상호작용을 보여 주는 좋은 예다.[47]

약해 빠진 남성성

인류학자들도 모두 동의한다. 남성성은 연약하다. 여성성은 번식 과정에서 여성이 수행하는 역할에 의해 결정되기 때문에 더 강하다. 페미니스트 인류학자 셰리 오트너Sherry Ortner는 이렇게 적었다. "비례적으로 여성의 더 많은 신체 공간이 삶의 더 오랜 기간에 걸쳐 종족 번식을 둘러싼 자연스러운 과정에 쓰인다는 것은 엄연한 사실이다."[48] 여성성은 생물학으로 정의되는 바가 더 크고, 남성성은 사회적 구조로 정의되는 바가 더 크다. 바로 그 때문에 남성성이 여성성보다 더 약해 빠진 것이다. 마지막 '여성성의 위기'는 언제였을까? 그렇다, 단 한 번도 없었다.

남성성은 적어도 생물학으로 정의되는 만큼 행동으로 정의된다. 영국의 정신과 의사 앤서니 클레어Anthony Clare는 『남자에 관해: 위기의 남성성On Men: Masculinity in Crisis』이라는 책에서 이렇게 썼다. "남자는 어떤 인간인지보다도 뭘 하는지가 훨씬 더 중요하다. 나는 일찍감치 그 사실을 배웠다."[49] 클레어가 언급한 것은 구체적으로 현대 자본주의사회의 유급 노동이지만, 전반적인 관찰은 우리가 아는 거의 모든 인간 사회에 적용된다. 남성성은 그저 하나의 이정표가 아니라 지속적인 성취다. 많은 문화권에서 (육체적인 압박이나 위험을 수반하곤 하는) 통과의례는 소년에서 남자로의 이행을 상징한다. 미국의 시인 레너드 크리겔Leonard Kriegel이 쓴 것처럼 "우리 시대뿐만 아니라 모든 시대에서 남성성은 그냥 주어지는 것이 아니라 애써서 얻어 내야 하는 것이었다."50

그러나 애써 얻어 낸 것을 잃을 수도 있다. 그래서 취약한 것이다. 어느 사회에서든 남성성을 만드는 것은 중요한 문화적 과제이며, 특히 급격한 변화를 겪고 있는 우리 사회에는 더욱 그렇다. 인류학자 데이비드 길모어는 말한다. "남자다움은 상징적 대본이며, 문화적 구조물이다.51 진짜 남자는 시간이 흐르면 소년이라는 고치에서 저절로 나오는 나비가 아니다. 소년기의 껍질에서 나오라고 끈질기게 유혹해야 하고, 모양을 만들고 양육해야 하며, 상담과 자극을 통해 남성성을 만들어야 한다."52 그렇다고 해서 진짜 남자를 만드는 청사진이 한 가지뿐이라는 얘기는 아니다. 남자는 애써 만들어 내는 것이라지만, 만드는 방법이 딱 한 가지뿐이라는 뜻은 아니다. '진짜 사나이'로 가는 길은 문화마다 매우 다양하다.

인간의 행동은 '본성'(생물학에 기반을 둔 우리의 본능), '양육'(주변 문화로부터 받는 지시), '행위'(개개인의 주도)가 합쳐져서 이루어진다. 인생 드라마의 대부분은 이 세 가지 힘의 긴장에서 비롯된다. 윌리엄 셰익스피어William Shakespeare의 비극 속 등장인물 코리올라누스Coriolanus가 선언하듯이 "나는 절대로/ 본능에 복종하는 풋내기가 되지 않을 것이며; 오히려 우뚝 서리라,/ 나 스스로 내 삶을 창조한 듯,/ 다른 친족의 존재는 전혀 모르는 듯."53

그는 본성과 풋내기 같은 본능은 물론이요, 동족에 대한 사회적 의무도 무시하고, 그냥 자신의 길을 가려고 애쓴다. 물론 그는 실패한다. 어느 누가 생물학이나 문화를 그냥 벗어나 완전히 자율적인 개체가 될 수 있겠는가? 계몽된 현대인조차 한 꺼풀 벗기면 동물이 아닌가? 우리가 할 수 있는 것이라곤 적절한 균형을 맞추려는 노력뿐이다. 그나마 다행인 것은 사회가 발전함에 따라 처음에는 문화가, 다음에는 개인의 행위가 점점 더 중요해진다는 사실이다. 우리 삶의 선택이라는 만화경은 갈수록 다채로워진다. 그러나 우리는 문화에서 벗어날 수 있다고 생각하는 코리올라누스의 실수를 범하지 말아야 한다. 로이 바우마이스터가 『문화적 동물The Cultural Animal』에서 주장하는 것처럼 우리는 문화의 방향으로 진화되었다. 그는 이렇게 적었다. "인간은 문화 속에서 살아가도록 만들어진다. 처음에는 유전자에 의해서, 그다음에는 사회적 환경에 의해서."[54]

문화는 타인을 배려하라고 가르침으로써 사람들의 에너지를 긍정적인 사회적 목적에 이바지하는 방향으로 돌리는 데 특히 중요한 역할을 해 왔다. 그러나 마거릿 미드는 이렇게 경고하기도 했다. "학습에 의한 이런 행동은 아주 취약해서, 더는 그걸 효과적으로 가르치지 못하는 사회적 조건에서는 비교적 쉽게 사라질 수 있다."[55] 우리가 마음에 담아 두어야 할 경고다.

성평등의 역설

나는 어떤 특성을 둘러싼 집단 간의 평균 차이가 어느 개인에 관해서 제공하는 정보는 제한적이라는 사실을 이미 강조했다. 그러나 모집단 전체에 걸쳐 집계하면 이러한 차이는 예컨대 직업 선택의 경우처럼 특정 패턴으로 이어질 것이다. 더 많은 소녀와 여자들을 STEM 분야로, 그러니까 과학, 기술, 공학, 수학으로 끌어들이려는 강력한 움직임이 지금까지 이어져 왔으며, 제법 성공을 거두기도 했다. 여성은 현재 이 분야 직종 근로자의 27퍼센트나 차지하고 있다. 1970년의 8퍼센트에 비하면 크게 뛰어올랐지만, 물론 아직 절반과는 거리가 멀다.[56] 그러나 우리는 이 모든 직업에서 50 대 50 평등에 도달하기를 기대해야 할까? 아마도 아닐 것이다. 평균적으로 남성은 사물에, 여성은 사람에 더 끌린다는 것을 기억하는가?[57] 완벽한 성평등의 상황에서도 여성보다는 남성이 이런 직업 경로를 더 많이 선택할 것이다. 성차별이나 사회화 때문이 아니라 무엇을 선호하는지에서 실제로 차이가 나기 때문이다.

2018년에 헤이스버르트 스툿Gijsbert Stoet과 데이비드 기어리David Geary라는 두 연구자는 핀란드와 노르웨이 같은 성평등 국가에서도 여성들이 STEM 과목의 대학 수업을 들을 가능성은 적다는 걸 보여 주었다. 두 사람은 이를 '성평등 역설'이라 불렀다.[58] 그들은 높은 소득과 강력한 복지 제도를 자랑하는 국가에서는 STEM 경력을 추구할 경제적 동기가 낮을 수 있다고 추리했다. 그래서 여성들은 자신이 선호하는 수업이나 직업을 선택할 수 있다는 얘기다. 두 사람의 결론을 지지하는 관련 연구도 더러 있다. 아르민 팔크Armin Falk와 요하네스 헤르믈레Johannes Hermle는 위험을 무릅쓰는 의지, 인내심, 이타심, 긍정적 호혜성 및 부정적 호혜성, 신뇌와 같은 특정 선호의 성별 차이를 여러 나라에서 연구했다. 성별 차이는 부유하고 성평등이 더 잘 이루어진 국가에서 가장 컸으며, 각각의 차이는 별도의 효과를 보였다. 두 사람의 결론은 이렇다. "물질과 사회적 자원을 더 평등하게 분배할수록 여성과 남성은 각자가 선호하는 바를 독립적으로 표현할 수 있다."[59] 다른 데이터 소스를 사용한 유사한 연구도 같은 결론에 도달했다. 저자 중 한 명인 페트리 카요니우스Petri Kajonius의 말을 들어 보자. "이렇게 설명할 수 있을 것이다. 더 진보적이고 평등한 국가의 사람들일수록 타고난 생물학적 차이를 표현할 기회가 더 많다고. 혹은 그런 나라의 사람들일수록 자신의 성을 통해 정체성의 차이를 표현하고자 하는 열망이 더 크다는 이론도 가능할 것이다."[60]

앞에서 예로 든 그 어떤 연구에도 명확한 인과관계 해석을 허용하는 설계는 없다. 이 점을 주목해야겠다. 하지만 적어도 이런 작업으로 인해 우리는 삶의 모든 영역에서 완벽한 성평등을 요구할 것인지에 신중해져야 한다. 우리가 목격하는 차이 가운데 일부는 여러 가지를 고려한 개인의 행동이 가져온 결과일 수 있다. 또한 그렇다면 우리는 그 선택을 존중해야 한다. 보수주의자들은 여자들이 전통적 역할에 순응하지 않으면 천성을 부정하는 것이라고 추론할 때도 있지만, 좌파의 많은 이는 오히려 그런 역할에 순응하는 여자들이 틀림없이 성차별에 굴복하고 있다고 주장한다. 하지만 나는 《애틀랜틱The Atlantic》의 필자인 올가 커잰Olga Khazan이 제대로 짚었다고 생각한다. 들어 보자. "이 연구 결과는 특별히 페미니즘적이지도 않고 특별히 슬프지도 않다. 소녀들이 과학을 추구하지 못하도록 성평등이 억누르는 것은 아니잖은가? 성평등은 그들에게 관심이 없으면 과학을 추구하지 않아도 좋다고 허락한다."[61]

여기서 두 가지 점이 반복된다. 첫 번째, 집단 간의 평균 차이가 개인을 다루는 데 영향을 주어서는 절대 안 된다. 남성보다 다소 적은 수의 여성이 공학 분야의 직업에 흥미를 갖는다 할지라도, 이것이 특정 여성에 대한 차별을 정당화할 수는 없다. 두 번째, 이런 속성이 널리 분포되었다 해도 여전히 상당하게 중첩된다. 예를 들어 사람 대 사물이라는 차원에서 생기는 성별 차이를 연구했더니 남성과 여성의 분포 중 거의 절반(47퍼센트)이 다른 분포와 겹쳤다.[62] 이는 특정 직업 내 남성 혹은 여성이 차지하는 쓸모없는 비율을 자연스러운 선호 탓으로 돌릴 수 없다는 의미다. 심리학자 롱 수Rong Su와 제임스 라운즈James Rounds의 매혹적인 연구는 관심사의 성별 차이를 기반으로 해서 여러 직업에 종사할 것으로 예상되는 여성의 비율을 실제 수치와 비교했다. 그 결과 중의 일부는 〈그림 7-1〉에 재현되어 있다.[63]

수와 라운즈는 수학(40퍼센트)과 생물학(45퍼센트) 등 많은 분야에서 남녀가 대등함을 알아냈다. 그러나 공학 분야는 여성 비중이 상당히 낮아서, 오직 흥미나 관심으로 직업을 선택한다면 엔지니어의 약 30퍼센트가 여성이어야 한다고 추정했지만, 실제 여성 엔지니어 수는 그 절반에 지나지 않았다. 그와는 반대되는 예로서 (간호학을 포함하는 경우) 의료 서비스 분야는 여성의 비중이 상당히 높다. 나는 제11장에서 남자들이 보건 및 교육 분야에서 좀 더 많이 일할 수 있다고, 또 그래야 한다고 강력하게 주장할 것이다.

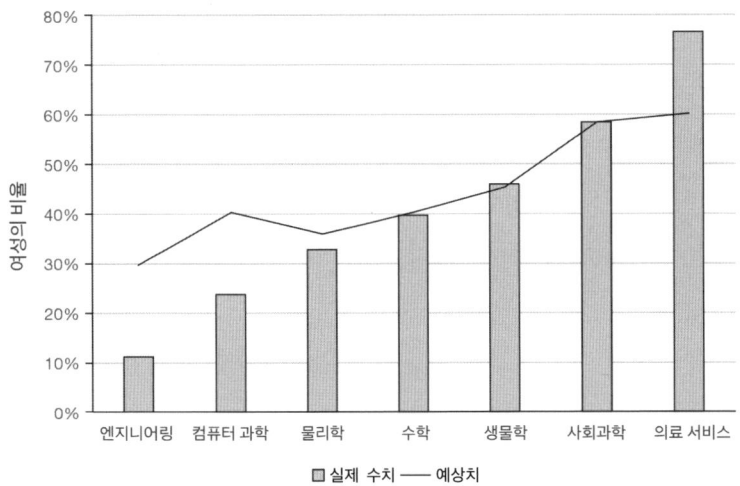

<그림 7-1> 직업에 대한 흥미와 직업 선택에서 드러나는 성별 차이
주요 STEM 영역 내 여성의 비중(실제 수치와 예상치)

참고: 2022년 2월 1일에 수 박사와의 개인적 교신을 통해 갱신된 표를 기반으로 작성.
출처: Rong Su, James Rounds, Patrick Ian Armstrong, "Men and things, women and people," Table 4 and Figure 1, see note 2 in this chapter.

심리학자들은 왜 남성성을 혐오할까?

미국 심리학회American Psychological Association: APA의 임무는 "사회를 이롭게 하고 삶을 개선하는 것"이다.[64] 그러나 미국 심리학회는 2018년에 소년과 남자들에 대한 작업 지침을 만들면서 이 기준점을 어겼다. 이 지침을 요약하면 "극기, 경쟁, 지배, 공격으로 특징지어지는 전통적 남성성은 전반적으로 해롭다."라는 내용이다.[65]

미국 심리학회 보고서는 또한 "반反여성성, 성취, 나약한 모습 회피, 모험, 위험, 폭력 등 인구의 대부분을 쥐락펴락해 온 특정 기준의 집합체"라고 정의한 '남성성 이데올로기' 관련 문제를 설명했다.⁶⁶

보수파 비평가들은 재빨리 미국 심리학회를 공격하고 나섰다. 그들은 이 지침이 한때 레즈비언과 게이들에게 제공했던 것과 비슷한 '개종 치료'가 아니냐고 했다.⁶⁷ 곧이어 트위터에 해명하는 글이 올라왔다. "지침은 대다수 남성이 폭력적이지 않다는 것을 지적하면서, 용기와 리더십 같은 '전통적 남성성'의 좋은 측면을 북돋우고, 폭력이나 성차별 같은 특성의 포기를 지지한다."⁶⁸ 하지만 이것은 거짓이었다. 지침에는 이런 남성성의 긍정적 측면에 대한 언급이 단 하나도 없다.

어쩌면 정치적 우파가 다소 과민 반응을 보인 것일지 모른다. 그러나 미국 심리학회가 고약한 문서를 내놓았다는 데는 의심의 여지가 없다. 이 지침은 남성 심리학을 위한 생물학적 근거를 전혀 인식하지 못한다. 가령 테스토스테론은 언급되지도 않았다. 미국 심리학회에 따르면 남성성은 전적으로 사회에서 만들어진 것으로 보인다. 보고서는 이렇게 적었다. "남성이 성인이 될 즈음에는 자신의 민족성, 문화, 다양한 방식으로 구축된 남성성에 의해 행동하는 경향이 있다."

여기에는 생물학이 완전히 빠져 있어서, 소녀와 여자들에 대해 사춘기, 출산, 갱년기의 잠재적인 심리적 영향 등을 유용하게 논의하는 학회의 또 다른 보고서와 대조를 이룬다.⁶⁹ 그러니까 소녀와 여자들은 피와 살이 있는 존재로 취급되는 반면에, 소년과 남자들은 빈 서판 취급을 당하는 셈이다. 이건 누가 보아도 어처구니 없다. 게다가 피해까지 입히고 있지 않은가? 소년과 남자들을 돕고자 하는 판국에 특히 80퍼센트가 여성인 심리학자들은 궁핍한 지침을 제공하고 있으니 말이다.

성과 생물학의 문제에서 일종의 과학 혐오를 키워 온 기관은 미국 심리학회뿐만이 아니다. 매카서 재단MacArthur Foundation은 2015년에 청소년 발달을 위한 최신 과학이 청소년 사법에 미치는 영향에 관해 47쪽의 보고서를 발표했다.[70] 그 보고서는 인종 격차에 대한 관심을 끌어냈다. 올바른 일이었다. 그러나 특히 위험 감수 및 공격성과 관련된 뇌 발달에서 사춘기 남녀에게 큰 차이가 나타나는데도 보고서는 생물학적 성이나 사회적 성을 단 한 번도 언급하지 않았다. 이런 경우 '성 결정론'에 빠지면 안 된다는 두려움 때문에 자연적 영향에 대한 증거에 손대지 않거나 심지어 인정하기 싫은 상태로 이어진 것 같다. 전문 기관이나 연구 기관들이 이러한 맹목적인 접근법을 취할 때, 상황은 크게 잘못된 길로 접어들었다.

소년이 남자가 될 때까지

잉글랜드의 사립 남학교 스토 학교Stowe School의 초대 교장 존 퍼거슨 록스버그J. F. Roxburgh는 "무도회에서 환영받고 난파선에서는 없으면 안 될" 남자들을 길러 내는 것이 목표라고 했다.[71] 그는 카네기 영웅 메달 수상자들이 보여 줄 법한 희생을 할 수 있는 남자들을 원했다. 아마도 타이태닉호에 탄 남자들의 영웅적 행위를 염두에 두었던 모양인데, 잘 알려졌다시피 1912년에 침몰한 이 배의 남성 승객 생존율은 단지 19퍼센트에 지나지 않았고, 여성 승객들의 생존율은 75퍼센트에 달했다.[72] 하지만 록스버그 공식의 전반부야말로 훨씬 더 중요하다. "무도회에서 환영받"는 남자들은 사람들 앞에서 어떻게 행동해야 하는지, 여자들을 어떻게 동등한 존재로 정중하게 대해야 하는지를 배운 사람들이다. 간단히 말해서 성숙한 남자들 말이다.

인간 문화의 주된 기능 중 하나는 젊은이들을 책임감 있고 자각 있는 어른이 되게 돕는 것이다. 성숙이라는 것은 무엇보다도 상황에 맞게 자기 행동을 조정할 수 있는 능력을 의미한다. 어른이 된다는 것은 우리 자신의 본성을 절제하는 방법을 배운다는 뜻이다. 우리는 화장실에 가는 법을 배운다. 화가 나더라도 서로 때리지 않는 법을 배운다. 충동적으로 행동하지 않는 법을 배운다. 우리는 공감과 자제와 성찰을 배운다. 그러기 위해서는 적어도 20년가량이 걸린다. 남자아이들이 여자아이들보다 조금 더 오래 걸린다. 하지만 우리 대부분은 끝내 해낸다. 소년은 남자가 된다. 심지어 신사가 된다. 그 소년은 여전히 우리와 함께 있다. 다만 더는 주도권을 쥐고 있지 않을 뿐이다.

제4부

당성을 위한 정치는 없다

제8장   외면하는 진보

좌파는
논의 자체를
거부한다

내 아들들은 '유해한 남성성의 문화'가 자욱한 학교에 다녔다. 아마도 그런 특징을 찾고 싶을 때 가장 먼저 떠올릴 만한 곳은 아닐 것이다. 베데스다-셰비 체이스 고등학교Bethesda-Chevy Chase High School는 부유하고 자유주의적이며 학력 높은 교외 지역사회에 서비스를 제공하는 곳으로, 워싱턴 D.C. 바로 외곽에 있다. 카운티의 성인 3분의 1이 석사 학위 소지자다.[1] 다섯 명 중 네 명이 조 바이든에게 표를 던졌다.[2] 2019년에 이 학구에는 학생 성별에 세 번째 선택지가 추가되었다.[3] 자유주의 거품이라는 것이 있다면 이곳은 그 거품 안에 있는 거품이다.

그러나 2018년에 학교에서 어떤 사건이 발생해 《워싱터니언Washingtonian》 잡지와 《워싱턴 포스트》는 물론, CBS의 「디스 모닝

This Morning」, ABC의「굿 모닝 아메리카Good Morning America」, NBC의 「투데이Today」쇼(성희롱 톺아보기)를 포함해 폭넓은 언론 보도의 대상이 되었다.[4] 영국 신문《데일리 메일》도 이 이야기를 전했다.[5] 사건의 경위는 대충 이렇다. 한 남학생이 같은 반 여학생들 목록을 만들고 각자 얼마나 매력적인지 순위를 매긴 다음, 몇몇 친구와 공유했다. 더러는 이러쿵저러쿵 댓글도 달았다. 몇 달 후 한 여학생이 어떤 소년의 노트북에서 그 목록을 보았다. 여학생 몇 명이 학교 교무과에 항의했다. 목록을 만든 소년은 꾸중을 들은 다음, 방과 후에 남아 벌을 받았다. 항의가 이어졌다. 관련된 여학생 중 한 명이《워싱턴 포스트》에 이렇게 말했다. "우리 여학생들에게 그 사건은 '남자아이들이 다 그렇지, 뭐'라는 식의 문화를 더는 참을 수 없게 만든 결정타였죠."[6]

교장실 밖에서 열린 시위에서는 다음과 같은 요구가 담긴 성명서가 낭독되었다. "우리는 우리를 물건 취급하는 태도와 여성 혐오가 늘 존재하지 않는 환경에서 배울 수 있어야 한다." 학교에서 문화를 토론하기 위한 대규모 회의가 잇달아 열렸다. 목록을 작성한 소년은 관련된 여학생과《워싱턴 포스트》에 직접 사과했다. 교장과 여학생 두 명은 나중에 이 문제를 두고 C-SPAN에서 방영한 패널 토론에 참여했다.[7]

이것은 한 학교에서 어떤 한 시점에 일어난 하나의 사건이다. 하필 우리 동네 학교에서 일어난 일이기 때문에 나의 레이더에 더 시끌벅적하게 걸렸다. 하지만 이 사건에서 유익했던 것이 있다면, 눈 깜짝할 사이에, 특히 언론 보도에서 그 사건에다 '유해한 남성성'의 일례라는 프레임을 씌워 버린 점이다. 정말 그렇다면 이 용어는 소년이나 남자들의 거의 모든 반사회적 행동에 적용될 수 있을 정도로 폭넓게 정의된 셈이다.

남성성에는 미숙한 측면이 있다거나 극단적으로 표현될 경우 극히 해로운 측면도 있다는 지적이 있는데, 소년과 남자들에게 자연스레 생기는 특성이 본질적으로 나쁘다는 암시와는 완전히 별개다. 이런 행동에다 '유해한 남성성'이라는 꼬리표를 무차별적으로 붙이는 것은 실수다. 그런 짓은 소년들을 다독여 어떤 교훈을 배울지를 논의하기보다는, 그들을 온라인 매노스피어manosphere(남성계)로 보내 버릴 가능성이 훨씬 더 크다. 거기서 남자아이들은 자신에게는 아무 잘못도 없다며 안심할 것이고, 자유주의자들이 그들을 잡아먹으려 한다는 소리를 들을 것이다. 따지고 보면 사춘기 소녀들 역시 종종 다른 소녀들을 괴롭히고 무시할 수 있지만, 그걸 곧장 '유해한 여성성'이라고 비난하지는 않는다.

한 고등학교에서 벌어졌던 이 사건은 소년과 남자들에 관한 이슈를 둘러싸고 좌파가 저지른 네 가지 큼직한 실수 중 첫 번째를 드러내 보여 준다. 즉 통상 '유해한 남성성'이라는 기치 아래, 남성 정체성의 자연 발생적 측면을 질병으로 보는 경향이 그것이다. 진보 진영의 두 번째 결함은 개인주의다. 다시 말해 남성들의 문제를 구조적 문제의 결과가 아니라 개인의 이런저런 실패가 낳은 결과로 본다는 것이다. 세 번째 실수는 성별 차이에 대한 생물학적 근거를 인정할 마음이 없다는 것이다. 그리고 네 번째는 성 불평등이 오직 한 방향으로만, 즉 여성에게 불리한 방향으로만 생긴다는 흔들림 없는 믿음이다. 나는 여기서 진보주의자들의 이 네 가지 실패를 차례로 언급한 다음, 제9장에서 정치 우파가 똑같이 저지르는 해로운 반응으로 방향을 틀 생각이다.

유해한 남성성이 발명되다

2015년까지만 해도 '유해한 남성성'이라는 용어는 학계의 여기저기서 그저 몇몇 발언을 정당화하는 수준이었다.[8] 사회학자 캐럴 해링턴Carol Harrington에 따르면 2015년 이전에 이 용어를 사용한 기사는 20개를 넘은 적이 없으며 그것도 대부분 학술 저널에 실렸다. 그러나 도널드 트럼프의 부상과 이른바 미투#MeToo 운동으로 진보주의자들은 이것을 일상용어의 범주로 끌어들였다. 이 말은 2017년에 이르면 수천 번씩 대부분 주류 매체에서 사용되었다. 해링턴은 이 용어가 (학자들에 의해서조차) 거의 한 번도 정의된 적이 없다고, 단순히 '반대 의사 표시'를 위해 사용된다고 지적한다.[9] 또렷하고 일관된 정의도 없는 이 문구는 이제 이 표현을 쓰는 사람이 반대하는, 비극적인 것부터 사소한 것까지 포함한 남성의 모든 행동을 나타낸다. 특히 남성의 행동이 비난받았던 계기를 몇 가지만 들어 보자면 집단 총격,[10] 집단 폭력,[11] 강간,[12] 온라인 트롤링,[13] 기후변화,[14] 금융 위기,[15] 브렉시트Brexit,[16] 트럼프 대통령 당선,[17] COVID-19 펜데믹 기간 중 마스크 착용 거부 등이다.[18] 이 용어는 테러리스트와 범죄자들을 싸잡아 궁극적으로 남성성이라는 개념 자체를 망쳐 버린다. 페기 오렌스타인Peggy Orenstein은 『소년과 섹스Boys and Sex』라는 책을 집필할 때 수십 명의 사춘기 소년과 젊은 남자들을 인터뷰했는데, 남성이라서 좋은 것이 무엇인지 항상 물었다. 그랬더니 대개는 아무 대답 없이 멍한 표정이 되더란다. 가령 어떤 대학 2학년생은 이렇게 말했다. "흥미롭네요. 정말 그런 건 생각해 본 적도 없어요. 남자들에게 무슨 문제가 있는지를 훨씬 더 많이 듣잖아요."[19]

유해한 남성성은 참으로 비생산적인 용어다. 자기 내면에 몰아내야 할 유해한 무언가가 있다는 생각에 제대로 반응할 소년과 남자들은 거의 없을 것이다. 그들 대부분이 남성성과 꽤 강하게 동질감을 느낀다는 점을 고려하면 특히 그렇다. 남녀에게 물어보면 열에 아홉은 자신을 '완전히' 또는 '대체로' 남성적(또는 여성적)이라고 말한다.[20] 이러한 성 정체성은 또한 상당히 강하게 유지된다. 남성의 거의 절반(43퍼센트)은 자신의 성별이 자기 정체성에 '매우 중요'하다고 말했다. 퓨 연구 센터의 또 다른 조사 결과도 같아서, 남성들은 비슷한 비율(46퍼센트)로 남들이 자기를 '남자답다거나 남성적'이라고 보는 것이 매우 혹은 꽤 중요하다고 말했다.[21] (두 조사 모두에서 여성의 경우 그 비율은 훨씬 더 컸다.) 다시 말해 사람들은 대개 남성적 아니면 여성적이라고 딱 부러지게 구분한다는 얘기다. 그들에게 본질적으로 문제가 있을지 모른다는 문화적 신호를 인구의 절반에게 보내는 것은 좋지 않은 생각이다.

페미니스트 작가 헬런 루이스Helen Lewis는 이렇게 주장한다. "유해한 남성성이라는 프레임 씌우기는 온화하고 비극단적인 남성들을 소외시키며, 취약한 사람들을 극우로 유인하는 불만을 해결하거나 그런 유인을 저지하는 데 별 도움이 되지 않는다."²² 방금 설명한 설문 조사 결과를 생각하면 이는 정치적으로 그리 훌륭한 전략이 아닐 수도 있다. 공공 종교 연구소Public Religion Research Institute의 한 조사 결과에 따르면 이제 미국 남성의 절반과 미국 여성의 거의 3분의 1(30퍼센트)은 "남자가 남자답게 행동한다는 이유로 사회가 벌을 준"다고 생각한다.²³ 여러분도 예상할 수 있듯이 어느 당을 지지하는지에 따라 생각이 갈린다. 공화당 지지자는 다섯 명 중 세 명꼴로 동의하는 데 비해, 민주당 지지자는 네 명 중 한 명꼴이다.²⁴ 종교도 한몫한다. 예를 들어 백인이든 흑인이든 개신교 신자의 거의 절반은 남자가 남자답게 행동한다고 해서 벌을 받는다는 데 동의한다.

남성성을 질병으로 취급하는 것은 심지어 페미니즘에 대한 지지를 약하게 만들 수도 있다. 현재 자신을 페미니스트라고 말하는 미국 여성은 3분의 1도 되지 않는다.²⁵ 2018년에 유고브YouGov는 페미니스트가 아니라고 밝힌 여성을 대상으로 페미니즘에 대한 견해를 물었다. 거의 절반(48퍼센트)이 "페미니스트는 너무 극단적"이라고, 페미니즘의 물결은 "진정한 페미니즘을 대변하지 않는"다고 말했다. 네 명 중 한 명(24퍼센트)은 페미니스트들이 '남성 혐오자'라고 말했다.²⁶ 진보주의자들은 이 연구 결과를 보고 잠시 멈칫해야 할 것이다. 그들은 남성적 특성의 어두운 면을 비난하려는 마음이 앞선 나머지 특성 자체를 병리화할 심각한 위험에 처해 있기 때문이다. 이런 추세가 불편한 여성도 많다. 그리고 욕망을 느끼거나 안절부절못하는 소년과 남자들은 너무나 흔히 암묵적이든 노골적이든 이런 메시지를 받게 된다. "너에게 뭔가 문제가 있는 거야!" 하지만 그들에게 문제는 없다. 남성성은 무슨 병리 현상이 아니다. 내가 제7장에서 보여 주었듯이 이건 그야말로 삶의 팩트다.

피해자 비난하기

남성들과 남성성에 관해 진보적인 사고가 지닌 두 번째 큰 결함은 개인주의다. 보통 진보적인 사람들은 개인에게 문제가 있어도 책임을 지나치게 추궁하기를 꺼린다. 누군가가 비만이거나 범죄를 저지르거나 실업자라면 진보주의는 먼저 구조적 원인이나 외부 원인을 살펴보게 되어 있다. 이것은 가치 있는 본능이다. 구조적 문제가 있는데도 개인을 비난하기는 너무나 쉽다. 하지만 유독 남성들의 곤경에 대해서만큼은 진보주의자들도 기꺼이 남성들을 비난하는 것처럼 보인다. 이런 입장은 유튜버 내털리 윈Natalie Wynn이 잘 설명해 준다. "우리 얘기는 이런 거예요. '이봐, 네가 감정을 표현할 여유가 없다던가, 외롭고 어딘지 부족하다고 느끼는 이유가 바로 그 유해한 남성성이라고.' 그러니까 우린 남자들에게 '네가 유해한 존재니까 외롭고 자살 충동을 느끼는 거지. 그만하라고!'라고 말하는 거죠."[27]

캐럴 해링턴은 유해한 남성성이라는 용어가 여기서 중요한 역할을 한다고 믿는다. 구조적 문제보다는 남성 개인의 성격적 결함에 자연스럽게 관심을 집중시키니까 말이다. 남성이 우울하다면 그것은 감정을 표현하려 하지 않기 때문이다. 남성이 병에 걸린다면 그것은 병원에 안 가기 때문이고, 남성의 학교 성적이 엉망이라면 공부에 모든 것을 쏟아붓지 않기 때문이다. 남성이 일찍 죽으면 술과 담배를 너무 많이 하고 잘못된 것을 먹기 때문이다. 그러니까 피해자가 남성이라면 좌파 성향의 사람들에게는 피해자를 비난하는 것이 허용된다는 얘기다.

팬데믹은 이러한 개인주의적 경향을 잘 보여 주었다. 남성들은 COVID-19에 상당히 더 취약하다. 전 세계적으로 남성이 여성보다 바이러스 감염 후 사망할 확률이 약 50퍼센트 더 높다.[28] 미국에서는 2021년 말까지 코로나바이러스감염증으로 사망한 남성이 여성보다 약 8만 5000명 더 많았다. 45세에서 64세 사이 여성 사망자 100명당 남성 사망자는 184명이었다.[29] 그 결과 미국 남성의 평균 예측 수명이 2년 줄어들었는데, 이는 제2차 세계 대전 이후의 가장 큰 감소로, 여성의 예측 수명이 1년 감소한 것과 비교된다.[30] 영국에서는 생산 연령 남성의 사망률이 같은 나이대 여성의 두 배나 되었다.[31] 그런데도 이러한 차이는 공공 보건 공무원이나 정책 입안자들에게 아무런 영향을 주지 않은 것 같다. 그런 사실을 인식하고 있을 때조차 말이다.[32]

남성 사망률이 더 높다는 사실은 보건 기관이나 언론의 관심도 기의 받지 못했다. 그런 점이 인정되었을 때조차도 남성은 흡연이나 음주 같은 '생활양식' 요소와 관련된 기존의 조건 때문에 더욱 취약하다는 설명이, 혹은 마스크 착용 같은 안전 조치에 대한 책임이 부족하기 때문이라는 설명이 주를 이루었다.[33] 간단히 말해서 남자들이 죽는다면 그것은 그들의 잘못이라는 얘기였다. 그러나 이건 사실이 아니었다. 사망률의 차이는 감염률의 성별 차이나 기존 조건으로 설명되지 않는다.[34] 생물학적 차이이기 때문이다.

코로나바이러스감염증 사망률의 성별 차이는 페미니스트 건강 관리 옹호자들이 수십 년 동안 촉구해 온 것이 필요하다는 것을, 즉 결과와 부작용을 성별로 구분하는 임상 시험을 포함해서 남성용과 여성용이 또렷이 구분된 약품들이 좀 더 필요하다는 것을 분명히 한다. 메리앤 리가토는 이렇게 말한다. "지난 20년 동안 우리는 의학을 연구하고 여성 환자 돌보기 방법을 근본적으로 수정해 왔다. 나는 이제 우리가 여성들을 위해서 했던 것과 똑같이 남성의 독특한 문제에 초점을 맞출 때라고 믿는다."[35] 그러기 위한 첫 단계로 보건복지부 안에 이미 여성을 위해 설립한 것과 똑같이 남성 보건국을 설립하고 3500만 달러의 동등한 자금을 지원하면 좋을 것 같다.[36] 「부담적정보험법Affordable Care Act」(오바마케어) 또한 여성에게 제공하는 것과 같은 무료 연간 건강검진을 남성에게도 보장하도록 확대해야 한다. COVID-19의 여러 충격파를 고려할 때 우리는 묻지 않을 수 없다. "지금이 아니라면 언제 할 건데?"

남성성의 문제라면 좌파와 우파 모두 개인주의적 함정에 빠지지만, 관점은 서로 다르다. 보수주의자들에게는 남성성이 해결책이고, 진보주의자들에게는 남성성이 문제다. 하지만 양쪽 모두 그것이 '개인'의 문제라는 것에, 따라서 경제학이나 인류학, 사회학보다 심리학의 영역에 있다는 것에 의견을 같이한다. 이것은 심각한 지적 오류다. 최근 수십 년간 일어난 문화적 변화의 규모를 고려할 때, 단순히 소년과 남자들에게 새로운 상황을 받아들이라고 강요하는 것은 좋은 접근법이 아니다. 《가디언The Guardian》의 논평가 루크 터너Luke Turner는 이렇게 말한다. "한편으로는 인류가 만들어 낸 가장 강력한 억압의 힘이 남성의 특권, 특혜, 가부장제라고 주장하면서도, 다른 한편으로는 남성들이 이런 문제들을 (어련하게도) 신속하고 조용하게 처리해 주기를 바라는 담론에는 모순이 있다."37

과학을 부정하는 사람들

"과학은 사실이다science is real." 오늘날 좌파를 결집하는 구호 중의 하나다. 보수주의자들이 신화와 잘못된 정보에 굴복하는 반면에, 진보주의자들은 이성이라는 계몽의 횃불을 들고 간다. 적어도 그들이 사물을 보는 방식은 그렇다. 하지만 진실은 양쪽 모두에 과학을 부정하는 자들이 있다는 것이다. 보수주의자 중에는 기후 변화라는 환경 과학을 부정하는 이가 많다. 반대로 진보주의자 중에는 성별 차이라는 신경 과학을 부정하는 이가 많다. 이것은 진보 쪽에서 볼 때 세 번째 커다란 약점이다.

내가 제7장에서 보여 주었듯이 남녀 간의 심리 차이와 선호 차이에 대한 생물학적 근거에는 강력한 증거가 있다. 유전 심리학자 캐스린 페이지 하든Kathryn P. Harden은 이렇게 적었다. "우리 삶의 유전적 차이는 기후변화와 마찬가지로 과학적 사실이다. 유전적 요인과 환경적 요인을 함께 짚아 내린다는 것은 단순히 현실을 묘사한 것이다."38 하지만 이제 많은 진보주의자는 어떤 결과나 행동에서 성별 차이가 전적으로 사회화의 결과라는 것을 자명하게 받아들인다. 남성성에 관한 한 좌파의 주된 메시지는 무엇일까? 남자들은 특정한 행동 방식(물론 대개는 나쁜 방식)에 동화되는 문화변용變容을 겪게 되는데, 따라서 사회화를 통해 그런 행동 방식을 없앨 수 있다는 것이다. 하지만 이것은 완전히 틀렸다. 사회가 남성들의 섹슈얼리티를 추켜세운다고 해도, 설령 그렇다고 하더라도 그 때문에 남성이 더 높은 성욕을 갖는 것은 아니다. 그들에게 테스토스테론이 더 많아서 그렇다. 공격성도 마찬가지 논리다. 두 살도 안 된 남자아이들이 공격적일 가능성은 여자아이들의 다섯 배라는 걸 기억하자.39 한 살배기 애들이 주위에서 남녀 구분의 힌트라도 얻어서 그런 것은 물론 아니잖은가?

공정하게 말하면 이 과학이 어떻게 사용될지에 대한 합리적 우려가 더러 있다. 철학자 케이트 맨Kate Manne은 남녀 사이의 모든 불평등을 '자연스러운' 것으로 치부하면 "그런 불평등이 어쩔 수 없어 보이는 효과가, 혹은 거기에 저항하는 사람들은 이기지도 못할 싸움을 벌이는 것으로 보이는 효과가" 생길 것이라고 걱정한다.40 그녀는 이 위험에 관해서 원칙적으로 옳다. 남녀 사이의 자연적 차이는 종종 성차별을 정당화하기 위해 사용되어 왔다. 하지만 대부분은 시대에 뒤떨어진 두려움이다. 최근에 자연적 차이를 포착한 과학자들은 오히려 대부분 여성의 우월성을 강조하는 경향이 있다.[41] 그러나 생물학의 역할을 줄곧 주장하는 신중한 과학자들조차도 '환원적'이라거나 '성 본질주의'에 빠졌다는 식으로 풍자당한다.

이 문제를 우회하는 한 가지 방법은 멜빈 코너가 『결국은 여자들』에서 취한 접근법을 채택해, 생물학은 매우 중요하지만 단지 여성을 선호하는 식으로만 중요하다는 결론을 내리는 것이다. 사실 사람들은 일반적으로 여성이 그 비교에서 앞설 때 자연적 차이라는 개념을 더 편안하게 받아들인다는 증거가 몇 가지 있다.[42] 앨리스 이글리Alice Eagly와 안토니오 플라디니츠Antonio Mladinic는 이것을 '와우WoW: women-are-wonderful(여자들은 굉장해) 효과'라고 부른다.[43] 예를 들어 성욕에 관해 코너는 "이런 차이가 단지 문화적 차이에서 비롯된다고 생각하는 것은 지극히 순진한 생각"이라고 주장한다. 하지만 이 단도직입적이고 틀림없는 진술의 앞에는 이런 설교조의 주장이 나와 있다. "남성의 [성적] 욕구가 얼마나 자연스러운 것인지와 상관없이, 나는 서로 다른 다양한 취향이 똑같이 존경받을 만하다고 볼 수 없다."[44]

이 접근법이 지닌 매력은 분명하다. 생물학적 차이에 대한 논의를 가능하게 하면서도, 남성의 병리학에 밑줄을 좍 긋는다. 그럼으로써 진보 성향의 학자와 평론가들 사이에서 더 따뜻한 반응을 확보하는 것이다. 하지만 어떤 면에서는 가장 위험한 메시지다. 남성은 선천적으로 여성과 다르지만 오직 나쁜 의미로만 다르다는 메시지니까 말이다. 예컨대 남성들의 높은 성욕에 대한 코너의 명명백백한 경멸은 성범죄를 바라보는 청교도적 생각에 아슬아슬하리만치 가깝게 다가간다. 남성이든 여성이든 어느 한쪽이 선천적으로 다른 쪽보다 낫다는 주장은 도움이 되지 않는다. 우리는 그저 평균적으로 이런저런 면에서 다를 뿐이다. 그리고 그건 상황에 따라, 그리고 차이를 표현하는 방식에 따라 부정적일 수도 있고 긍정적일 수도 있다.

불평등은 일방통행이 아니다

정치적 좌파의 네 번째 큼직한 실패는 성 불평등이 양방향으로 일어날 수 있음을, 점점 더 많이 일어나고 있음을 인식하지 못한다는 것이다. 2021년에 바이든 대통령은 백악관 성 정책 위원회White House Gender Policy Council를 만들었다. 도널드 트럼프가 폐지했던, 예전의 여성 및 소녀 위원회Council on Women and Girls의 후신이다. 그러나 이름만 바뀌었을 뿐 임무는 변경되지 않았다. 새로운 위원회의 공식 임무는 "여성과 소녀들에게 영향을 미치는 정부 정책을 안내하고 조정하는 것"이다.[45] 이 위원회는 2021년 10월에 미국 역사상 최초로 성 정의와 평등에 관한 국가 전략National Strategy on Gender Equity and Equality을 발표했다.[46]

그 전략은 오롯이 비대칭적이다. 소년과 남자들에 관련된 성 불평등은 하나도 다루지 않았다. 대학생 중 여성이 남성보다 훨씬 많다는 사실에 주목하기는 하지만, 단지 여학생이 남학생보다

학자금 대출을 더 많이 받았다는 것을 강조하기 위해서다. 이것은 정말 어처구니없다. 남자들이 더 많이 벌기 때문에 소득세를 더 낸다고 불평하는 것과 무엇이 다른가? K-12 교육에서 여학생에게 훨씬 유리하게 성별 격차가 있다는 사실은 이 전략에 선혀 언급되지 않았다. 흑인 여학생을 돕기 위해 학교 규율 정책의 개혁이 필요하다는 점은 강조하지만, 흑인 남학생의 구체적 어려움은 언급하지 않는다. 가령 흑인 남학생이 흑인 여학생보다 정학이나 퇴학을 당할 확률이 두 배나 되는데도 말이다.[47] 그리고 여성의 건강보험 접근성을 높이자는 목표는 강조하면서, 남성이 여성보다 보험에 들지 않을 확률이 15퍼센트 대 11퍼센트로 높다는 점은 전혀 언급하지 않는다.[48]

예를 들자면 한도 끝도 없지만, 요점은 이해했으리라 본다. 여러분은 고개를 갸우뚱거릴지 모르겠다. 공평함이 빠진 이런 태도가 얼마나 큰 문제일까? 특히 백악관 전략 보고서의 영향력에 대해 회의적이라면 더 궁금할 것이다. 하지만 이 보고서는 정책을 밀어붙이는 데 쓰일 것이다. 이 전략은 정부의 모든 부처와 기관에 지시된다. "이 전략에서 밝힌 목표를 진전시키고 그것을 달성하는 데 이바지할 세 가지 목표를 수립할 것! 실행 계획에서 그 목표를 달성하는 데 필요한 계획과 자원을 상세히 설명할 것!" 결함 있는 생각은 나쁜 정책을 만드는 법이다.

백악관은 새로운 전략을 소개하며 "COVID-19 팬데믹은 건강 위기, 경제 위기, 돌봄 위기를 부채질함으로써 여성과 소녀들이 오랫동안 맞닥뜨려 온 문제들을 더 잘 보이게 만들었다."[49]라고 선언했다. 이는 팬데믹이 여성들에게 끼친 부정적 함의는 강조하면서 남성들에 대한 영향은 무시해 버리는 전반적 경향과 일치했다. 젠더에 관한 이야기로는 여성의 진보에 재앙 수준의 영향을 미쳤다는 내용만 주로 나왔다. 헬런 루이스는 2020년 3월에《어틀랜틱》에 이렇게 썼다. "코로나바이러스의 가장 두드러진 영향 중 하나가 허다한 커플을 1950년대로 되돌려 보낸 것이었다. 전 세계적으로 팬데믹의 말 없는 희생자는 여성의 독립이 아닐까?"[50] 얼리샤 새서 모데스티노Alicia S. Modestino의 우울한《워싱턴 포스트》기사에는 "여성을 한 세대 후퇴시킬 코로나바이러스 육아 위기"라는 제목이 붙었다.[51] 2020년 12월, 애스펀 연구소의 여성 및 소녀 포럼도 이렇게 선언했다. "성평등 분야에서 우리가 이룩한 작은 진전을 COVID-19가 깎아 먹고 말았다."[52]

세계의 거의 모든 주요 정책 연구소와 국제기구가 팬데믹이 여성에게 미치는 부정적 영향에 대한 보고서를 냈고, 그중에는 과장된 톤으로 쓰인 것도 많았다. 이에 비해 COVID-19에 의한 사망 위험이 남성에게 훨씬 더 크다는 사실은 언급조차 해 주는 데가 없었다. 대학의 남학생 등록이 급격히 감소했다는 사실도 마찬가지로 외면받았다. 물론 팬데믹은 어디서나 대체로 나빴다. 하지만 어떤 면에서는 여성에게 나빴고, 다른 면에서는 남성에게 나빴다. 두 가지 생각을 동시에 머릿속에 담을 수 있지 않겠는가?

성별 격차가 한 방향으로만 생긴다는 가정은 심지어 불평등 측정치에도 스며들어 있다. 가령 세계 경제 포럼은 2년마다 세계 성 격차 보고서Global Gender Gap Report를 발표한다. 이것은 성평등을 향한 진보에 대해 가장 영향력 있는 국제 연구이지만, 백악관의 전략처럼 비대칭적 사고로 왜곡되어 있다. 보고서를 작성하기 위해 각 국가에 0(완전한 불평등)과 1(완전한 평등) 사이의 성평등 점수를 매긴다. 점수의 기반은 경제, 교육, 건강, 정치의 네 개 영역에 걸친 열네 가지 변수다. 각 변수 또한 0과 1 사이의 범위에서 계산된다. 미국은 2021년에 0.76점을 받아 세계 30위를 차지했다. 최상위인 아이슬란드는 0.89점을 받았다.[53]

그러나 결정적인 점은 여성이 남성보다 더 잘하는 영역은 고려되지 않는다는 것이다. 세계 경제 포럼의 수치 분석가들이 설명하듯이 "이 지수는 남녀가 동등한 상태에 도달한 국가에서도, 여성이 남성을 이미 능가한 국가에서도 똑같은 점수를 받는다." 열네 개 변수 측정을 보면 미국 여성은 현재 여섯 개 항목에서 남성과 동등하거나 더 잘하고 있다. 예를 들어 고등교육에서 실제 성평등 점수는 1.36으로, 이는 이 분야에서 여성이 남성을 크게 앞선다는 사실을 반영한다. 그러나 미국의 전체 점수를 생성하기 위해 지수에 반영된 숫자는 1.36이 아니라 1이다. 성 불평등이 한 방향으로만 중요하다는 아이디어는 세계 경제 포럼의 방법론에 녹아들었다. 그러나 이 가정은 유지될 수 없다. 특히 선진 경제에서는 안 된다. 나는 한 동료와 함께 양방향의 성 불평등을 고려해 세계 경제 포럼 순위를 다시 계산했다.[54] 우리는 열네 개 변수 중 하나를, 즉 품질이 의심스럽고 주관적인 임금격차 관련 조사를 제거하고, 격차가 가장 큰 변수에 더 많은 가중치를 부여하는 세계 경제 포럼과 달리 모든 영역에 동일한 가중치를 부여했다. 우리의 양방향 접근 방식은 미국의 점수를 0.84까지, 아이슬란드의 점수를 0.97까지 끌어올렸다. 우리의 보고서가 보여 주듯이 이는 국가 순위까지 어떤 경우에는 상당히 바꾸어 놓았다.

여기서 요점은 성 정책 위원회나 세계 경제 포럼이, 또는 여성의 지위 향상을 목표로 하는 그 밖의 기구들이 행한 업적을 깎아내리려는 것이 아니다. 소녀와 여자들이 뒤처져 있는 영역의 격차를 해소하는 것은 여전히 중요한 정책 목표다. 하지만 최근 수십 년간 여성이 이룩한 엄청난 진전과 함께 지금 많은 소년과 남자들이 직면하고 있는 중대한 어려움을 생각할 때, 성 불평등을 일방적으로 취급하는 것은 말도 안 된다. 현실적 차원에서는 소년과 남자들의 문제에 대한 정책적 관심의 부족으로 이어지기 때문이다. 하지만 반대 방향으로 일어나는 엄청난 성별 격차를 무시하려는 노력은 평등주의라는 도덕적 힘을 빼앗아 버린다고 생각한다. 런던 정치경제대학의 프란시스쿠 페레이라Francisco Ferreira는 교육 격차를 언급하면서 이렇게 말한다. "이제 성 불평등은 불공평하고 인간의 잠재력을 낭비하게 만든다는 폭넓은 공감대가 형성되었다. 불우한 환경에 있는 사람이 소녀가 아니라 소년일 때도 그것은 여전히 사실이다."[55]

여기서 요구되는 것은 성 불평등이 양방향으로 이루어질 수 있음을 인식하는, 마음가짐의 간단한 변화다. 간단하다고 했지 쉽다고는 말하지 않았다. 역사적으로 성평등을 위한 싸움은 소녀와 여자들을 위한(그리고 그들에 의한) 싸움과 같은 의미였으며, 그럴 만한 이유도 있다. 하지만 우리는 이제 소년과 남자들에게 영향을 미치는 성 불평등을 심각하게 다루어야 하는 지점에 이르렀다. 정치적으로 좌파인 사람들은 소년과 남자들의 문제를 인정하기만 해도 소녀와 여자들을 위한 노력이 약해질까 봐 두려워하는 것 같다. 이것이 바보 제로섬 사고의 진보주의 버전이다. 소년과 남자들을 위해 뭐라도 덤으로 주면 소녀와 여자들에게는 덜 줄 수밖에 없다는 생각이다. 이는 실질적 문제로서 완전히 틀렸으며, 위험한 정치적 역학 관계를 만들어 낸다. 많은 소년과 남자들이 현실적 문제에 직면하고 있으며, 이를 어떻게든 손봐야 한다. 진보주의자들이 이 문제들을 무시한다면 다른 사람들이 그것들을 반드시 잡아챌 것이다.

이제 우리 정치는 너무나 오염되어 좌파 성향의 사람들이 소년과 남자들의 문제를 토론하는 것은 말할 것도 없고 해결책을 고안하는 것조차 거의 불가능해졌다. 이건 놓쳐 버린 기회다. 우리에게 필요한, 성평등의 가장 강력한 옹호자들은 상당수가 정치 스펙트럼에서 진보 편에 서 있는데, 그들은 좀 더 균형 잡힌 시각을 가질 필요가 있다. 그렇지 않을 경우 소년과 남자들은 다른 데를 쳐다보게 될 위험이 있다. 해나 로진은 이렇게 말한다. "큰 고통 없이 수천 년 역사가 저절로 뒤집힐 수는 없다. 바로 그 때문에 우리는 이 문제를 함께 겪고 있지 않은가?"[56] 고통에 대한 그녀의 언급은 옳다. 하지만 함께 겪고 있다는 것은 틀렸다. 말이야 바른말이지, 우린 남녀 이슈로 스스로 분열하고 있으며, 그 결과 소년과 남자들의 숱한 문제는 치료되지 않은 채 방치되어 있다.

제9장 화만 내는 보수

우파는 시계를 거꾸로 돌리려고 한다

2021년 11월 1일, 미국 보수주의 콘퍼런스에서 조시 홀리Josh Hawley 상원 의원이 연설에 나섰다. 청중은 그가 맨날 이야기하는 경제 민족주의, 애국심, 자유 시장의 힘 등등 뻔한 소리를 들을 준비가 되어 있었다. 그런데 홀리 의원은 그들의 의표를 찔렀다. 오직 남자들의 문제에만 초점을 맞춘 것이다. 그는 교육, 직업, 가정생활 등 이 책에서도 설명한 몇 가지 문제를 강조했다. 그렇지만 홀리에게 이런 문제들은 사회적·경제적 변화의 부산물이 아니다. 그것은 좌파가 표적에게 가한 정치적 공격의 결과다. 그는 "좌파가 우리에게 남성을 넘어선 세계를 강요하려고 시도"한다고 설명한 다음에 이렇게 선언했다. "남성들에 대한 공격은 미국에 대한 좌파의 광범위한 공격에서 선봉에 서 있습니다."[1] 그는 말을 이었다. "좌파는 전통적 남성성이 유해하다고 규정하려 합니다. 그들은 전통적인 남성의 미덕을 사회에 대한 위험으로 정의하고자 합니다. 해가 거듭될수록 남자가 문제다, 남성성이 문제다 따위의 얘기를 들어 온 남자들이 게으름과 포르노와 비디오게임이리는 외딴섬으로 점점 빠지고 있다는 게 놀랍습니까?"

좌파가 그들을 혐오하기 때문에 소년과 남자들이 버둥대고 있다고 홀리 의원은 주장했다. 이것은 강력한 정치적 메시지다. 버둥대고 있다는 부분은 사실이고, 좌파가 혐오한다는 부분은 좌파의 많은 이가 남성성을 질병으로 취급하는 경향이 있음을 고려할 때 그럴듯하게 들리기 때문이다. 그는 이 연설로 많은 관심을 받았지만, 해결책에 관해서는 대체로 소득 없이 끝났다. 그가 제시할 수 있는 최선은 제조업 일자리를 회복하겠다는 막연한 약속과 세법에 명시된 결혼 보너스였다. 그럼에도 그는 몇 주 후 작은 정치적 승리를 거두었고, 「국방수권법National Defense Authorization Act」에서 여성들이 징집 대상이 될 수도 있었던 조항을 막판에 폐기하는 법안을 이끌었다. 그는 이렇게 말했다. "딸, 어머니, 아내, 자매들에게 우리의 전쟁을 치르라고 강요하는 것은 잘못된 일입니다."[2] 그 안에 담긴 뜻을 생각해 보라. 홀리 의원은 아들, 아빠, 남편, 형제에게 그렇게 하라고 강요하는 것은 잘못이 아니라고 생각한다는 얘기 아닌가?

보수주의자들은 진보주의자들보다 소년과 남자들의 점점 더 늘어나는 문제에 디 많은 관심을 기울였다. 하지만 그들의 어젠다 역시 도움이 안 되는 것으로 드러났다. 그들의 접근 방식에는 세 가지 큰 약점이 있다. 첫 번째, 정치적 이익을 위해 남성들의 불만을 부채질하는 보수주의자가 많고, 이것은 더 큰 분노와 불만을 낳는다는 점이다. 두 번째, 그들은 성 역할에서 생물학적 성별 차이의 중요성을 과대평가한다.(반대로 성별 차이를 전적으로 무시하는 진보적 경향의 거울상이라고나 할까?) 세 번째, 그들은 남성 문제의 해결책을 미래가 아닌 과거에서 찾는다. 그러니까 가족을 부양하는 남자와 돌보는 여자 사이의 전통적인 경제 관계를 복원하는 형태로 말이다. 보수주의자들은 남성들이 새로운 세상에 적응하는 것을 돕는 것이 아니라, 옛것을 약속함으로써 그들을 현혹한다. 이것이 심리적 위안을 잠시 제공할 수는 있을 것이다. 하지만 진통제가 필요한 것이 아니다. 필요한 것은 치료제다.

불만을 부추기는 정치

도널드 트럼프는 2016년에 남성 유권자의 투표에서 24퍼센트포인트를 앞서 미국 대통령직을 따냈다. 50년간의 출구조사 역사상 가장 큰 성별 격차였다.[3] 유권자의 3분의 1을 차지하는 백인 남성 중에서 트럼프는 30퍼센트포인트(62퍼센트 대 32퍼센트)의 우위를 누렸다.[4] 여성은 민주당 쪽으로 기울었지만, 이전 선거와 거의 비슷한 수준에 그쳤다. 《워싱턴 포스트》는 이렇게 보도했다. "트럼프가 백악관을 차지한 것과 똑같은 이유로 올해 성별 격차도 커졌다. 남성, 특히 백인 남성이 대거 우파로 몰렸다."[5] 같은 해에

영국에서는 남성들의 표 덕분에, 유럽연합에서 탈퇴하는 브렉시트가 실현되었다.[6]

포퓰리즘을 부추기는 분노는 인구 변화, 세속화, 무역, 노동 시장의 충격 등 온갖 종류의 영역에서 일어난다. 하시만 그것은 젠더의 문제이기도 하다. 주목하라, 트럼프는 2020년에 패배했는데도 여전히 남성 표의 대부분을 얻었고, 흑인 남성과 라틴계 남성들 사이에서도 오히려 지지를 늘렸다. 그가 "때는 바야흐로 미국의 젊은이들에게 매우 무서운 시기"라고 말하자, 진보주의자들은 콧방귀를 뀌었다.[7] 그렇지만 그것은 많은 남성의 공감을, 그리고 적어도 일부 부모들의 공감을 불러일으켰을 것이다. 미국을 '다시' 위대하게! 트럼프의 호소에는 아련한 향수가 담겨 있다. 그리고 그는 큰 정치 시장을 발견했다. 트럼프에게 표를 던진 유권자 대다수는 1950년대 이후로 사는 것이 더 팍팍해졌다고, 거기에는 젠더가 중요한 역할을 한다고 믿었다.[8] 과거의 환기에 은근히 담겨 있는 것은 여성성과 남성성에 대한 전통적 생각이다. 그의 집회에서 판매되는 가장 인기 있는 티셔츠에는 이런 슬로건이 적혀 있다. "나는 도널드 트럼프를 지지한다. 나는 자유를 사랑한다. 나는 맥주를 마신다. 나는 공구를 쏜다. 나는 내 가족을 보호한다. 나는 육류를 즐겨 먹고 총을 갖고 있다. 그게 싫으면 떠나 버려라."[9] 트럼프 부대의 정체성을 이보다 더 잘 설명하는 것은 찾기 어려울 것이다. 판카지 미슈라Pankaj Mishra가 '마초 후위 부대'의 한 형태라고 묘사한 것의 순수한 표현 아니겠는가?[10]

그러나 이것은 미국에서만 발견되는 것이 아니라 국제적인 현상이다. 전 세계적으로 남성이 여성보다 우파 정당을 훨씬 더 지지하는 편이다.[11] 예를 들어 스웨덴에서는 2015년의 여론조사에서 남성 네 명 중 한 명이 극우 성향의 스웨덴 민주당을 지지했는데, 이는 여성 지지율의 두 배에 해당한다.[12] 독일, 특히 동부 독일에서는 남성들이 정치적으로 급격하게 우경화했다. 2017년에 작센 남성의 3분의 1이 극우 성향의 정당인 독일을 위한 대안에 투표했다. 작센주 통합 담당 장관인 페트라 쾨핑Petra Köpping은 이렇게 말한다. "옛 동독 지역에 남성성의 위기가 있고, 그것이 극우에 먹이를 주고 있다."[13] 한국에서도 젊은 남성들이 반페미니즘 정서에 힘입어 강하게 우경화하고 있다. 2021년 4월의 서울특별시장 선거에서는 20대 남성의 73퍼센트가 보수 후보에게 표를 던졌으나, 같은 연령대의 여성은 41퍼센트만 지지했다.[14] 또한 2022년 3월에는 젊은 남성들의 압도적 지지가 보수 성향 대통령 후보인 윤석열 尹錫悅을 근소한 차이의 승리로 이끌었다.[15] 윤 후보는 여성가족부를 폐지하겠다고 약속했다. 인도의 나렌드라 모디Narendra Modi 총리는 56인치의 가슴을 자랑한다. 파키스탄에는 알파남 임란 칸Imran Khan("페미니즘이 어머니의 역할을 완전히 망쳐 버렸다.")이, 튀르키예에는 반페미니스트인 레제프 타이이프 에르도안Recep Tayyip Erdoğan 대통령("여성은 남성과 동등하지 않다.")이, 필리핀에는 아주 대놓고 여성을 혐오하는 로드리고 두테르테Rodrigo Duterte("아름다운 여자가 많은 한, 강간 사건도 더 많을 것이다.")가 있다.[16] 이 정치인들은 남성들의 혼란을 사려 깊게 이해하거나 긍정적으로 치료하는 법을 도무지 몰랐다. 그들은 그저 정치적 목적을 위해 그것을 착취하고 있을 따름이다. 트럼프의 전前 고문 스티븐 배넌Stephen Bannon의 표현처럼 "이 남성들은, 이 뿌리 없는 백인 남성들은 괴물 같은 힘을 가지고 있다."[17]

더 나아가 일부 보수주의자들은 '남자들을 향한 전쟁' 또는 '소년들을 향한 전쟁'이 존재한다고까지 주장한다.[18] 이 언어는 피해자 의식을 인정하고 부채질한다. 현재 한국의 20대 남성들이 여성에 대한 차별보다 남성에 대한 차별이 더 심하다고 믿을 가능성은 두 배나 된다.[19] 미국에서는 정치적 견해를 가진 남성들의 3분의 1이 자기는 차별당한다고 믿는다. 공화당원들 사이에서는 그 수가 늘고 있다.[20] 이것은 틀렸다. 소년과 남자들이 직면한 문제가 현실이기는 하지만, 그것들은 어떤 의도적 차별의 결과가 아니다. 경제와 폭넓은 문화의 구조적 변화에서, 우리 교육 시스템의 결함에서 비롯된 것이다. 그러나 좌파의 경우와 마찬가지로 우파에서도 젠더 이슈에 대한 태도는 사실과 동떨어져 떠다닌다.

여기서 보수 진영의 목표는 홀리 상원 의원이 '젠더 개념 자체에 대한 공격'을 통해 '미국을 해체'하려는 좌파의 시도라고 묘사한 것에 맞서는 당파적 기반을 재빨리 구축하는 것이다. 이 주장을 정당화하기 위해 그가 사용한 데이터 포인트 중 하나는 여성 경기 스포츠에 트랜스 여성들을 포함하는 것이었다. 트랜스젠더 권리의 위협을 상기시키는 작전은 이제 보수파 전술서의 표준이 되었다. 심지어 남성용 욕실을 사용하는지 여성용 욕실을 사용하는지조차 정치적 미식축구가 되어버렸다.(도널드 트럼프는 2016년에 이 이슈에 관해 질문을 받고 트랜스젠더들은 그냥 "적절하다고 생각하는 화장실을 사용해야" 한다고 답했다.)²¹ 이런 논란에 관련된 사람의 수는 미미하지만,(어쨌거나 트랜스젠더는 인구의 0.6퍼센트에 불과하지 않은가?) 그것은 섹스와 젠더에 대한 전통적인 생각을 방어하는 무기가 될 수 있는 이슈다.²²

보수주의 활동가들은 트랜스젠더 문제를 생물학 기반의 모든 성별 차이를 완전히 없애 버리려는 급진적인 젠더 이념에 주목하게 해 주는 방법으로 본다. 트랜스젠더도 군대에 갈 수 있는지, 아니면 스스로 선택한 화장실을 사용해도 좋은지 같은 것은 그들의 관심사가 아니다. 그들의 관심은 생물학에 기초해 또렷하게 분리된 남녀의 범주와 특성 같은 아이디어다. 하지만 그들의 항의는 지나치다. 압도적 대다수, 적어도 99퍼센트는 시스젠더여서 태어났을 때의 성에 맞추어 자신을 남성 또는 여성이라고 여긴다. 단순히 양분된 범주에 들어맞지 않는 이가 더러 있다고 해서 범주 자체에 위협이 되는 것은 아니다. 트랜스젠더는 오히려 규칙을 입증하는 예외이며, 규칙이든 예외든 모두 괜찮다.

여기서 좋은 소식은 트랜스젠더를 더 많이 포용하고 보호하는 쪽으로 가는 것이 일반적 추세라는 사실이다. 특히 「민권법 제7편Title VII of the Civil Rights Act」에 따라 직장 차별로부터 성소수자LGBT를 보호하기 위한 대법원의 2021년 6월 판결은 획기적이었다. 트럼프가 지명한 닐 고서치Neil Gorsuch의 다수 의견 기록은 유리알처럼 투명했다. "단순히 게이 또는 트랜스젠더라는 이유로 사업주가 개인을 해고하는 행위는 위법이다."²³ 지금 미국 여권에는 세 번째 성별 선택지('X')가 추가되어 있다.²⁴ 21개 주와 워싱턴 D.C.가 발급하는 운전면허에도 같은 선택지가 추가되었다.[25] 그러나 섹스와 젠더를 둘러싼 폭넓은 문화 전쟁에서 보수 진영이 트랜스젠더 권리 이슈를 계속 무기로 사용하리라는 것은 분명해 보인다.

환멸을 느끼는 남성들은 검색 알고리즘이라는 피리 부는 사나이를 따라 '매노스피어'라 불리는 반페미니즘 남성 중심의 웹사이트로 점점 더 깊이 빠져들 수 있다. 그곳은 픽업 아티스트, 인셀incel의 세계이고, 심지어 일부 남성 분리주의자들의 세계인데, 말하자면 믹타우MGTOW: Men Going Their Own Way(제멋대로 남자들)의 세계다. 거기는 '빨간 약'(레드필: 불편한 진실을 알게 하는 약)을 먹은 남성들이 페미니스트들을 가엾게 여기고 세를 모으며 대체로 증오하기 위해 가는 곳이다. 영화「매트릭스The Matrix」에서 빌려온 빨간 약이라는 표현은 세상을 있는 그대로 보기로 한다는 의미다. 여기서는 억압적 가부장제가 아닌, 남성을 함정에 빠뜨리고 착취하려는 페미니스트들이 우리 사회를 실제로 지배하고 있음을 본다는 뜻이다. 매노스피어 가운데 좀 더 이성적인 곳에서는 학교 규율, 주의력결핍 과잉행동장애ADHD 과잉 진단, 자살률, 직업 상해, 사망 등등 소년과 남자들이 직면한 진짜 이슈들을 두고 논쟁한다. 하지만 불만 가득한 젊은 남성들은 다음 비디오를, 또 그다음 비디오를 클릭하기 쉽다. 페미니스트 활동가 로라 베이츠Laura Bates는 『인셀 테러Men Who Hate Women』라는 책에서 "길을 잃은 소년들, 우리 사회의 고정관념 속 틈새로 추락하는 바람에 그들을 모집하려는 커뮤니티의 품으로 직행하는 소년들, 탐욕스러운 의도를 가진 커뮤니티에 의해 남성성과 생계에 대한 위협의 두려움으로 세뇌당한 소년들"[26]

을 묘사한다. 근거 있는 걱정이나 정상적인 불안이 여성 혐오로 전이된다. 여성들은 심리적인 먹이로 보일 수 있고, 섹스를 제공하도록 조종될 수 있다. 픽업 아티스트가 된다는 것이 바로 그런 뜻 아닌가? 가장 극단적인 인셀에게는 여성들을 유혹해 침대로 끌어들이려는 노력조차 불공평해 보인다. 그들의 주장인즉슨 남자들은 섹스의 권리가 있고 여자들은 그것을 제공할 책임이 있으니까. 여성 혐오는 채팅방에서 번져 나와 소셜 미디어로 스며들고, 결국에는 신체적 폭력으로까지 번질 수 있다.

이와는 대조적으로 믹타우들은 여성을 꼬드기거나 온라인에서 괴롭히기를 원하지 않는다. 그들은 여성에게서 완전히 벗어나고 싶어 한다. 이 커뮤니티에서 북돋우는 큰 두려움 중 하나는 강간 누명을 뒤집어쓰는 것이다. 아예 여성에게서 뚝 떨어져 있는 편이 더 낫다고 충고한다. 믹타우에도 유익한 계층 구조가 있는데, 컴퓨터 게임에서 볼 수 있는 레벨과 섬뜩할 정도로 비슷하다. 일단 남성이 빨간 약을 먹고 믹타우 경로를 선택하면 장기적 관계 거부하기(레벨 1), 성적 관계를 거부하거나 '수도자 되기'(레벨 2), 경제와 작별하고 그저 먹고살 정도로만 벌기(레벨 3), 마지막으로 사회와 완전히 단절되거나 '유령 되기'(레벨 4) 등의 단계를 거친다. 어느 시점에서든 이런 물에 발을 담그는 젊은 남성이 아주 많다. 심지어 일종의 통과의례가 되어 있을지도 모른다. 더러는 여기서 참된 공동체 의식을 발견한다. 오프라인 생활에는 없을 수 있는 공동체 의식을. 하지만 압도적 다수는 성장해 거기서 빠져나오고, 극소수는 결국 이런저런 끔찍한 행동을 취하기도 한다. 그 모든 것의 바탕에는 혼란과 방향감각 상실이라는 깊은 우물이 있고, 누군가는 언제나 그렇듯이 그것을 악용하려 한다. 나는 이런 매노스피어 운동의 부상이 홀리나 다른 포퓰리스트 보수주의자들의 책임이라고 말하는 것이 아니다. 오히려 진보주의자들은 남성 이슈를 깡그리 무시하거나, 그런 이슈를 유해한 남성성 탓으로 돌림으로써 여기에 책임질 것이 더 많다. 하지만 홀리가 이 공동체들과 공유하는 것은 반동적 세계관이다. 그러니까 전통적인 성 역할과 관계를 회복하는 것만이 남성을 도울 수 있는 유일한 방법이라는 믿음이다. 그들은 남자와 여자가 자기 자리를 잘 아는 옛 세계로 돌아가기를 원한다. 하지만 과거에서 우리의 해결책을 찾을 수는 없지 않은가?

성평등에 맞서는 바닷가재

2016년 선거에서 도널드 트럼프가 정치권의 거의 모든 예측과는 달리 승리를 거두고 있던 바로 그때, 캐나다의 한 심리학자는 무명 학자의 신세에서 벗어나 조지 메이슨 대학 경제학자이자 팟캐스트 운영자인 타일러 카우언Tyler Cowen의 말마따나 "서구에서 당대에 가장 영향력 있는 지식인"[27]이 되었다. 인격의 특성에 관한 연구로 동료 학자들의 존경을 받아 온 조던 피터슨Jordan Peterson이 캐나다의 트랜스젠더 권리를 규정한 법률에 반기를 들고 트랜스젠더 학생이라는 인기 있는 대명사의 사용을 거부하면서 명성을 얻은 것이다. 웹사이트 쿼라Quora의 게시물을 기반으로 한 그의

2018년 저서 『12가지 인생의 법칙12 Rules for Life』은 500만 부 넘게 팔렸고, 이후 그는 세계를 누비는 강연 여행도 했다.[28] 젊은이들에게 무슨 일이 일어나고 있는지를 진지하게 이해하려는 사람이면 누구에게든, 피터슨의 호소는 중요한 데이터 포인트다. 피터슨 스스로 추측하기로 그런 사람이 그의 청중에서 80퍼센트를 차지한다. 남성들은 여느 사람들과는 달리 피터슨이 자기들을 조롱하지 않고 가르치려 들지 않기 때문에 그를 보러 몰려든다. 그는 세상이 귀를 기울여 준다고 느끼게 만든다. 피터슨은 충족되지 않은 인간 욕구의 거대한 저수지를 우연히 발견한 것이다. 젊은이들의 곤경에 대한 그의 공감이 마음에서 우러나기 때문에, 피터슨은 그들을 혹평하는 좌파와 그들을 착취하려는 우파와는 달리 유독 돋보인다. 그는 현실적이고 중요한 문제들에 맞서 싸우는 진정한 지성인이다.

하지만 보수주의자들이 대개 그렇듯이 그도 생물학을 지나치게 중요시한다. 현재 대중 앞에서 잘나가는 지식인이 다 그렇듯이 피터슨은 책뿐만 아니라 스티커, 양말, 액자 등을 파는 온라인 상점을 운영한다. 거기에는 특별한 바닷가재 코너도 있어서, 피터슨이 가장 좋아하는 이 갑각류의 빨간 이미지가 깔린 티셔츠나 후드티를 판매한다. 지금은 물론 바닷가재가 점점이 찍힌 얼굴 마스크까지 있다. 피터슨의 팬들 사이에서 바닷가재는 부족적 충성심의 징표가 되었다. 왜 그런지 여러분은 궁금할 것이다. 그의 설명은 이렇다. "바닷가재에게는 여러 계급이 있고, 그 계급에 맞춘 신경 체계도 있습니다. 그리고 그 신경 체계는 우리의 신경 체계가 그렇듯이 세로토닌에 의해 작동하지요. 그리고 바닷가재와 인간의 신경 체계는 매우 비슷해서, 인간의 항우울제가 바닷가재에게도 유용합니다."[29] 피터슨 철학의 주된 강령은 사회적 계급이 자연적 질서의 일부라는 것이다. 포유류는 원래 자기 자리를 알도록 만들어졌다는 얘기다.

하지만 여기서 과학은 그리 어울리지 않는다. 바닷가재에게는 뇌가 없는 것으로 드러났으니 말이다. 피터슨이 바닷가재를 사용한 것은 단순히 그의 스토리텔링 방식의 일부가 아닐까? 난 그렇게 생각한다. 내가 보기에 피터슨은 남성들이 벌여 온 조직적 운동의 '신화적·시적' 화신인 듯한데, 그런 움직임은 좀 더 오래되고 더 심오한 남성성을 환기하기 위해 우화(피터슨의 경우에는 바닷가재 사회)를 사용한다. 로버트 블라이Robert Bly의 1990년 베스트셀러 『무쇠 한스 이야기Iron John』도 비슷한 취지로, 남성들이 '부드러운 남성' 상태로 지나치게 길들여져 왔으니 이제는 내면의 '원시인'을 다시 발견해야 한다고 주장했다.[30] 영국의 사회학자 제프 덴치Geoff Dench도 1996년 작품 『변신하는 남자들Transforming Men』에서 남성들을 가리켜 공주님을 찾아 숲속을 헤매는 개구리라고 했다.[31] 덴치, 블라이, 피터슨 모두가 마녀, 고래, 성, 탑, 왕에 관한 이야기를 많이 한다. 놀라운 일도 아니다. 블라이는 시인이었고, 피터슨의 초기 저서 『의미의 지도Maps of Meaning』는 신화에 관한 밀도 있고 존경받는 학술적 연구이니까.

바닷가재뿐이라면야 피터슨의 생물학 과대평가가 뭐 그리 큰 문제겠는가? 하지만 불행히도 그것은 젠더에 대한 그의 견해까지 왜곡한다. 그는 여성이 남성보다 더 상냥하고 양심적이며 타인에게 더 몰입하고 자양분을 더 준다고 지적한다. 남성들은 더 공격적이고 지위를 의식하며 섹스에 대한 충동이 심한 성향이 있다고 말이다. 모두 사실이기는 하다. 진짜 문제는 지금 사회의 성 불평등을 설명할 때 어디까지 이런 차이에 의존할 수 있는지다. 피터슨에게 그것은 상당히 중요한 것 같다.

    진보주의자들은 성별 차이에 대한 생물학적 근거를 모조리 부인하는 실수를 저지른다. 반면에 피터슨 같은 보수주의자들은 정반대의 오류를 범해 현재의 성 불평등을 본성 탓으로 돌려 버리고 만다. 이러한 점에서 피터슨은 그들의 대표 격이다. 그들은 본성이라는 이유로 치부하기에는 너무나도 큰 차이를 정당화한다. 직업 선택에 대한 질문이 좋은 예다. 어떤 인터뷰에서 피터슨은 이렇게 말했다. "사람들이 스스로 알아서 하도록 내버려두면 남성과 여성들은 자신을 같은 범주에 넣지 않을 것입니다." 여기까지는 괜찮았다. 하지만 그는 이어서 말했다. "공학 분야에서 남녀 비율은 20 대 1이고 간호 분야에서 남녀 비율은 1대 20인데, 이런 비율은 '남성과 여성의 자유 선택의 결과'이며, 이는 어찌해 볼 수 없는 차이죠."[32] 피터슨을 지지하는 보수주의자들은 엔지니어의 15퍼센트만이 여성이고 간호사의 9퍼센트만이 남성이라는 것을 보면서, 그것이 자연적인 성별 차이를 반영하는 데 지나지 않는다고 생각한다. 하긴 이 수치들은 20 대 1보다는 훨씬 높다. 하지만 내가 제7장에서 인용한 수와 라운즈의 연구를 기억해 보자. 만약 직업 선택이 근저에 깔린 선호도와 실제로 일치한다면 이 연구는 여성 엔지니어나 남성 간호사가 최소한 두 배 이상 많을 것임을 보여 준다. 게다가 양육 행태에 나타나는 성별 차이가 가정생활에서의 전통적 분업을 정당화하는 데 이용될 위험도 있다. 피터슨은 "19세 소녀들에게 그들의 가장 중요한 운명은 경력이라고 가르치는 것"을 중단하자고 촉구했다.[33]

얘기가 하나하나의 정책으로 넘어가면 상황은 훨씬 더 까다로워진다. 보수주의 학자인 찰스 머리Charles Murray는 저서 『인간의 다양성Human Diversity』에서 남녀 간 성별 차이에 대한 증거를 설명한다. 철저하게, 그리고 대체로 균형을 잃지 않고 요약해 놓았다. 그런데 문제는 그가 이 데이터를 성차별적인 정책들을 정당화하기 위해 사용할 때 발생한다. 아동 양육에 관한 법률이 좋은 예다. 그의 주장은 이렇다. "어린아이들의 양육에 남성이 더 좋은지 여성이 더 좋은지를 어떻게 측정하더라도 여성이 더 낫다는 효과 크기가 있으며, 이런 여성의 이점이 생물학에 근거를 둔다는 진화론적 사례도 압도적이다."[34] 그는 이어서 주장한다. 그러므로 법원은 사안별로 아이들의 '최선의 이익'을 고려하라는 현재의 법률 원칙을, 여성들이 아동을 양육하는 원칙으로 바꾸어야 한다고.

머리는 이렇게 적었다. "법관들이 부모 중 한쪽을 두둔해야 할 뚜렷한 증거 기반이 없고 힘없는 제3자의 복지가 걸린 상황이라면, 원칙에 입각한 자유주의적 입장은 남녀 사이의 중요한 태생적 차이를 인정할 수 있다." 하지만 이것은 틀렸다. 만약 부모의 양육 능력에 차이가 있다는 '뚜렷한 증거 기반'이 정말 없다면, 오로지 그들의 성별에 근거해 둘 중 한쪽에게 양육권을 부여하는 것은 자의적이고 불공평하다. 머리는 가족법에 성차별적 원칙을 포함하자고 주장하기 위해 양육 능력의 '일부' 측면에서 정말 '평균적'인 차이가 있다는 증거를 들이댄다. 아버지들이 자신의 역할을 유지하기 위해 고군분투하는 가운데 머리의 이러한 제안은 상황만 더 악화시킬 것이다. 그는 여성의 전투병과 복무에 관해서도 비슷한 주장을 펴고 있으며, 홀리 상원 의원이 여성의 징집을 잘 막아준 것에 대해서도 틀림없이 만족했을 것이다.

여기서 더 큰 문제는 보수주의자들이 생물학적 설명으로 성 불평등을 정당화하는데, 그 설명이 '틀린' 것은 아니지만 너무 취약해서 주어진 무게를 견디지 못한다는 점이다. 물론 인간 행동에서 생물학이 중요함을 주장하는 보수주의자들의 주장은, 반대자들이 그런 존재조차 전면적으로 부인할 때 더 합리적으로 보인다. 반대파가 진실을 전면적으로 부인할 때면, 누군가가 진실을 얼마나 과장하는지는 알기 어려워진다. 이것은 성과 생물학을 둘러싼 문화 전쟁에서 가장 불행한 역학 관계 중 하나다. 좌파가 타고난 성별 차이를 더 열렬히 부인할수록 우파의 다수는 성 불평등의 중요성을 주장할 필요성을 더 강렬하게 느끼고, 그 반대의 경우도 마찬가지다. 뉘앙스를 살릴 여지는 자꾸 좁아진다.

과거로 전진하는 보수

보수주의자들이 저지르는 마지막이자 가장 심각한 실수는,

소년과 남자들을 도울 수 있는 유일한 방법은 전통적인 남성 역할의 회복이라는 그들의 가정이다. 이는 경제적 독립 측면에서 여성이 이룩한 개선을 일부 뒤집어 버린다는 뜻이다. 제로섬 세계에서 남자들이 더 못하고 있다면 그것은 틀림없이 여자들이 더 잘하고 있기 때문이라는 논리다. 그저 가장자리에서 들리는 의견이 아니다. 남성 공화당원 다섯 명 중 거의 두 명(38퍼센트)이 "여성들이 사회에서 이룬 개선은 남성들의 희생으로 이루어졌"다는 진술에 동의한다.[35]

2016년 선거 전에 실시된 흥미로운 연구에서 페얼리 디킨슨 대학의 댄 캐시노Dan Cassino 교수는 투표 의도에 대한 설문 조사에 특이한 질문을 넣었다. "당신은 배우자보다 더 많이 법니까, 덜 법니까, 아니면 거의 비슷하게 법니까?" 응답자의 절반은 투표에 관한 질문을 받기 전에 이 질문을 받았고, 나머지 절반은 자신의 투표 의사를 밝힌 후에 이 질문을 받았다. 캐시노가 쓴 글에 의하면 그 질문은 남자들이 자기 성 역할에 대한 잠재적 위협을 생각하도록 미리 준비시키기 위한 것이었다.[36] 결과는 놀라웠다. 설문 조사에 앞서 배우자 수입에 대한 질문을 받은 남자들은 힐러리 클린턴보다 도널드 트럼프에게 투표하겠다고 말할 확률이 훨씬 더 높았다. 이것은 유권자 약 700명을 대상으로 한 소규모 여론조사였다. 하지만 캐시노의 실험은 지위 상실에 대한 남성의 불안감을 정치인들이 부추기고 이용할 가능성을 짐작하게 한다.

많은 보수 지식인이 다음과 같이 주장한다. 남자들이 전통적 역할을 상실하면 그들은 사회로부터 분리되거나 무언가 행동을 취하게 될 것이라고. 배넌이 관찰한 '괴물 같은 힘'은 반사회적 행동으로 옮아간다. 이런 우려는 새삼스러운 것도 아니다. 보수주의자들은 수십 년 동안 여성운동이 남자들에게 가할 위험을 걱정해 왔다. 보수 지식인 조지 길더는 1992년 작 『남자들과 결혼Men and Marriage』(1973년 작 『성적 자살Sexual Suicide』의 개정판)에서 페미니즘으로 인해 남자는 쓸모없는 존재가 될 것이라고 주장했다.37 또한 여자들이 '가족 부양과 종족 번식'을 모두 맡게 되면 남자와 결혼할 필요성은 줄어들 것이라고, 남자들은 '무법자' 아니면 '유배자'로 남게 될 것이라고 경고했다. 젊은 독자들은 길더의 작품이 생소할 수 있다. 하지만 특정 연령대의 페미니스트들 사이에서 그의 이름은 강한 반응을 불러일으킨다. 길더는 나아가 로널드 레이건의 경제정책에 영향을 미쳤고, 주간지 《타임》과 전미여성기구 National Organization of Women에 의해 올해의 수컷 우월주의자 돼지Male Chauvinist Pig of the Year로 선정된 것을 자랑스러워했다.38 길더의 세계관에는 싫어할 만한 점도 많다. 하지만 문제가 무엇인지 아는가? 그가 완전히 틀린 것은 아니라는 점이다.

　　제7장에서 인용한 마거릿 미드, 멜빈 코너, 데이비드 길모어, 셰리 오트너 등 인류학자들이 대개 그렇듯이 길더는 남성 역할의 취약성을 꿰뚫어 봤다. 그의 말을 들어 보자. "여자와는 달리 남자는 개화된 역할이나 어젠다가 몸에 새겨져 있지 않다. 그리하여 남자의 가족 내 역할은 뒤집힐 수 있으나, 반대로 여자의 역할은 의심의 여지없이 확실하며 남자가 떠나더라도 계속된다. 여자가 없는 남자는 자기가 꼭 필요하지는 않다는 내면적 결핍을 느낀다."39 제

프 덴치도 비슷한 요지의 글을 쓰면서 '페미니즘적 분석의 근원적인 약점'을 이렇게 적시했다. "남자들이 장기적으로 지루하기 짝이 없는 가정생활에 완전히 참여하기 위해, 또한 계속 참여하게 하기 위해 충분한 이유가 있으려면 남자에게는 주된 가족 부양자라는 지위가 필요함을 깨닫지 못했다."[40]

보수주의자들이 전통적 역할을 빼앗긴 남자들 사이에 나타나는 무질서와 소외감의 위험성을 걱정하는 것은 옳은 일이다. 하지만 어떻게든 시간을 되돌려 여자들을 다시금 구속하고 남자들에게 목적의식을 돌려주는 것이 해결책이라고 생각한다면 그것은 틀려먹었다. 퓨 연구 센터의 사회 가치 조사에 따르면 상상 속 과거에 대한 모든 갈망에도 불구하고 2012년에 미국인 다섯 명 중 한 명(18퍼센트)만이 "여성은 사회의 전통적 역할로 돌아가야 한"다고 답했다. 이는 1987년의 30퍼센트에서 감소한 것이며, 이 질문에서는 특이하게도 성별이나 나이, 정치적 성향, 인종에 따라 큰 차이가 없다.[41]

보수주의의 주장은 페미니즘이 사물의 자연스러운 질서를 무너뜨렸다는 것이고, 우리 모두가, 특히 남자들이 그 대가를 치렀다는 것이다. 전통적인 가족과 역할의 복원이 답이라는 얘기다. 이런 분석은 틀렸다. 페미니즘이 무너뜨린 것은 가부장제다. 즉 극도로 불평등하다는 치명적 결함을 지닌 하나의 '특정' 사회질서를 무너뜨린 것이다. 그로 인한 혼란은 현실이며 심각하게 받아들여야 힌다. 그렇다, 남자들은 도움이 필요하다. 하지만 여자들을 방해하거나 시계를 되돌리지 않고도 얼마든지 남자들을 도울 수 있다. 특히 아버지의 지위는 좀 더 평등한 세계를 위해 재창조될 수 있다.

아서 슐레진저 주니어Arthur Schlesinger Jr.는 1958년에 「미국 남성성의 위기The Crisis of American Masculinity」라는 에세이에서 이렇게 썼다. "남성성을 회복하는 열쇠는 공격적인 여성에게 굴욕감을 주는 것에, 낡아 빠진 남성 우월주의를 복원하려는 희망에 있지 않다. 남성 우월주의는 백인 우월주의와 마찬가지로 미숙한 사회의 노이로제였다. 여성이 자유로워진 것은 여성뿐만 아니라 남성들에게도 좋은 일이다. 어찌 되었건 그 과정은 되돌릴 수 없다. 이 램프의 요정은 절대로 병에 다시 넣을 수 없다."42

그것이 1958년 당시에 사실이었다면 오늘날에는 더할 나위 없이 극적으로 사실이다. 시대의 흐름을 되돌릴 수 있다는 생각이 전혀 도움이 되지 않는 이유가 바로 거기에 있다. 보수주의자들은 소년과 남자들을 도와 새로운 평등의 세계에 적응하게 만들기는 커녕, 여성의 진보에 저항하라고 부추기고 있다. 저항하면 기분은 좋을지 모르겠다. 적어도 잠깐은. 어쩌면 적응이라는 까다로운 과제보다야 더 좋을지 모른다. 하지만 그것은 또한 헛되며 무의미하기도 하다.

양극단으로 멀어지는 젠더 정치

문명을 바라보는 날카로운 안목의 소유자가 이런 글을 남겼다. "남자든 여자든 역할은 바뀌고 있다. 여자들은 자신들의 과거

지위가 남자가 억압한 결과라고 믿도록 압력을 받고 있다. 동시에 남자들은 억압자라는 비난에, 그것도 화까지 내는 억압자라는 비난에 처해 있다. 변화의 모든 과정은 말할 수 없이 성마른 기질의 분위기에서 일어나고 있으며, 부차적인 적개심까지 어마어마하게 발생해 바람직한 결과를 본질적으로 위협하고 있다."

마거릿 미드가 1975년에 쓴 글이다.[43] 여성운동이 엄청나게 성공했는데도 적개심은 여전하다. 이러한 점에서 우리 정치인들은 대부분의 책임을 져야 한다. 소년과 남자들의 늘어나는 문제에 좌파와 우파가 대응하지 못하면서 우리네 정치적 삶에 위험한 공백이 생겼다. 문화 전쟁의 정치가 보여 주는 원심적 역동성이라는 것이 그렇다. 우파가 한쪽 극단으로 쏠릴수록 좌파는 반대쪽으로 쏠리고, 그 반대도 마찬가지다. 좌파는 생물학을 무시하고, 우파는 생물학에 너무 많이 기댄다. 좌파는 소녀와 여자들에 대한 전쟁을 보고, 우파는 소년과 남자들에 대한 전쟁을 본다. 좌파는 남성성을 질병이라 하고, 우파는 페미니즘을 질병이라 한다.

한편 소년과 남자들의 현실 속 문제는 문화 전쟁의 최전선에서 멀리 떨어져 있어 대부분 해결되지 않고 있다. 그런데 여기에 걸려 있는 것이 너무나 많다. 미국 유대인 위원회American Jewish Committee의 대서양 횡단 연구소Transatlantic Institute 소장인 대니얼 슈바멘탈Daniel Schwammenthal이 말했듯이 "진짜로 사회에 문제가 있는데도 책임 있는 당사자들이 그 문제에 손대지 않으면 무책임한 당사자들이 그 문제에 덤벼든다. 그것이 정치의 철칙이다."[44]

제5부

오랴게 앓아 눕기

제10장 입학을 미루는 소년들

남학생들에게는
1년이 더 필요하다

우리 부부는 가슴이 찢어졌다. 둘째 아들 브라이스가 초등학교에 들어가야 할 때였는데, 아들은 준비가 전혀 안 된 것 같았다. 사회적으로나 지적으로나. 유치원 교사들도 같은 생각이었다. 그래서 우리는 몇 달쯤 미루어 9월이 아니라 1월에 아이를 동네 학교에 보내기로 했다. 당시에 나는 우리가 너무 지나치게 반응한 것은 아닌지, 넉 달이나 늦춘 것은 실수가 아닌지 걱정했다. 하지만 지금 돌이켜 보니, 좀 더 늦출 것을 그랬나 싶다. 아예 1년을 기다렸어야 했다고 말이다. 브라이스는 학창 시절 내내, 특히 고등학교 때 고생을 많이 했다. 진단조차 안 된 수면무호흡증후군 때문에 특히 그랬다. 맞다. 아이들도 그런 증상에 시달린다. 브라이스는 정말이지 간신히 고등학교 졸업장을 받았다. 아들의 졸업식 날,

주위의 부모들이 자기 아이는 어느 대학에 가게 되었는지를 적은 쪽지를 서로 주고받을 때, 나는 아이가 온갖 어려움을 무릅쓰고 고등학교를 무사히 마친 것이 어찌나 자랑스러운지 기쁨의 눈물을 흘렸다.

브라이스가 공부하면서 얻은 경험은 (특히 남자아이들에게는) 그리 드문 일이 아니다. 우리가 아는 부모들 사이에는 삶의 전반에서, 특히 학업에서 길을 잃지 않으려는 사춘기 아이의 힘겨운 싸움을 설명하는 아주 짤막한 한마디가 유행했다. "사내아이니까요." 어느 날 밤, 어느 친구의 열다섯 살짜리 아들이 10층 크레인에 올라가 찍은 사진을 스냅챗Snapchat에 올리고 "안녕, 엄마!"라는 글을 달았다. 그가 크레인에서 내려오자 경찰들이 기다리고 있었다. 무엇 때문이었을까? 전두엽 피질의 문제였고, 위험을 향한 남자아이의 욕구였다.

"어떤 점에서든 서로 다른 집단 간의 진정한 평등은, 오직 그 차이에 대비함으로써만 달성될 수 있다." 1974년의 이 말 역시 마거릿 미드가 했다.[1] 진정한 평등이라는 미드의 생각은 이제 공정이라고 불러도 될 터이다. 시작하는 조건에 차이가 있는데도 사람들을 똑같이 (동등하게) 대하는 것은 그들을 공정하게 대하는 것이 아니다. 이걸 보여 주는 시각적 예시를 흔히 만나게 되는데, 바로 키가 다른 세 명의 아이가 울타리 너머를 보려고 까치발을 하는 그림이다. 이 아이들을 똑같은 높이에 올려 주려면 키 작은 아이들에게 더 높은 상자를 줘야 한다. 평등 사고방식에서 공정 사고방식으로의 전환은 인종에 관한 정의를 고려하는 데 강력한 힘을 발휘했다. 특히 미국에서 그랬다. 하지만 여기에도 젠더에 관한 함의가 있다. 예컨대 공정한 교육제도는 자연스러운 성별 차이를 인정하는 교육제도이며, 특히 공부의 중요한 시점에 남자아이들이 여자아이들보다 발달상 불이익을 당한다는 사실을 인정하는 교육제도다.

  제10장에서는 좀 더 남성 친화적인 교육제도를 위해 몇 가지를 제안하겠다. 구체적으로는 세 가지 주요한 개혁을 주장한다. 모든 남자아이를 유치원에서 1년 더 가르칠 것, 남성 교사의 채용을 늘리는 캠페인을 벌일 것, 기술 고등학교 등의 직업교육에 투자를 대폭 늘릴 것, 이렇게 세 가지다. 이 어젠다가 어느 정도 급진적으로 보일 수도 있다는 것은 나도 잘 안다. 하지만 우리가 양성평등을 진지하게 생각한다면 모종의 급진주의가 필요하다.

시간이라는 선물

  1년 늦게 학교에 들어가는 것을 '레드셔팅redshirting'이라고 불러 왔다. 한 시즌 동안 선수를 정규 경쟁에서 빼 주는 대학 육상 경기의 관행에서 비롯된 용어다. 이 아이디어는 2008년에 맬컴 글래드웰Malcolm Gladwell이 『아웃라이어Outliers』라는 저서에서 반 친구들보다 나이 많은 아이들이 학업 시험이나 인생 전반에서 더 잘한다는 증거를 제시하면서 대중의 관심을 끌었다. 그는 같은 반 친구보다 나이가 많거나 적으면 아이들이 우수한 성적과 저조한 성적, 용기백배와 침체 사이를 오락가락하는 패턴에 빠지며 이것이 여

러 해 동안 이어진다고 주장했다.²

레드셔팅이 상당히 흔한 관행이라는 점은 주목할 만하다. 2021년의 한 설문 조사에서 학령기 아동의 부모 중 12퍼센트가 한 자녀 이상의 유치원 입학을 지연시켰다고 응답했는데, 이는 사녀가 18세 이상인 부모의 경우 6퍼센트가 유치원 입학을 늦추었다고 답한 것과 대비된다.³ 지연된 이유를 물었더니, 자녀가 너무 어렸다, 정서적 준비가 안 되어 있었다, 공부할 준비가 안 되어 있었다, 이렇게 세 가지가 가장 많았다. 흥미롭게도 학령기 자녀를 둔 '교사들' 가운데 레드셔팅을 한 비율은 15퍼센트로 조금 더 높았다.⁴ 이 수치는 (자료가 공개된 최근 연도인) 2010/2011학년도의 유치원 레드셔팅 공식 수치인 남학생 7퍼센트, 여학생 5퍼센트보다 높다.⁵ (물론 이 경우 팬데믹이 한 가지 요인이겠지만.)

그러나 아이들에 따라 레드셔팅을 할 가능성은 서로 다르다. 부유한 부모를 가진 아이들은 저소득 가정의 아이들보다 입학이 늦어질 가능성이 두 배나 된다. 백인 아이와 흑인 아이들 사이에도 비슷한 차이가 있다. 또한 여학생보다는 남학생들이 레드셔팅을 할 가능성이 농후하며, 특히 부모가 교사인 경우는 더 그렇다.⁶ 학년이 시작될 때 나이가 어리면 1년 뒤처질 확률이 더 높다. 이런 요소들을 다 더하면 그 비율은 꽤 높아진다. 노스웨스턴 대학의 경제학자 다이앤 휘트모어 샌전바크Diane W. Schanzenbach와 스테퍼니 라슨Stephanie H. Larson이 2010/2011학년도 자료를 분석한 결과에 따르면 부모의 학력이 대졸이고 여름에 태어난 남자아이들이 레드셔팅을 할 확률은 20퍼센트라고 한다.⁷ 또한 입증된 것은 아니지만, 사립학교에서는 레드셔팅이 더 흔한 것 같다. 그리고 레드셔팅을 하는 아이들은 교육적으로 가장 불리한 처지의 아이들이기는커녕, 문해력과 수학에서 평균 점수를 약간 상회하는 아이들이었다.[8] 다시 말해 레드셔팅으로 인해 얻을 혜택이 가장 적은 아이들이 오히려 레드셔팅을 할 가능성은 가장 크다는 얘기다.

나의 제안은 남자아이들의 입학을 기본적으로 1년 늦추자는 것이다. 1년이라는 시간적 차이를 도입하면 남자아이들과 여자아이들 사이의 '발달연령' 차이는 줄어들 것이다. 다시 말해 더 공평할 것이다. 제1장에서 나는 학습의 성별 격차는 일찍 시작되지만 뇌 발달 측면에서 가장 큰 차이는 청소년기에 생긴다는 것을 보여 주었다. 남자아이들을 늦게 입학시키는 주된 이유는 유치원에서 한 살 더 많은 아이로 만들려는 것이 아니라, 그들이 중고등학교에 갔을 때 한 살 더 많기를 원하기 때문이다.

레드셔팅, 효과가 있을까?

남자아이들의 입학이 늦어지면 성별 격차가 좁혀질까? 확실히는 모르겠다. 이처럼 중대한 교육정책의 변화는 사전에 평가하기가 어려운 법이다. 하지만 레드셔팅에 관한 다양한 연구에서 나온 증거를 보면서 나는 이 방법이 꽤 도움이 될 것이라는 희망을 품게 된다. 1년을 기다린 남자아이들은 초등학교 내내 과잉 행동과 부주의가 극적으로 감소했고 삶의 만족도도 높아졌으며 한 학

년 유급될 확률도 낮아졌고 시험 점수도 높아졌다는 것을 보여 준 연구가 줄을 이었기 때문이다.⁹

샌전바크는 테네시주의 데이터를 사용해 다트머스 대학의 엘리자베스 카시오Elizabeth Cascio와 함께 레드셔팅에 관한 가장 최근의 고품질 연구를 수행한 학자다. 그들의 표본에 있는 아이들은 지나치게 낮은 소득 계층이었고 인종적으로도 다양했다. 절반은 유치원에서 무료 점심 또는 저렴한 점심을 먹고 있었다. 3분의 1은 흑인이었다. 두 사람은 나이가 한 살 더 많으면 전반적으로 8학년 때 시험 점수가 더 나았다는 사실을, 고등학교 전에 한 학년 유급하는 위험을 줄였다는 사실을, 고등학교 말에 SAT나 ACT를 볼 기회를 높였다는 사실을 알게 되었다. 그러나 8학년까지의 모든 결과 측정에서 남학생이 레드셔팅으로 여학생보다 적어도 두 배 이상의 혜택을 봤고, 고등학교 즈음에 이르면 레드셔팅으로 그 어떤 이득이라도 보는 것은 남학생들뿐이었다. 두 사람은 또 레드셔팅이 저소득층 학생들에게 가장 큰 이득임을 알게 되었는데, 이는 그들이 주목한 바와 같이 "고소득층 아이들이 레드셔팅을 할 가능성이 훨씬 더 큰 기존의 양상과는 대조적이다."¹⁰ 마지막으로 그들이 보기에는 레드셔팅을 한 아이들이 그들보다 더 어린 급우들에게 부정적 영향을 주지 않는다. 그들의 말로는 행여 영향이 있다면 약간의 긍정적인 '파급효과'뿐이라고 한다.

그러니까 레드셔팅은 특히 남학생들에게 장기에 걸쳐 긍정적인 혜택을 제공한다. 반 친구들에게 부정적인 영향을 주지 않고 말이다. 중요한 것은 '상대적인' 나이 효과가 아니라 '절대적인' 나이 효과에 의해 이러한 결과들을 끌어냈다는 점이다. 이것이 바로 나의 레드셔팅 정책이 이루고자 하는 바다. 이 연구에서 밝혀진 가장 고무적인 사실 중 하나는 레드셔팅을 하면 나중에 한 학년을 유급할 위험이 크게 준다는 것이다. 유급은 인종, 성별, 경제적 배경 등에 의해서 대단히 불평등하게 실행된다. 흑인 남학생은 네 명 중 한 명(26퍼센트)꼴로 고등학교 졸업 전에 적어도 한 번 유급했다.[11] 그런데 남학생들이 레드셔팅을 하게 하면 나중에 그들이 1년간 유급할 위험을 줄일 수 있다.

샌전바크와 카시오의 발견은 노스캐롤라이나주의 데이터를 사용한 필립 쿡Philip Cook과 강성만Songman Kang의 또 다른 연구와 일치한다.[12] 그들의 분석은 레드셔팅을 한 어린이들이 3학년 말에 이르면 읽기와 수학 모두에서 성과가 좋다는 것을 보여 준다. 또한 같은 인종 내 성별 격차를 들여다보면 백인 소년들의 레드셔팅 비율이 10퍼센트인 경우 3학년 백인 학생들 사이의 전반적인 성별 격차가 11퍼센트 줄어들었음을 알 수 있다.

여기에도 몇 가지 질적인 증거가 있다. 콜린 칼리지Collin College의 수잰 스태틀러 존스Suzanne Stateler Jones가 수행한 심층 연구에서 여름에 태어났고 레드셔팅을 한 소년들은 또래 친구들보다 삶의 만족도가 훨씬 더 높다는 것이 밝혀졌다.[13] 규정된 나이에 학교에 들어간 학생들이 흔히 되풀이하는 말은 "저는 맨날 따라잡기에 급급해요."라고 그녀는 말한다. 그러나 한 살 더 많은 남학생들은 대체로 이런 반응이란다. "너무 좋아요. 한 살 더 많은 게 너무 좋고, 아무 문제도 없어요. 어째서 손해가 되는지 도무지 알 수 없다니까요. 도움이 되었을 뿐이에요." 존스는 또 부모들을 인터뷰하고 여름에 아들이 하나 더 태어난다면 어떻게 할 것인지 그들에게 물었다. 그랬더니 아주 기계적으로 "물론 레드셔팅을 해야죠."라고 답했다. 그러나 이 작은 집단이 대체로 부유한 백인 가정이라는 섬에 주목해야 할 것이다. 지금으로서는 아이들을 레드셔팅하게 할 가능성이 가장 큰 집단이니까 말이다.

종합해 보자. 이 결과는 모든 남자아이를 1년 늦게 입학시킴으로써 큰 혜택을 얻을 수 있음을 보여 준다. 그리고 지금 당장 레드셔팅을 할 확률이 가장 낮은 사람들, 특히 저소득 가정의 남자아이들과 흑인 남자아이들이야말로 가장 큰 혜택을 볼 것이다. 또한 나는 기존의 연구에서 평가할 수 없었던 GPA와 같은 다른 결과 측정에서는 이득이 훨씬 더 클 것으로 예상한다. 예컨대 고등학교 성적은 수행 능력과 관련이 있는 것 같으며, 여자아이들의 성적이 더 높은 이유 중 하나도 그런 능력인 것 같지 않은가?[14] 한 해 더 발달한다고 해서 이런 능력 차이가 완전히 줄어들 것 같지는 않지만, 확실히 도움은 될 것이다.

레드셔팅에 대한 반대

물론 내 제안에 반대되는 훌륭한 주장도 더러 있다. 여기서는 그런 주장 가운데 다섯 가지를 언급하겠다. 첫 번째, 입학을 늦추는 것은 부모가 육아를 1년 더 해야 하는 압박을 의미한다. 저소득층 부모들이 아이를 레드셔팅하게 할 가능성이 훨씬 낮은 이유 중 하나가 바로 이런 점일지 모른다. 정말로 걱정되는 부분이다. 나의 제안은 남자아이들을 여자아이들과 같은 나이에 보편적인 어린이집 과정에 등록시키되, 그다음 단계로 진학하기 전에 남자아이들에게 1년을 더 주자는 것이다. 다시 말해서 남자아이들은 유치원 교육을 두 배로 받는 것이다. 따라서 부모들의 관점에서 보면 이런 정책은 양육비에 관해 틀림없이 중립적이어야 한다.

두 번째, 늦게 입학한 남자아이들은 고등학교를 자퇴할 확률이 더 높을 것이라는 우려가 있다. 고등학교 교육이 끝나기도 전에 법적으로 정규교육을 그만둘 수 있는 나이가 되기 때문이다. 이 문제가 실제로 얼마나 심각한지는 알기 어렵다. 교육경제학자 데이비드 데밍David Deming과 수전 디나스키Susan Dynarski가 분석한 자료는 1년 늦게 입학하는 것이 학생들의 고등학교 졸업률에 큰 영향을 미치지 않음을 보여 준다. 졸업이 다소 늦어지는 경향은 나타나지만.[15] 그러나 우리가 보았듯이 이들은 대표 집단이라고 할 수 없다. 오늘날 레드셔팅을 하는 아이들은 더 유복한 배경 출신이므로 그 어떤 경우에도 고등학교를 자퇴할 가능성은 훨씬 낮다. 여기서 한 가지 도움이 될 만한 것은 법적으로 정규교육을 그만둘 수 있는 나이를 18세로 올리는 것인데, 이미 미국 주들의 절반쯤이 그렇게 해 놓았다.[16]

세 번째, 소년들이 성인이 되었을 때 노동시장에서 1년을 잃게 되고, 이로 인해 그들의 평생 소득이 줄어들 가능성이 있다. 데밍과 디나스키가 크게 우려하는 점이다. 그들은 이렇게 지적한다. "은퇴하는 나이가 그대로라면 학교를 1년 늦게 시작하는 사람은 근로시간도 1년 줄어든다. 1년 늦게 시작함으로써 인한 재정적 손실에는 노동시장에서 벌어들일 1년간의 수입도 있고, 평생토록 따라다니는 1년 동안의 노동시장 경험의 상실도 포함된다."[17] 다시 말하지만, 이것은 합리적인 두려움이다. 하지만 이것은 어떤 나이에서든 학교에서 보내는 햇수를 늘리는 '모든' 정책에 적용된다. 예를 들어 전문대학에서 2년 공부하고 아무런 자격증도 없이 졸업할 수도 있다. 하지만 지금 당장 중등교육을 마치고 곧바로 노동시장으로 활기차게 걸어 들어가는 청년은 거의 없다는 것이 현실이다. 다섯 명 중 거의 한 명꼴로 고등학교를 제때 마치지 못한다.[18] 전문대학에 들어가는 청년들 가운데 3년 후에 자격을 취득하는 것은 세 명 중 한 명꼴도 안 된다.[19] 16세에서 24세까지의 청년 열 명 중 한 명 이상이 '단절된 상태'(즉 취업한 상태도 아니고 학업 중이지도 않은 상태)다.[20] 내가 말하려는 요점은 1년 더 공부하면 1년치 수입이 사라지는 것으로 가정해서는 안 된다는 것이다. 나는 그것이 남자아이들의 성과를 높이는 데 도움이 된다고 믿으며, 정말 그렇다면 노동시장의 전망을 밝혀 줄 것임이 틀림없다.

네 번째, 어떻게 단계적으로 개혁할 것인지에 관한 문제다. 우리가 갑자기 같은 또래 남학생 전부를 1년 유급시킨다면 같은 또래 여학생 한 무리만이 교육을 마칠 것이고, 이것은 특히 그들에게 아주 기이한 노릇이다. 내가 제안하는 것은 이 정책을 몇 년에 걸쳐 단계적으로 도입하자는 것이다. 가장 어린 소년들부터 시작해서 모든 소년이 이 정책의 적용을 받을 때까지 매년 그 연령대를 점차 확대하는 것이다. 첫해에는 아마 그 소년들의 3분의 1을, 그 다음 해에는 3분의 2를, 세 번째 해에 비로소 모든 아이를 레드셔팅하게 하면 되지 않겠는가?(이것은 또 사회과학자들에게 레드셔팅으로 인해 서로 다른 나이의 소년들이 얻는 혜택을 평가하는 자연스러운 실험 기회가 될 것이다.)

마지막으로 역시 중요한 이슈가 있다. 그것은 합법적일까? 어떤 학군이나 어떤 주가 나의 계획을 채택한다고 상상해 보자. 아마도 모종의 법적 문제가 제기될 수 있을 것이다. 가령 미국 시민 자유 연맹ACLU 같은 기구에서 말이다. 그들은 성 기반의 차별을 금지하는 1964년 공민권법의 조항이나 수정 헌법 14조의 평등 보호 조항을 들먹일 것이다.[21] 그러면 나는 발달 측면에서 소녀와 소년들은 다르다거나 그 조항들을 어기지 않고도 교육정책에 그러한 차이를 참작할 수 있다는 등의 말로 변호할 것이다. 남성 전용인 버지니아 군사학교의 유명한 사례가 틀림없이 인용될 것이다. 1996년에 대법원은 여성에게 그 학교의 문호를 완전히 개방하라고 판결했다. 루스 베이더 긴즈버그Ruth Bader Ginsburg 대법관이 다수 의견을 개진했다.[22] 중요한 것은 법원이 소년과 소녀들의 학업 방식에 평균적으로 차이가 있다는 주장에 이의를 제기하지 않았다는 점이다. 그렇지만 그것은 긴즈버그가 썼듯이 "재능과 능력이 평균 이상인 소녀들을 제외하는 것이 정당하다고 할 만한 근거를 제공하지 않았다." 현재 버지니아 군사학교 학생 중 약 12퍼센트가 여성이다.[23]

법원은 남성이나 여성을 공립 교육기관으로부터 완전히 배제하기 위해서는 주 정부가 '극도로 설득력 있는 정당성'을 제시해야 한다고 판결했다.[24] 하지만 나의 제안은 어느 교육기관이든 성별을 이유로 '배제'하지 말자는 것이며, 발달 과정이 다르다는 것을 근거로 어린이집에서 유치원으로 옮겨 가는 남자아이와 여자아이의 기본 연령에 약간 시차를 두자는 것이다. 그러면 부모들은 (현행 제도에서도 마찬가지이지만) 그런 기본 연령을 무시하고 딸의 발목을 잡거나 아들의 속도를 높이는 것 중 하나를 마음대로 선택할 수 있을 터이다. 이상과 같이 말하기는 했지만, 정책의 근거를 노골적으로 성별 차이에 두기 위해서는 분명히 법적 문제점들이 있으며, 그런 문제는 설계 과정과 시행 과정에서 고려되어야 한다.

그래서 나는 남자아이들을 1년 늦게 입학시키라는 나의 제안에 이런 합리적인 고민에 대한 합리적인 답이 있다고 생각한다. 확실히 알아낼 수 있는 유일한 방법은 실행해 보는 것이다. 처음에는 다양한 환경에서 선택한 일부 학군에서 시범 사업 형태로 말이다. 나는 이것들이 교육에서 나타나는 성별 격차를 줄이고 바람직한 투자 수익률을 보여 줄 것이라고 기대한다. 물론 내가 틀릴 수도 있다. 그래서 평가 연구가 대단히 중요하지 않겠는가? 한번 알아보자.

남성 교사가 부족하다

지금은 소년들과 학교가 썩 잘 어울리지 않는다. 2015년에 OECD가 의뢰한 조사에 따르면 학교가 '시간 낭비'라고 말할 확률은 전 세계적으로 남학생들이 여학생들의 두 배나 된다.[25] 또한 미국 내 남학생들은 여학생들보다 퇴학당할 확률이 세 배나 되고, 정학당할 확률은 두 배나 된다.[26] 체육 시간 늘리기, 등교 시간 늦추기, 품질 높은 배식 등 남학생들에게 학교 환경을 더 낫게 해 줄 개혁 방안은 많다. 결론적으로 교육 시스템은 학생들이 두뇌로만 이루어진 존재가 아니라는 사실을, 피와 살로 이루어져 운동, 음식, 수면이 필요한 존재라는 사실을 훨씬 더 잘 인식해야 한다. 물론 이러한 개혁들은 여학생들에게도 도움이 될 것이다.

하지만 이 모든 것을 압도할 한 가지 학교 개혁이 있다. 교단에 남성 교사를 좀 더 많이 배치하는 것이다. 미국의 남성 교사 비율은 지금도 낮은 데다 자꾸 떨어지고 있다. K-12 교사들 가운데 남성 비율은 1980년대 초의 33퍼센트에서 현재 24퍼센트로 떨어졌다.[27] 〈그림 10-1〉에서 보여 주듯이 특히 초등학교와 중학교에서 남성 교사가 부족하다. 비슷한 경향은 한국과 영국을 포함한 다른 나라들에서도 관찰된다.[28]

"이런 추세가 계속된다면 우리는 미국의 교사 열 명 중 여덟 명이 여성인 날을 볼 수 있을지도 모른다." 리처드 잉거솔Richard Ingersoll과 그의 동료들이 펜실베이니아 대학의 2018년 보고서에 쓴 글이다. 그들은 이렇게 덧붙였다. "남성 교사가 한 명도 없는 초등학교는 점점 더 늘어날 것이다. 교사들이 역할 모델로서 혹은 심지어 일부 학생들의 대리 부모로서 얼마나 중요한지를 고려할 때, 확실히 이 추세를 문제점으로, 정책 관심사로 볼 사람들이 있을 것이다."[29] 그 누구든 이런 추세를 어떻게 문제로 보지 않을 수 있다

<그림 10-1> 부족한 남성 교사
학교별 교사 성별 비율

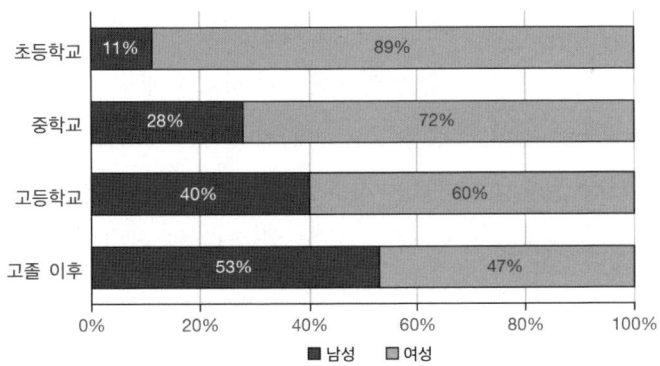

참고: 고졸 이후 범주의 수치는 학위 수여 기관의 풀타임 교사들을 가리킴.
출처: National Center for Education Statistics (IPEDS, March 2021): K-12 figures are for 2017-2018; postsecondary figures are for 2017, 2018 and 2019.

는 말인가? 난 솔직히 알 수 없다. 그러나 왜 그런지를 차근차근 설명하는 것이 중요하다. 우선 아이들이 돌봄과 교육을 여성의 일로 간주하면서 자란다면 이는 여러 세대에 걸쳐 성별 고정관념을 강화할 것이다. 글로리아 스타이넘이 1995년에 말하지 않았던가? "남성적이라거나 여성적이라는 잘못된 개념으로 나뉘는 꼴을 우린 어릴 때부터 보는 것이다."30

또한 남성 교사들이 특히 영어와 같은 특정 과목에서 남자아이들의 학업성적을 높여 준다는 확실한 증거도 있다. 여기시 일어날 수 있는 긍정적인 측면은 꽤 크다. 교육 연구자인 토머스 디

Thomas Dee는 이렇게 추정했다. "6학년에서 8학년까지의 영어 교사 절반이 남성이었다면 여자아이들과 남자아이들 사이의 읽기 부문 성적 차이는 중학교 말까지 대략 3분의 1로 떨어질 것이다."[31] (여자아이들의 영어 성적은 교사가 남성이든 여성이든 영향을 받지 않는 것으로 보였다는 데 주목하자.) 시카고의 또 다른 연구는 남성 교사가 맡은 수업에서 9학년 평균 평점의 성별 격차가 거의 반으로 줄었음을 알아냈다.[32]

핀란드의 초등학교에서 남성 교사의 비율이 훈련 과정에 대한 40퍼센트 쿼터 덕분에 증가했을 때, 남학생과 여학생 모두 학업 성과가 더 좋았다.[33] 하지만 이 쿼터는 1989년에 폐지되었고 초등학교 남성 교사의 비율은 절반으로 줄었다. 그 정책은 1987년에 통과된 성차별법 때문에 끝났다. 그러나 핀란드 정부는 2005년에 모든 국영기업이 이사회 인원의 최소 40퍼센트를 여성으로 충원해야 한다는 의무를 법으로 명시했다.[34] 정교한 핀란드 법체계에 대한 전문성이 나에게 부족함은 인정하겠지만, 여기에는 분명히 뭔가 잘못된 점이 있다.

하지만 본론으로 돌아가자. 남성 교사들이 중요하다는 증거는 강력하지만, 그 정확한 메커니즘을 잘 이해하는 사람은 별로 없다. 태도도 한 가지 요인이 될 수 있다. 여성 교사들은 남성 교사들보다 자기 반 남자아이들을 방해꾼으로 보기 쉬운 반면에, 남성 교사들은 남자아이들과 그들의 능력에 더 긍정적인 관점을 가지고 있다.[35] 역할 모델 효과가 있을 수도 있다. 교사들의 인종도 중요하다는 점을, 가르치는 일이 여성보다는 백인에게 훨씬 더 편향되어 있다는 점을 여기서 언급해 둘 필요가 있겠다. 하지만 흑인 남학생들은 흑인 교사에게 배우는 것이 가장 이로운 것으로 보인다.[36] 진보 성향의 기관인 미국 진보 센터Center for American Progress의 교육학자 리제트 파틀로Lisette Partelow는 이렇게 적었다. "교사진이 인종적으로 다양할 때 혜택을 보는 것과 똑같은 이유로 남녀 교사가 모두 있으면 학생들에게 좋을 것이다."[37]

여기서 요구되는 것은 대규모로 긴급하게 채용하려는 노력이다. 이상적인 세계라면 우리는 어린이집 교실에서부터 박사과정 세미나에 이르기까지 남성 교사와 여성 교사들을 비슷한 수로 갖게 될 터이다. 〈그림 10-1〉이 보여 주듯이 대학 캠퍼스에서는 엄청난 진전이 이루어져, 현재 여성이 풀타임 교수진의 거의 절반(47퍼센트)을 차지한다.[38] 또한 대학 및 칼리지 학과장의 절반 이상과 학장의 40퍼센트가, 대학 총장의 30퍼센트가 여성의 몫이다.[39] 미국 교육위원회는 2030년까지 대학 리더십에서 완전한 남녀평등에 도달하는 목표를 설정한 바 있다. 최근의 상승 추세와 함께 현재 대학 총장의 절반이 향후 5년 이내에 퇴임할 계획이라고 말하고 있음을 고려하면 이 야심 찬 목표는 달성이 가능해 보인다.[40] 교육위원회는 이걸 '가시적인 변화Moving the Needle 계획'으로 부른다. 우리는 고등교육의 경우 모든 수준에서 남녀 균형을 향한 실질적인 진전과 함께 미래에 대한 명확한 목표 설정이 이루어졌음을 이미 목격했다. 그러나 K-12에서는 해가 갈수록 성평등으로부터 멀어지고 있으며 그 어떤 목표도 설정되지 않았다. 물론 여기서도 가시적 변화가 일어나는 것이 적어도 똑같이 중요하다. 그 첫 단계로 우리는 K-12 교육에서 남성 교사가 30퍼센트에 이르는 목표를 설정해야 한다. 각 학군도 이 목표 달성에 관해 서약하라고 요청할 수 있지 않겠는가?

유아교육에 남성 교사, 흑인 교사, 남성 영어 교사를 더 많이 모집하기 위한 구체적 노력도 필요할 것이다. 지금 유아교육은 모두 여성으로 이루어진 환경에 가깝기 때문이다. 어린이집과 유치원의 교사 중 단지 3퍼센트만이 남성이라는 것도 국가적 수치라 하지 않을 수 없다.[41] 이제 미군 비행기를 모는 여성의 수가 유치원 남성 교사의 두 배나 된다.[42] 뉴욕의 어린이집과 유치원에서 가르치는 46명의 남성 교사를 대상으로 한 맨해튼 커뮤니티 칼리지 Manhattan Community College의 커스틴 콜Kirsten Cole과 그 동료들의 심층 연구에 따르면 이 분야에서는 남성 채용에 대한 장벽이 매우 높다.[43] 한 가지 큼직한 문제는 남성 교사에게 낙인을 찍는 관행이다. 그들 대다수는 아이와 단둘이 있는 일이 절대 없게 하라는, 그 어떤 신체적 접촉도 경계하라는 조언을 받아 왔다.(내가 막 이 부분을 쓰고 있을 때 아들에게 전화가 왔다. 아이를 남자에게 맡기는 것을 왠지 불안하는 부모에게 보육 일자리를 거절당했다는 것이 아닌가? 아들은 "적어도 그분들은 솔직해 딴 이유를 둘러대진 않았죠."라고 말했다.)

긍정적인 면도 있다. 이 교육자들 다수는 어린아이들에게 긍정적인 남성 역할 모델이 되고 있음에 자부심을 느꼈으며, 아이들에게 남성 교사가 있어서 기뻐하는 부모도 많다고 했다. 콜과 공저자들은 더 많은 남성 교사를 초기 교육에 투입하고 유지하기 위한 일관된 정책 노력을 촉구하며 이렇게 말한다. "남성 교사들은 또한 현재 그 분야에서 워낙 드물어 편견과 고립이라는, 그들이 직면한 특별한 상황을 해결해 줄 의도적 지원을 요구할 수도 있다." 그들이 제안하는 것은 그 분야의 남성을 타깃으로 하는 채용이다. 이를 위해서는 수학이나 과학, 특수교육처럼 수요가 많은 과목으로 경력을 전환하려는 전문가들을 지원하는 뉴욕시 티칭 펠로NYC Teaching Fellows 같은 프로그램이 훌륭한 모델이 될 수 있다. 성평등에 열정적인 자선 재단들은 그들이 STEM 직업에 관심이 있는 소녀들을 지원해 온 것처럼, 유아교육 분야에서 경력을 확립하려는 남성들을 위해 교육 시장에 관대한 대학 장학금을 쏟아부어야 할 것이다.

두 번째 우선순위는 더 많은 흑인 남성을 교육 분야에 고용하는 일이다. "흑인 남성 교사로서 저는 간혹 유니콘처럼 느껴질 때가 있습니다." 워싱턴 D.C.의 한 공립학교에서 예술과 프랑스어를 가르치는 샤를 장피에르Charles Jean-Pierre의 소감이다.[44] 놀라운 일도 아니다. 흑인 남성은 미국 내 전체 교사의 2퍼센트밖에 안 되니까.[45] 이미 언급했듯이 흑인 교사가 있으면 특히 흑인 소년들이 혜택을 받는 것 같다. 이제 뉴욕시 남성 교사NYC Men Teach, 전국 흑인 남성 교육자 협회National Association of Black Male Educators, 유색인종 남성 교사 기구Male Teacher of Color Initiative, 흑인 남성 교육자 대회Black Male Educators Convening 등 대부분 도시 단위이기는 하지만 흑인 남성 교사의 수를 늘리기 위한 계획이 다양하게 펼쳐지고 있다. 그러나 이들 중 대다수가 쥐꼬리 예산으로 운영되는 닷에 시급한 지원이 필요하다.

사우스캐롤라이나주 컬럼비아의 교육감 배런 데이비스 Baron Davis는 유색인종 남성 교사 100명을 추가로 고용하겠다는 뚜렷한 목표를 세웠으며, 이렇게만 되면 그의 지역구에서 남성 교사 비율은 최대 10퍼센트까지 올라갈 것이다. 이것이 바로 우리가 전국적으로 실시하는 남성 교사 양성화 조치 프로그램에 필요한 의도와 구체성이다. 데이비스는 "교육 분야에 흑인 남성이 충분하지 않다는 말만 되풀이하고 있을 수는 없습니다."라고 말한다. 그의 말을 빌리자면 문제는 "이 과제를 어떻게 풀 것인가?"다.[46] 이제 교육 분야에 종사하는 남성 모두에 대해서도 똑같은 이야기를 할 수 있지 않을까?

채용 우선순위 세 번째는 남성 영어 교사를 더 많이 구하는 것이다. 읽고 말하는 기술이야말로 남자아이들이 여자아이들보다 크게 뒤처지는 부분이고, 이 기술은 향후 교육의 전망에 매우 중요하다. 9학년 영어에서 학생들을 한 단계만 더 높여 주면 대학 등록 확률이 10퍼센트포인트 올라간다는 사실을 밝혀낸 연구도 있다.[47] 남자아이들을 1년 늦게 입학시킬 때 그들이 가외로 얻게 되는 한 해는 여기서 확실히 도움이 될 것이다. 그러나 적절한 과목(특히 영어)에 남성 교사가 좀 더 많이 투입되어도 마찬가지로 도움이 많이 될 것이다. 남성 영어 교사가 있으면 여자아이들에게 부정적 영향을 주지 않으면서도 남자아이들의 성과를 개선했다는 것을 기억하자. 그래서 남성 영어 교사는 많으면 많을수록 좋다. 현재 중학교 영어 교사 가운데 남성은 12퍼센트이고, 고등학교에서는 23퍼센트 정도다.[48] 교사 채용에서 대부분의 정책적 노력은 남성이든 여성이든 STEM 과목으로 더 많은 교사를 끌어들이는 데 집중되어 있다. 이것도 물론 중요하다. 하지만 나는 지금 남성 영어 교사를 더 많이 확보하는 것 역시 똑같이 시급한 일이라는 점을 말하고 싶다. STEM 분야에서 아이디어를 빌려와, 영어 전공 대학생들에게 교사 자격도 동시에 얻을 기회를 제공함으로써 공부 시간을 줄이는 것도 하나의 선택지가 될 것이다. 분명히 이것은 남녀 모두에게 매력적일 수 있다.

말은 줄이고 쇼핑은 더 많이

세 번째 주요 정책 개혁으로 나는 남성 친화적인 직업교육과 직업훈련에 대한 대대적 투자를 제안한다. 우리의 교육체계는 4년제 대학 학위를 포함한 표준 학업 궤도 쪽으로 경도(傾倒)되어 있다. 나는 앞의 여러 장에서 대학에 관해 상당히 많은 것을 썼다. 하지만 사람들은 4년제 대학 학위 없이도 대개 잘 살아간다. 조지타운 대학의 앤서니 카르네발레Anthony Carnevale와 그의 팀이 연구한 바에 따르면 사실 고졸인 사람들의 16퍼센트와 2년제 대학을 나온 사람들의 28퍼센트는 학사 학위 보유자의 중간값에 해당하는 사람들보다 직장 생활 전반에 걸쳐 더 많은 돈을 번다고 한다.[49] 그들이 관찰한 바처럼 "고등학생들에게 '대학에 가'라는 단순한 조언은 이제 충분하지 않다." 카르네발레는 고등학생들이 다양한 선택시를 볼 수 있도록 도와줄 기술과 정보를 가진 진로 상담사가 더 많이 필요하다고 말한다. 이들은 때때로 '대학 및 진로 상담사'라고 불리지만, 보통은 진로보다 대학이 가장 큰 관심을 끈다. 물론 여기서도 남녀의 균형을 더 높이기 위해 애써야 한다. 현재 남성 지도 상담사는 네 명 중 한 명꼴에 지나지 않으니까 말이다.[50]

대학으로 향하는 전통적 경로에 유난히 초점을 맞추는 것은, 어떤 기술은 다른 기술보다 더 가치 있다는, 특히 '대학 진학 준비'를 하게 해 주는 기술은 더 가치 있다는 강력한 신호다. 나는 이 분야에 대한 많은 사고와 정책을 뒷받침하는 계급주의와 '영리함에 대한 숭배'에 관해서 할 말이 참 많다.[51] 하지만 그 한 가지 결과는 직업교육에 대한 지속적인 과소평가였다. 이것은 전반적으로 해로웠으며, 특히 소년과 남자들에게 그러했다. 남학생들은 좀 더 실용적이고 '직접 해 보는' 방식으로 학습에 더 잘 접근하는 것 같고, 따라서 직업적인 접근법에서 가장 많은 혜택을 본다.[52] 하지만 대학 진학이라는 강박과 일부 학생들을 더 학구적인 수업에서 벗어나도록 '이동'시키는 데 대한 두려움 때문에 미국 학교들의 진로 및 기술 교육CTE은 급격하게 감소해 왔다. 1992년부터 가용 데이터가 있는 마지막 해인 2013년 사이에 미국 고등학생들의 CTE 학점은 17퍼센트 떨어졌다.[53] 그리고 연방 정부의 지출도 지난 수십 년 동안 감소해 왔다.[54]

고등학교 커리큘럼에는 '직접 해 보는' 요소가 더 많이 들어가야 한다. 그렇다고 여학생들이 대학 입시용 에세이를 다듬는 동안에 남학생들을 모두 현장 실습에 보내서 장사하는 법을 배우게 하자는 뜻은 아니다. 그런 것이 아니라 더 실용적이고 더 직업적인 요소들(예를 들면 CTE)을 일반 교육과정에 통합하자는, 특히 좀 더 독립된 기술학교를 만들자는 의미다. 여기서 너른 의미의 목표는 철학자 조지프 피시킨Joseph Fishkin이 '기회 다원주의'라고 부른 것에 더 가깝다.[55] 그가 표현했던 '단일한 기회 구조' 안에서의 좁은 길 하나가 아니라 성공에 이르는 다양한 길들이 많이 있어야 할 것이다.

　　CTE는 특히 소년들에게 얼마나 많은 도움이 될 수 있을까? 여기서 증거의 기반은 그리 넓지 않지만, 거기 있는 것은 퍽 고무적이다. 품질 높은 몇몇 연구가 눈에 띈다. 첫 번째 연구는 직업 지향의 소규모 고등학교인 커리어 아카데미career academies의 영향을 조사했다. 전국에 약 7000개의 이러한 아카데미가 있는데, 접근 방식은 각각 매우 다르다.[56] 또한 MDRC의 평가 조사는 뉴욕에 있는 아홉 개 아카데미를 들여다보았다. 그들은 성적, 시험 점수, 대학 입학 등의 전통적인 교육 측정 기준에서 보면 실패작이었다. 그러나 대부분 히스패닉과 흑인인 이 학교 남학생들은 후속 연구가 이루어진 8년 동안 수입이 17퍼센트 올랐는데, 이 추가 소득은 3만 달러에 해당한다.[57] 이 임금 상승은 2년제 전문대학을 마친 학생들의 임금 상승과 비슷하다. 놀랍게도 아카데미를 졸업하는 젊은 여성들은 모든 측정 결과에서 명백한 이점을 누리지 못했는데, 이것은 제6장에서 설명했던 전반적인 교육 개입의 규칙에 대한 예외이며, CTE가 특히 남성 친화적인 교육 접근법임을 한 번 더 증명해준다.

　　두 번째 연구는 코네티컷주의 열여섯 개 CTE 학교를 아우르는 주 전체 시스템의 영향을 조사했는데, 이 학교들은 학교 시스템에 있는 학생들의 7퍼센트인 총 1만 1000명가량을 가르친다.⁵⁸ 이 학교들의 남학생들은 전통적인 학교들보다 10퍼센트포인트 높은 졸업률을 보였고, 그들이 23세가 될 즈음에는 임금도 33퍼센트에서 35퍼센트 정도 높았다. 이 경우에도 여학생들에게는 뚜렷한 이득이 없었다. 이러한 미국의 연구들은 노르웨이에서 이루어진 연구가 발견했던 사실을 반영한다. 노르웨이의 경우 고등학교에서의 새로운 직업별 편성 코스로 인해 남성 참가자들의 수입이 늘어났다. 마리안 베르트랑, 망네 목스타 Magne Mogstad, 잭 마운트조이 Jack Mountjoy는 이런 글을 남겼다. "성별에 따른 차별적 혜택과 관련된 고려 사항은 직업교육을 둘러싼 정책 대화의 필수적 부분이 되어야 한다."⁵⁹

최근 몇 년 동안 정책 입안자들이 CTE에 대한 투자에 따뜻한 관심을 보인다는 반가운 신호들이 있었다. 많은 주가 자금 지원을 늘린 가운데, 가령 네바다주는 CTE 투자를 세 배로 늘렸다.⁶⁰ 2018년에는 「칼 D. 퍼킨스 커리어 및 기술 교육법 Carl D. Perkins Career and Technical Education Act」이 다시 승인되어 CTE에 자금을 지원하기 위해 매년 13억 달러가 각 주에 제공되었다.⁶¹ 이런 투자가 계속되는 것은 좋은 일이다. 하지만 대학 교육을 지원하는 1500억 달러와 비교하면 그다지 충분하진 않다.⁶²

또한 다른 문제는 CTE에 대한 거의 모든 투자가 학교 내 과정 within-school courses에 들어간다는 것이다. CTE가 지닌 이점의 가장 좋은 증거가 학교 전체적 접근 방식 whole-school approaches에서 나오는데도 말이다. 그렇다, 모든 학교마다 더 많은 CTE가 필요하다. 하지만 더 중요한 것은 CTE 학교가 더 많아져야 한다는 것이다. 내가 추정해 본 바로 현재 미국에는 약 1600개의 기술 고등학교가 있으며, 이는 전체 공립 고등학교의 약 7퍼센트를 차지한다.[63] 이 학교들은 북동부의 대도시 또는 교외 지역 학군에 모여 있다.[64] 전체적으로 12퍼센트의 학군에만 CTE 학교가 있다. 2030년까지 우리는 전국적으로 적어도 1000개의 새로운 기술 고등학교를 추가하는 것을 목표로 삼아야 한다. 연방 정부가 이런 학교에 대한 학생 1인당 5000달러의 보조금을 주 정부에 제공한다면 이 목표를 연간 40억 달러 정도로 달성할 수 있다.[65] 물론 이 새로운 학교들은 남학생과 여학생 모두에게 개방될 것이다. 하지만 평가 연구의 결과를 고려할 때 남학생들에게 이 학교들을 홍보하는 것이 타당할 것이다.

고등학교 이후로도 견습 제도를 확대해야 한다는 강력한 논거가 있다. 2021년에 하원을 통과한 「국가 견습법National Apprenticeship Act」에 따라 약 100만 명의 새로운 견습생 프로그램을 만들기 위해 5년 동안 35억 달러가 투입될 것이다.[66] 이런 종류의 투자는 시급히 필요하므로 상원도 그렇게 생각하기를 기대해 보자. 최근의 이런저런 성장에도 불구하고 견습 프로그램을 수강하는 성인의 수가 약 63만 6000명에 불과한 미국은 국제 순위에서 바로 꼴찌에 머물러 있다.[67] 커뮤니티 칼리지 또한 더 높은 고용과 수입으로 이어지는 직업교육과정들을 제공하는데, 특히 건강, 비즈니스, STEM에 관한 수업을 제공한다. 이 대학들은 또한 중등 과정을 마친 미국의 젊은이들에게 가장 흔한 목적지이기도 하다.(이에 비해 교양과목의 전문학사 학위는 노동시장에서의 성과 측면에서 훌륭한 투자가 아니다.)[68] 학생들이 (특히 가장 전망 좋은 직업으로 이어지는 과목들에서) 학업을 수료하도록 유도하는 더 많은 인센티브가 제공되어야 하며, 새로운 연방 보조금 프로그램을 통해 연간 최소 200억 달러가 커뮤니티 칼리지로 전용되어야 한다.[69]

이 모든 개혁은 시간이 걸릴 것이다. 중도 우파 정책 연구소인 아메리칸 컴퍼스American Compass의 대표 오런 캐스Oren Cass는 이렇게 썼다. "교육개혁의 초점을 대학 진학에 대한 집착에서 벗어나게 해 젊은이들이 노동시장으로 진출할 수 있는 다른 길들에 대한 존중으로 옮기는 일은 길고도 느린 과정이 될 것이다."[70] 그러니까 한시라도 빨리 시작하는 것이 좋지 않겠는가?

여기서 나는 직업 경로에 초점을 맞추어 왔지만, 이제 대학들에 한 가지만 간청하겠다. 스코틀랜드는 성별 활동 계획Gender Action Plan의 일환으로 대학 등록률의 성별 격차를 5퍼센트포인트로 줄이겠다는 목표를 세웠는데, 나는 더 많은 국가가, 혹은 미국의 더 많은 주가 스코틀랜드의 선례를 따르는 모습을 보고 싶다. 현재 그 차이가 17퍼센트포인트임을 고려하면 이것은 만만찮은 도전이 될 것이다.[71] 하지만 스코틀랜드 정부는 '어느 쪽'이든 성 불평등은 심각한 문제임을 분명히 밝히고 그것을 손보기 위한 구체적 목표를 설정했다는 점에서 돋보인다.

마지막으로 내가 지지하지 않는 한 가지 정책 제안을 언급해야 할 것 같다. 남성 혹은 여성만을 받아들이는 학교를 나는 지지하지 않는다. 어떻게 남자아이들을 도울 것인지를 논의할 때마다 이런 해결책이 꽤 많이 등장한다. 트리니다드 토바고의 20개 학교를 대상으로 한 연구를 포함해 인상적인 효과를 보여 주는 연구도 더러 있다.[72] 하지만 전반적으로는 남녀 분리 교육이 남자아이들이나 여자아이들에게 별 혜택을 주지 않는다는 것이 연구 결과다.[73] 단성單性 교육이 흑인 소년들 같은 특정 집단에 특별한 이점을 제공할지는 모르겠는데, 이 질문에 대해서는 어느 쪽이든 뚜렷한 증거가 없다. 마이클 거리언Michael Gurian이 그의 책 제목으로 붙인 "남자아이들은 배우는 방식이 여자아이들과 다르다Boys and Girls Learn Differently"[74]라는 말은 사실이다. 하지만 거리언이 촉구한 것처럼 교사 교육과정을 개정해 성별 차이에 대한 과학적 증거를 포용함으로써 이 차이는 더 잘 손볼 수 있다. 현재는 그렇지 못하다.

오늘날의 교실에서 볼 수 있는 남학생과 여학생의 차이점 중 많은 것은, 발달 측면에서 여학생들이 훨씬 더 '연상'이기 때문이다. 남학생들을 여학생들과 같은 학교에 보내도 좋다. 단 1년 늦게 보낸다면 말이다.

제11장 미래의 유망 직업으로

남자도
간호사가
될 수 있다

캐머런이 여섯 살쯤 되었을 때였나, 어느 날 아이와 함께 병원에 갔다가 귀가하는 길이었다. 캐머런이 말했다. "아빠, 남자도 의사가 될 수 있는지 몰랐어요." 나는 잠시 당황했다. 그러고는 깨달았다. 캐머런이 전에 만났던 두세 명의 의사가 우연히 여자였다는 사실을. 영국의 1차 진료 의사 중 절반 이상이 여성이라는 것을 고려하면 그리 이상한 일도 아니었다. 아들이 여자인 의사들만 보았으니 남자들도 과연 그 일을 할 수 있을지 궁금해하는 것이 합리적이었다. 나는 남자도 물론 의사가 될 수 있다고 자신 있게 말해 주었지만, "물론 간호사도 될 수 있고"라고 덧붙이는 것은 조심스러웠다. 아들들이 다녔던 초등학교도 직원이 모두 여자였기 때문에 남자도 교사가 될 수 있다고 설득하는 데는 시간이 꽤 걸렸다.

우리는 균형을 맞추기 위해 아이들의 돌보미로 일부러 남자들을 고용하려고 했다. 물론 아이 돌보미 가운데 남자들은 아주 적었기 때문에 언제나 쉬운 일은 아니었다. 그중 한 사람인 '호주인 마이클Michael the Australian'은 성말이지 대박이었다. 그는 '숙세 캠프'라면서 텐트를 치는가 하면 애들이 과제를 하는 중간중간에 럭비공을 쫓아다니도록 했다. 마이클은 숙제를 교도소에 가는 일로 만드는 대신에 게임을 하는 것처럼 만드는 방법을 본능적으로 알고 있었다.(나는 때로 궁금해진다. 이것이 우리 아들 브라이스가 나중에 육아 및 교육 분야에서 일하게 된 이유가 아닐까?)

나는 제10장에서 소년들이 맞닥뜨리는 교육 시스템의 구조적 문제들에 대한 몇 가지 해결책을 제시했다. 이제 나는 직업 세계에서 남자들이 만나는 문제로 방향을 틀어야겠다. 제2장에서 보여 주었듯이 제조업이나 중공업과 같은 남자들의 전통적 직업에서 괜찮은 수준의 임금을 받는 일자리들이 급격히 줄어들고 있다. 중산층의 새로운 일자리들은 종종 '핑크 칼라pink collar'라고 불리는 분야에서 생기는데, 여자들이 압도적이기 때문에 그런 별명이 붙었다. 약학, 법률, 회계 등 이전에는 남자가 지배적이었던 여러 직업으로 여자들이 이동해 왔지만, 그 반대 방향으로는 같은 움직임이 없었다. 노동시장의 성별 분리는 거의 한 방향으로만 해소되어 왔다.¹ 더구나 건강, 교육, 행정, 문해력을 아우르는 이른바 HEAL 직업에서 남성이 차지하는 비율은 여전히 끈질기게도 낮다. 글로리아 스타이넘이 이미 관찰한 바다. "여자들은 남자가 하는 일은 뭐든 자기들도 할 수 있다고 항상 말한다. 하지만 남자들은 여자가 하는 일이라면 뭐든 할 수 있다고 말하지 않는다."² HEAL 직업을 해낼 수 있는 남자는 물론 많다. 그리고 노동시장의 추세를 고려한다면 남자들은 반드시 그런 일을 해야 한다.

자, 먼저 HEAL 직업이라는 것부터 설명하고 정의해 두자. 그런 다음 남자들을 좀 더 HEAL 직업으로 끌어들여야 한다는 주장을 펼치자. 그런 주장에는 세 가지 요소가 있다. 첫 번째, 전통적인 남성 직업이 줄어들고 있음을 고려할 때, 남자들이 HEAL 분야에서 일자리를 찾지 않을 수 없다. 두 번째, 이러한 직업을 다양화하면 늘어나고 있는 노동 수요를 충족시키는 데도 도움이 될 것이다. 세 번째, 그렇게 되면 소년과 남자들이 이런 서비스의 남성 제공자를 더 쉽게 찾을 수 있을 것이다. 따라서 남자들을 HEAL 직업으로 끌어들이는 것은 남자들에게 좋을 것이고, 그 직업들에도 유익할 것이며, 고객들에게도 좋을 것이다. 이런 게 원원원win-win-win 아니겠는가?

그런 다음 나는 여자들을 STEM에 끌어들이기 위한 성공적인 노력에서 영감을 얻어, 남자들을 HEAL로 더 많이 불러들이는 정책을 제안하고자 한다. '남자들도 HEAL을 할 수 있어Men Can HEAL'라는 내 프로젝트의 세 가지 주요 요소는 교육 시스템에 파이프라인 구축하기, 재정적 인센티브 제공하기, 이 분야에서 일하는 남자들이 당하는 사회적 낙인 줄이기다.

STEM과 HEAL

머리글자로 된 멋진 이름이 지닌 힘을 의심하면 절대 안 된다. 20년 전에 국립 과학 재단National Science Foundation의 교육 및 인사 담당 부장 주디스 레이멀리Judith A. Ramaley는 과학, 수학, 공학, 기술을 홍보하는 임무를 맡았는데, 그때 그 일을 위해 물려받은 머리글자 이름이 SMET였다. 그런데 '그 어감이 싫었던' 그녀는 그 대신에 STEM을 사용하기 시작했다.[3] 2005년에 이르러 의회에는 STEM 코커스가 생겼고, 그 용어는 이후 통상적으로 사용되고 있다. 처음부터 STEM 운동은 경제성장과 국가 안보에 대한 우려에서 동기를 부여받았다. 그러나 최근 몇 년 동안 목표는 성평등으로, 특히 남성이 압도적인 STEM 직업에 더 많은 여성을 끌어들이는 것의 중요성으로 옮겨졌으며, 상당한 성공을 거두었다.

넓은 의미에서 HEAL 직업은 STEM의 반대라고 볼 수 있다. HEAL 직업은 사물보다 사람에 더 집중하고 수리 능력보다 읽고 쓰는 능력이 더 필요한 경향이 있으므로, 수학 자리에 문해력이 들어가 있다. 수학자나 통계학자와 같은 직함을 가진 25세에서 54세까지의 전성기 나이 근로자는 12만 명 정도밖에 없을지 모르지만, 수학 능력이 중요한 직업은 훨씬 더 많다.[4] 마찬가지로 저자, 작가, 편집자는 약 15만 명이지만, 읽고 쓰는 능력과 의사소통 능력이 중요한 직업은 더 많다. HEAL의 범주에는 교육(예: 교사, 사서), 의료(예: 간호사, 의사, 치과위생사), 의료 지원(예: 가정 건강 보조원, 의료 보조원)과 같은 일부 폭넓은 직업 범주가 포함된다.[5] 또한 사

<그림 11-1> STEM 분야에서 부상하는 여성, 추락하는 남성

STEM 및 HEAL 분야 직업 내 남녀 근로자 비율 (1980년과 2019년)

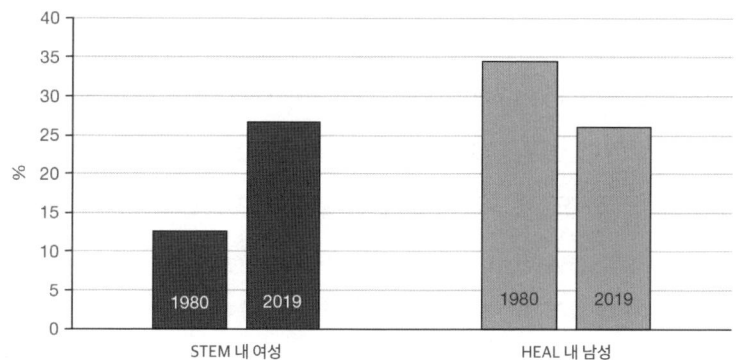

참고: 연간 풀타임으로 고용되어 수익을 올리는 25세~54세 근로자. HEAL과 STEM은 1990년 직업 코드를 사용해 분류했음.

출처: Steven Ruggles and others, *IPUMS USA*: Version 11.0, 2021

회복지사, 정신 건강 상담사, 훈련 및 개발의 관리자 및 전문가, 교육 및 보육 행정가, 편집자, 법원 사무원 등등의 일부 특정 직업도 포함된다. 2020년의 경우 미국 전성기 나이 근로자의 9퍼센트가 STEM 직업에 종사하고 있었던 반면에, HEAL 직업은 23퍼센트를 차지했다. 의료와 교육은 매우 큰 부문이며, 이 둘이 전체 직업의 약 15퍼센트를 차지한다.

최근 수십 년 동안 STEM 직업에서 여성이 차지하는 부분은 늘었다. 예를 들어 1980년에 미국 내의 생명과학 및 자연과학 분야에서 일하는 여성은 다섯 명 중 한 명꼴에도 못 미쳤지만, 지금은 거의 절반(45퍼센트)이 여성이다.[6] 엔지니어 중 여성의 비율은 4퍼센트에서 15퍼센트로 증가했다. 그러나 기술 산업에서의 증가는 최근 수십 년 동안 훨씬 더 적어, 여성이 차지하는 비율은 약 25퍼센트에 머물러 있다. 전체적으로 STEM 근로자의 27퍼센트가 여성인데, 〈그림 11-1〉에서 알 수 있듯이 1980년의 13퍼센트에서 늘어난 수치다. 그러나 HEAL 직업 내 남성 비율을 보면 정반대의 추세였다. 1980년에 35퍼센트였던 남성의 비율은 2019년에 26퍼센트로 감소했다. 여기서 다시 한번 지적해 두자. 내가 제시한 수치는 모두 25세에서 54세까지의 풀타임 근로자에 해당한다는 점을.

왜 HEAL에 남자가 필요할까?

HEAL 직업군에 여자가 압도적으로 계속해서 많다는 것이 정말 문제일까? 남녀의 타고난 성별 차이를 고려한다면 남자보다 여자들이 이런 직업에 더 많이 끌린다고 해서 전혀 놀랄 일은 아닌데? 그러나 문제는 그 수가 얼마나 많은지다. 내가 애써서 지적했듯이 남성과 여성의 타고난 기호나 관심사는 크게 겹친다. 현재 공학 분야나 리더 역할에서 여성 비율이 너무 낮은 것이 자연스럽다고 볼 수 없는 것과 마찬가지로, 사회복지사의 남성 비율이 1980년 이후로 반 토막이 나서 겨우 18퍼센트라는 사실이 남자들의 진정한 관심 수준을 보여 준다고 생각하는 것 역시 터무니없다.[7] 특정 직업이 남성 출입 금지 구역으로 간주되면 그 직업을 선택하는 것은 제한적일 수밖에 없다. 그 반대의 경우 여자들도 마찬가지다.

HEAL 부문은 일자리가 흘러나오는 곳이다. 남자들의 취업 전망을 개선하려면 우리는 이런 종류의 직업에 남자를 더 많이 끌어들여야 한다. 하버드 대학 데이비드 데밍 교수의 계산에 따르면 1980년과 2012년 사이에 "높은 수준의 사회적 상호작용이 요구되는 직업들이 미국 노동인구에서 차지하는 비율은 12퍼센트포인트 증가"했다. 반면에 "수학 집약적이지만 덜 사회적인 직업들은 같은 기간에 3.3퍼센트포인트 감소"했다.[8] STEM 직업들이 미래의 직업으로 더 자주 묘사되는 것은 사실이다. 실험실 가운를 입은 총명한 젊은이들의 반들거리는 사진들은 확실히 그런 느낌을 더해 준다. 하지만 단순히 일자리 창출의 관점에서 보면 HEAL이 STEM을 앞지르고 있다. 내가 계산해 본 바로는 2030년까지 창출될 STEM 직업 하나마다 새로운 HEAL 직업은 셋 이상이 될 것이다.[9]

STEM 직업이 HEAL 직업보다 평균적으로 급여가 높다는 것은 사실이다. 여기에는 HEAL 직업의 큼직한 부분에서 임금이 낮다는 사실이 반영되어 있다. 예를 들어 풀타임으로 일하는 25세에서 54세까지의 가정 의료 및 개인 돌봄 보조 종사자 약 61만 명은 중간값 연봉 2만 6000달러를 받고 있다. 하지만 반대로 전문 간호사(10만 달러), 의료 및 건강 서비스 관리자(7만 1000달러), 교육 및 보육 관리자(7만 달러), 직업 치료사(7만 2000달러)처럼 급여 수준이 상대적으로 높은 HEAL 직업도 많다.[10] 그뿐인가? 경기 침체에도 여전히 높은 수준의 안정성을 제공하는 HEAL 직업도 많다. 불황이 닥쳐도 간호사와 교사는 여전히 필요하니까 말이다.

HEAL 일자리에 남자를 더 많이 취업시켜야 하는 두 번째 이유는 간호사나 교사에 대한 수요 증가를 충족하기 위해서다. 현재 등록된 간호사의 거의 절반이 50세 이상이다. 이는 향후 15년 안에 은퇴할 사람이 많을 수 있다는 뜻이다. 특히 직장에서 받는 스트레스가 커지면 더욱 그렇다.[11] 그런 가운데 필요한 간호사와 간호조무사의 수는 거꾸로 2030년까지 약 40만 명의 증가가 예상된다.[12] COVID-19 이전에도 간호사들의 번아웃 문제는 갈수록 심각해지고 있었다.[13] 미국 간호 협회American Nurses Association의 수석 정책 고문인 켄드라 맥밀런Kendra McMillan은 이렇게 말했다. "팬데믹 이전에도 병원들은 간호사 자리를 메우는 데 어려움을 겪고 있었습니다. 팬데믹으로 보건 체제의 부담이 늘어나면서 우리 간호 인력을 짓누르는 오랜 예상을 더욱 악화시켰죠."[14] 2021년 9월에 미국 간호 협회는 연방 정부에 '전국 간호 인력 위기'를 선언하라고 촉구했다.[15] 차티스 농촌 건강 센터Chartis Center for Rural Health에서 시행한 2021년 말 설문 조사에서는 농촌 병원의 99퍼센트가 인력 부족을 호소했으며, 96퍼센트는 간호사를 모집하고 유지하는 것이 가장 큰 어려움이라고 말했다. 병원 네 곳 중 한 곳은 간호사 부족으로 신생아 분만, 화학요법, 대장 내시경검사를 포함한 특정 서비스를 중단해야 했다.[16] 이런 수요를 충족하기 위해 급여 인상, 유연 근무 확대, 취업 보너스, 직장 문화 개선, 간호사 교육 확대 등등 여러 해결책이 제시되었다.[17] 모두 좋은 아이디어다. 하지만 유독 한 가지 해법은 거의 언급되지 않는다. 간호 업무에 남자를 더 많이 투입하는 아이디어말이다.

교사직도 비슷한 도전에 직면해 있다. 프런트라인 에듀케이션Frontline Education이 2021년에 1200명의 학교 및 지역 지도자를 대상으로 한 설문 조사에서 학군의 3분의 2가 교사 부족을 보고했다.[18] 이번에도 농촌 지역이 가장 큰 어려움을 겪고 있다. 교육 지도자들에 따르면 문제의 주된 원인은 자격을 갖춘 교사의 부족이고, 다른 직업들보다 낮은 급여다. 설문 조사를 실행했던 이들의 말로는 전반적으로 '암담한' 상황이다.

2014년, 교사직에 대한 대중의 여론은 불길한 이정표를 뒤로했다. "자녀가 공립학교 교사가 되기를 원하십니까?" 설문에 담긴 이 질문에 처음으로 부모들의 대다수인 54퍼센트가 "아니오."라고 답한 것이다. 2009년의 28퍼센트에서 늘어난 수치다.[19] 교사 양성 프로그램의 등록률도 2000년과 2018년 사이에 3분의 1 넘게 감소했고, 그 감소 폭은 여성보다 남성이 더 컸다.[20] 팬데믹은 상황을 악화시켰고, 일부 지역에서는 극단적 조치가 취해지고 있다. 뉴멕시코는 주 방위군을 대체 교사로 선발하는가 하면, 미니애폴리스 학구는 대체 교사 자격증을 취득할 학부모 자원봉사자를 모았고, 플로리다 폴크 카운티는 J-1 비자를 주어 8개국으로부터 60명의 교사를 모셔 왔다.[21] 하지만 좀 더 장기적인 해결책을 논의하는 자리에서는, 이 직업에 남자를 더 많이 끌어들일 방안은 거의 언급하지도 않는다.

우리는 경제의 가장 크고 가장 중요한 두 부문에서, 즉 의료 분야와 교육 분야에서 인력 부족에 맞닥뜨려 있다. 그런데도 우리는 인력의 절반만으로 이를 해결하려고 바둥대고 있다.

HEAL 일자리에 남자를 더 많이 끌어들이자는 세 번째이자

<그림 11-2> 돌봄 직업 분야에 충분하지 않은 남성 근로자
몇몇 HEAL 직업 내 남성 근로자 비율

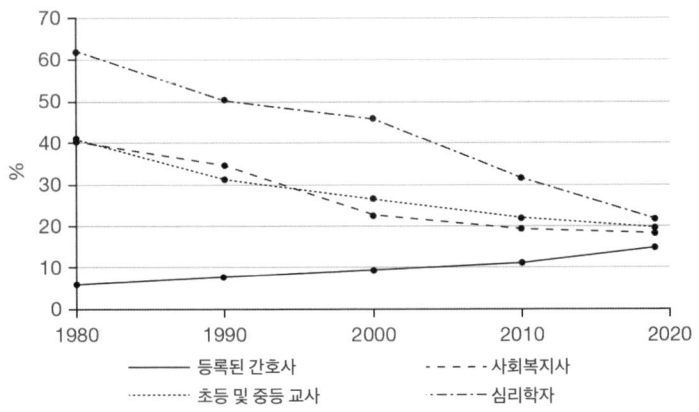

참고: 연간 풀타임으로 고용되어 수익을 올리는 25세~54세 근로자. 직업 분류에는 1990년 직업 코드를 사용했음.
출처: Steven Ruggles and others, *IPUMS USA*: Version 11.0, 2021

마지막 이유는, 다수의 중요한 서비스(특히 돌봄 분야)에서 공급자와 사용자의 성별을 좀 더 일치시키자는 것이다. 나는 제10장에서 유아교육에 종사하는 남자가 충격적으로 부족할 뿐 아니라 이미 네 명 중 한 명꼴 미만으로 줄어든 남성 교사의 비율도 계속 감소하고 있다고 설명했다. 하지만 정신 건강이나 이에 관련된 돌봄 분야의 남성 비율도 현저하게 감소했다. 가령 남성들은 전체 사회복지사(18퍼센트)와 심리학자(22퍼센트) 중 소수를 차지하고, 〈그림 11-2〉에서 알 수 있듯이 그 성별 불균형은 커지고 있다. 교사직과 마찬가지로 이 직업에서는 성별 격차가 크면 심각한 문제가 된다. 도움을 구하는 것은 많은 이에게 어려울 수 있으며, 특히 남성들에게는 훨씬 더 어려워 보인다.[22] 남성들이 정신 건강을 위해 상담받는 일은 별로 없다는 것을 우리는 알고 있지 않은가?[23]

여기에서는 일종의 악순환이 일어나고 있는 것인지도 모른다. 남성들은 여성 상담가나 여성 치료사에게 마음 열기를 더 꺼릴 수 있다. 공격성, 위험한 행동, 중독, 섹스와 관련된 문제로 고민하고 있다면 특히 더 그렇다.[24] 이에 대해서는 훌륭한 데이터가 없어서 확실하게 알 수가 없다.(나 자신의 경험을 보아도 남성 치료사와 얘기하는 편이 훨씬 더 좋았다.) 하지만 여기서 나는 위험을 무릅쓰고 말하겠다. 약물 남용자의 67퍼센트가 남성인데 상담사가 대부분(76퍼센트) 여성이라면 이상적이라 할 수 없다고. 마찬가지로 특수교육을 받아야 할 학생 대부분(64퍼센트)이 남성인데 특수교육 담당 교사의 84퍼센트가 여성이라면 이 또한 이상적이지 않다.[25] 내 얘기는 우리가 이 직업들에서 성별의 완벽한 평형을 목표로 삼아야 한다는 것이 아니다. 하지만 고객과 공급자를 좀 더 매치시키겠다는 목표는 합리적이지 않은가?

10억 달러로 HEAL에 더 많은 남자를

우리는 국가 단위로 2030년까지 STEM 직업 내 여성 30퍼센트 달성, HEAL 직업 내 남성 30퍼센트 달성이라는 쌍둥이 목표를 설정해야 한다. 이 '30에서 30' 목표 달성은 300만 명 이상의 남성을 HEAL 직업군으로 더 끌어들인다는 뜻이다. 여기에는 STEM에서 여성의 수를 늘리기 위한 노력과 마찬가지로 돈이 필요하다.

멀린다 프렌치 게이츠Melinda French Gates는 2019년에 미국 여성의 기회를 증진하기 위해 10억 달러를 기부하겠다고 약속했다. 그녀가 주로 초점을 맞춘 세 가지 분야 중 하나가 STEM 직업 내 여성 근로자 비율을 높이는 것이다. 그것은 안 그래도 이미 강력한, '여성을 STEM으로' 운동에 한층 더 활기를 불어넣었다.[26] 또한 2019년에는 국립 과학 재단이 연간 1억 6000만 달러에 달하는 K-12 STEM 교육 지원금을 초등학교 및 어린이집 교육으로 좀 더 많이 전용하게 하고 '성별 포용적 컴퓨터 과학 심화 프로그램'을 통해 소녀들을 더 지원하게 하는 「STEM 교육 기반 구축법Building Blocks of STEM Act」이 하원을 통과했다.[27] 2021년에 국립 과학 재단은 STEM 과목의 여성 교수 비율 증가를 지원하는 STEM 학술직 성평등을 위한 조직 변화Organizational Change for Gender Equity in STEM Academic Professions 프로그램에 따라 보조금 2900만 달러를 2021년과 2022년에 지원할 수 있다고 발표했다.[28]

전체적으로 STEM 일자리에 여자를 더 많이 끌어들이는 데 어느 정도의 돈이 쓰이고 있을까? 근사한 추정을 얻기는 불가능하다. 특히 너무 많은 조직이 개입되어 있기 때문이다. 하지만 한 가지 구체적인 예를 들자면 여성엔지니어 협회에는 36명의 본부 직원이 있으며, 자산이 약 1900만 달러이고 연간 지출은 1200만 달러에 이른다.[29] 이 협회는 효과적인 지원과 로비 활동은 말할 것도 없고, 놀랍게도 연사 프로그램, 여러 가지 장학금을 통한 재정적 지원, 전문적인 개발 기회 등을 제공한다. 이와는 대조적으로 더 많은 남성을 HEAL로 운동은 사실상 존재하지도 않는다. 그저 흑인 남성과 히스패닉계 남성들을 교직에 더 많이 보내려고 애쓰는 단체가 몇몇 있으며, 그나마 모두 쥐꼬리 예산으로 연명한다. 간호 분야에서는 미국 남성 간호사 개선 협회American Association for the Advancement of Men in Nursing뿐인데, 이 기구는 직원도 없는 데다 자산이 4만 달러에 연간 수입은 18만 3000달러에 불과하다.[30]

우리 사회는 STEM 일자리에 여성을 더 많이 고용할 필요성을 인식하고 그에 따라 투자해 왔다. 이제 남성들을 HEAL 부문으로 보내는 일도 마찬가지다. 나는 이 목표를 달성하기 위해 국가가 향후 10년 동안 적어도 10억 달러를 투자하라고 제안한다. 정부와 자선단체가 조달할 이 돈은 세 가지 방법으로 쓰여야 할 것이다. 첫 번째, 학교와 대학에 미래의 남성 HEAL 근로자와 연결된 파이프라인을 만드는 데 투자해야 한다. 두 번째, HEAL 분야의 남학생과 남성 근로자들을 재정적으로 지원하는 데 투자해야 한다. 세 번째, 소셜 마케팅 캠페인을 통해 이런 직업 선택이 소년과 남자들에게 더 매력적으로 보이게 하는 데 투자해야 한다.

남성을 위한 파이프라인을 만들자

먼저 HEAL로 가는 파이프라인을 구축해야 한다. 더 많은 소년과 젊은 남자들이 일찌감치 HEAL 직업에 대해 생각하도록 만들자는 것이다. 이 파이프라인이 정말 중요하다는 것이야말로 성공적인 STEM 프로그램이 남긴 교훈 가운데 하나다. '여자도 STEM 할 수 있어She Can STEM'라는 캠페인이 학습 자원, 온라인 콘서트, 활발한 소셜 미디어 채널 등을 무기 삼아 중학생들부터 타깃으로 공략했던 것도 바로 그런 이유에서다. 그럼 이와 비슷한 '남자도 HEAL 할 수 있어He Can HEAL' 캠페인은 어떨까? 고등학교에서는 유아교육 같은 HEAL 직업에 관심이 있는 소년들이 해당 서비스를 배울 기회가 더 많이 필요하고, 이러한 직군에서 일하는 남자들의 인식을 높이는 학교 나름의 계획이 필요하다. 여기서 예로 들기 좋은 모델이 전국 소녀 협력 프로젝트National Girls Collaborative Project인데, 이것은 미니 보조금(현재까지 781가지)을 제공해 'STEM 내 성평등을 위한 티핑 포인트 만들기' 네트워크를 구축한다.[31] (이 협력 프로젝트에는 국립 과학 재단이 400만 달러 이상을 지원하고 있다.[32]) 또 다른 모델은 이른바 100만 소녀의 문샷Million Girls Moonshot이다. 향후 5년 동안 방과 후 프로그램과 여름 프로그램으로 소녀 100만 명을 STEM 학습 기회에 참여시킴으로써 "누가 기술자가 되고 건설할 수 있으며 만들 수 있는지를 다시 상상해 보자"는 미션을 품고 있다.[33] 이 또한 정말 멋진 일이다. 하지만 100만 명의 소년이 HEAL 기회에 참여하는 것 또한 꼭 필요하다.

　　이런 종류의 프로젝트들은 대학에서 HEAL 과정을 선택하는 남자의 수를 틀림없이 늘려 줄 것이다. 현 상태로는 의료 분야에서 수여되는 학사 학위의 16퍼센트만이 남성들의 몫이고, 공인 간호학 학위에서는 12퍼센트뿐이다.³⁴ 교육 분야에서도 남성들의 비율은 좋지 않아, 교육학 학위의 18퍼센트와 초등학교 교사 학위의 8퍼센트 정도밖에 안 된다. 많은 소년과 젊은 남자들은 자기가 이런 직업에 진출할 수도 있다는 생각을 아예 못 하는 것이다. 여자 고등학생들 가운데 20퍼센트는 자기가 30세가 되면 의료 분야에서 일할 것으로 기대하지만, 그렇게 생각하는 남자 고등학생은 기껏해야 4퍼센트밖에 안 된다.³⁵ 남성 사회복지사들 가운데 대학 입학 전에 그 분야에서 일할 것을 고려했다는 사람은 열 명 중 한 명꼴일 뿐이다. 이런 직업에 여자가 압도적으로 많은 것은 별로 놀라운 일도 아니다. 남성 복지사를 봐야 남성 복지사가 될 생각을 하지 않겠는가?

  4년제 학위가 필요 없는 HEAL 직업도 많다. 고로 소년과 남자들에게 직업훈련 기회를 부여하는 것 역시 중요하다. 예를 들어 보건학 자격을 추구하는 이들 중에 여성은 남성의 세 배나 된다. 2017년의 보고서에서 전국 여성 및 소녀 교육 연합National Coalition for Women and Girls in Education은 "남자들은 간호나 법률 사무 보조 같은, 비교적 고성장 및 고임금인 분야의 과목을 위시한 비전통적 과목들의 수강을 꺼릴 수 있다."³⁶라고 언급했다. 이 조직은 나아가 재정적인 인센티브를 이용해서 남성 지향 CTE 과정 내 여성 훈련생의 수를 늘리라고 촉구한다. 좋은 일이다. 하지만 그 반대 방향으로도 노력하면 좋지 않겠는가? 공정하게 말해서 이 연합체는 그 이름이 암시하는 일을 하고 있다. 그러니까 이 경우의 반대 측면을 주장하는 것은 전국 남성 및 소년 교육 연합의 몫이라고 해야겠다. 아, 물론 그런 조직은 없지만 말이다.

또 다른 중요한 단계는 대학과 칼리지에서 이러한 과목들을 가르치는 남성이 더 많아지게 하는 것이다. 간호학 교수의 94퍼센트가 여성인 상황에서, 젊은 남성들에게 간호가 그들의 직업이라고 설득하기는 더 어려울 수밖에 없다.[37] 여성 교수의 STEM 수업을 듣는 여학생들은 더 좋은 점수를 받는다는 증거와 나중에도 STEM 수업을 더 많이 듣는다는 증거, STEM 학위를 받고 졸업할 가능성도 더 크다는 증거가 더러 있다.[38] HEAL 과목의 남성 교수들에 관한 비슷한 연구가 있는지는 나도 모르겠지만, 앞에 설명한 것과 반대 방향으로는 작용하지 않을 것이라고 상상할 까닭이 없다. 중등학교 남성 교사들에 관한 연구를 생각해 보면 특히 더 그러하다.

여성을 위해서라도 여성이 가르치는 직업의 순환을 깨야 한다. 이 경우에 강력한 일부 소수집단 우대 정책은 정당화될 수 있다. 나는 보건 및 교육 분야의 교직 후보자들 가운데 남성 지원자들에게 2 대 1의 우선권을 주자고 제안하고 싶다. 날 평등 고용 기회 위원회Equal Employment Opportunity Commission에 고발하기 전에, 여러분이 알아야 할 것은 내가 난데없이 그 숫자를 만들어 낸 것이 아니라는 사실이다. 웬디 윌리엄스Wendy Williams와 스티븐 세시Stephen Ceci의 연구에 따르면 사실 이것은 STEM 분야의 여성 전임 교수들에게 주어지는 우선권과 똑같은 것이다. 그들이 관찰한 바처럼 "이런 결과들은 여성들이 학문적 과학 커리어를 시작하기에 지금이 딱 적절함을 시사한다."[39] 참 멋진 소식이다. 하지만 HEAL

분야에서 커리어를 시작하는 남성들을 위해서도 비슷한 지원이 필요하다.

돈이면 다 된다

문제가 생길 때 돈을 던져 넣는 것도 때로는 좋은 생각이다. 여러 재단, 지역사회단체, 고등교육기관 등이 STEM 공부를 추구하는 여성들을 위해 수백 가지 대학 장학금을 제공하는 것은 그런 이유에서다. 고등교육 장학금 관련 정보를 제공하는 최고 인기 웹사이트 스칼러십닷컴scholarship.com이 말하듯이 "당신이 과학 전공이나 집중력에 탁월한 재능이 있고 관심이 있는 여성이라면 이것은 당신에게 좋은 기회가 될 것이다."[40] 예컨대 마리 퀴리 장학금 Marie Curie Scholarship은 네브래스카 오마하에 있는 가톨릭 여자 사립대인 세인트 메리 칼리지College of Saint Mary에서 생물학이나 화학 또는 수학을 공부하는 여학생들에게 8만 달러를 제공한다. 국립 과학 재단도 이 장학금을 지원하는데, 지금까지 약 50만 달러를 투자했다.[41] 회의론자라면 이 지출에 의문을 제기할 수도 있을 것이다. 현재 마리 퀴리 장학금의 대상인 생물학(64퍼센트), 화학(50퍼센트), 수학(43퍼센트) 등에서 이미 여성들은 전국적으로 수여되는 학사 학위의 큰 부분을 차지하기 때문이다.[42] 하지만 내가 주장하는 바는 여성들을 STEM으로 끌어들이려는 노력을 줄이자는 얘기가 아니라, 남성들을 북돋워 HEAL로 안내하는 일에도 그만큼 노력하자는 것이다. 그렇다, 두 가지를 동시에 생각하자.

여성들이 고등교육에서 이미 남성들을 추월했다는 사실에도 불구하고 남성을 위한 장학금은 거의 없으며, 남성들의 HEAL 진출을 격려하는 장학금은 사실상 전무하다. 미국 남성 간호사 협회는 모두 다섯 가지 장학금을 제공하는데, 총액이라야 1만 달러가 조금 넘고, 대개는 이미 간호사 경력을 시작한 남자들을 위한 것이다. 교사직을 추구하는 흑인 남성과 히스패닉 남성을 위한 장학금도 더러 있긴 한데, 주로 콜 미 MiSTER^{Call Me MiSTER} 프로그램을 통해 제공된다. 사우스캐롤라이나에서 시작된 이 프로젝트는 현재 조지아와 텍사스에도 참여 학교들이 있어서 재정 및 학업 측면을 지원하고 있다. 하지만 우리에게 필요한 것은 단지 흑인 남성 교사들뿐만이 아니다. 우리네 교실에는 히스패닉 남성도 더 많이 필요하다. 백인 여성을 제외하고 가장 빠르게 성장하는 K-12 교사 그룹은 라틴계 여성으로, 특히 캘리포니아 같은 주의 라틴계 여성으로 구성된다. 시카고의 사회학자 글렌다 플로러스^{Glenda Flores}에 따르면 이제 교사직은 대학을 나온 라틴계 사람들이 선호하는 직업이다.[43] 하지만 라틴계 남성들은 이에 상응할 만큼 호전되지 않았다. 우리는 이제 콜 미 MiSTER 같은 프로그램의 성공을 기반으로 훨씬 더 폭넓은, 모든 인종과 민족의 남자들을 위한 캠페인이 필요하다.

또한 HEAL 고용주들이 기금을 사용해서 남자를 더 많이 고용하도록 장려해 주어야 한다. 다시 말하지만, 우리는 여성을 STEM으로 운동에서 교훈을 얻을 수 있다. 이미 「인력 혁신 및 기회법Workforce Innovation and Opportunity Act: WIOA」이라는 훌륭한 정책 프레임워크도 마련되어 있다. 이는 인력 개발 프로그램에 기금을 할당해서, 특히 일자리를 잃은 노동자나 숙련도가 낮은 노동자들이 빠르게 성장하는 경제 분야에서 일자리를 찾을 수 있도록 도와준다.[44] 2021년에는 55억 달러가 지출되었다.[45] STEM 분야를 포함한 다양한 여성 지원 프로그램이 이 법안을 통해 자금을 지원받는다. 예를 들어 텍사스 인력 위원회Texas Workforce Commission는 여성 역량 강화 회의Women Empowered Summit라든지 캠프 코드Camp Code를 위한 WIOA 기금 사용을 강조하는데, 전자는 "참가자들에게 힘을 주고, 동기를 부여하며, 영감을 주고, 직장 생활을 풍부하게 하며" 후자는 "여름 캠프를 통해 컴퓨터 코딩과 컴퓨터 과학에 대한 여중생들의 관심을 높이는 데" 중점을 둔다.[46] 다시 말하거니와 모두 좋다. 하지만 남자들이 HEAL 직업을 얻도록 도와주는 WIOA 프로그램은 볼 수 없었다. 이것은 정책상 심각한 맹점이다.

일부 전용 자금도 이런 노력에 할당되어야 한다. 이 경우 2021년에 양대 정당의 합의로 재도입된 STEM RESTART라는 법이 좋은 모델이다.[47] RESTART는 취업 기술 복원Restore Employment Skills을 특정 목표 지원Targeted Assistance과 재진입Re-entry, 훈련Training으로써 이룩하자는 뜻의 약자다. 정말로 그런 머리글자가 간절했던 모양이다. 이 법은 WOIA를 개정해, STEM을 떠났거나 그 분야로 전환하려는 근로자들에게 매년 5000만 달러의 추가적인 '귀향선returnships', 즉 경력 도중 인턴십을 제공한다. 주어지는 보조금은 '비율이 낮은 사람들'에, 특히 여성과 소수 인종에 특별히 초점을 맞추어 10주간의 프로그램을 지원하게 된다. 난 이 아이디어가 마음에 든다. 하지만 이 법안을 살짝 개정해 이름을 STEM 및 HEAL RESTART로 바꾸고, 비율이 낮은 근로자들, 특히 남성들이 HEAL 일자리로 전환하는 것을 돕기 위해 5000만 달러를 추가로 할당하면 좋을 것 같다.

사회복지직, 상담직, 교직을 포함해 이런 중요한 직업 중 일부에서 급여 수준을 올려야 한다는 강력한 요구도 있다. 급여가 오르면 남자들을 이러한 일자리로 더 많이 끌어들일 수가 있겠지만, 이미 그런 일자리를 가진 여자들에게도 도움이 될 것이다. 현재 K-12 교사들 급여는 21세기 초 수준과 다를 바 없다.[48] 2021년 일련의 교사 파업 이후, 조 바이든 대통령은 이렇게 말했다. "교사들은 칭찬뿐만 아니라, 급여 인상도 받을 자격이 있습니다."[49] 그는 가난한 학생들을 위해 봉사하는 학교들에 자원을 제공하는 프로그램을 통해 매년 200억 달러를 추가로 지출하고자 한다. 150억 달러만 있어도 극빈 지역 학교의 교사들 모두에게 연봉을 1만 달러씩 올려 줄 수 있다.[50] 삼척동자라도 알 법한 얘기 아닌가?

간호사를 남성에게 적합한 직업으로

레이철 크랜턴Rachel Kranton과 조지 애컬로프George Akerlof는 2000년에 '아이덴티티 경제학'이라는 새로운 학문 분야를 만들었다. 그들은 개인의 결정이 비용-편익 분석의 냉철한 숫자뿐만 아니라 인간의 정체성이라는 좀 더 개인적인 측면에 의해서도 이루어진다는 것을 보여 주었다. 그들은 이렇게 썼다. "사회적 차이가 만연한 세계에서 개인이 내리는 가장 중요한 경제적 결정 중 하나는 어떤 유형의 사람이 될 것인지일지도 모른다. 이 선택에 가해지는 제한은 또한 경제적 태도, 기회, 행복을 결정하는 중대한 결정 요인이 될 것이다."[51] 예를 들어 규정된 성 정체성 규범을 어기면 개인은 대가를 치러야 한다. 이는 억제하는 힘으로 작용한다. 규범을 유지하는 균형이 만들어지고, 따라서 그 균형을 깨면 비용이 발생한다. 즉, "$I_j = I_j(a_j, a\_j; c_j, e_j, P)$"라고 표현할 수 있다.

크랜턴과 애컬로프는 보수도 지급되지 않는 집안일뿐만 아니라 노동시장에서의 분리에도 자신들의 모델을 적용했다. 그들은 전통적으로 남성 위주인 직업에 뛰어들기로 마음먹은 여자들과 핑크 칼라 직업이나 집안일을 하는 남자들의 '정체성 상실'을 페미니즘이 줄여 주었다고 주장했다. 그러나 지금까지는 이들 중 첫 번째만 사실이었다. 두 사람의 논문이 나왔던 바로 그해, 코미디 영화 「미트 페어런츠 Meet the Parents」가 개봉했다. 벤 스틸러 Ben Stiller가 연기한 주인공이 간호사라는 것이 영화의 주제 가운데 하나였다. 다른 등장인물이 그에게 이렇게 말했다. "그런 식으로 사회에 뭔가를 돌려주다니, 참 좋네요. 나도 봉사 활동을 할 시간이 있으면 좋겠어요."

영화가 나온 지 20여 년이 지난 지금, 남성 간호사의 비율은 10퍼센트에서 15퍼센트로 약간 증가했다.[52] 하지만 간호사로 일하는 남자들은 여전히 낙인찍기와 고정관념이 끊이지 않는다고 시

시때때로 얘기한다. 콜로라도주 덴버의 간호사인 숀 로저스Shawn Rodgers의 말을 들어 보자. "사람들이 물어봐요, 당신은 왜 간호사로 일하고 있느냐, 왜 의대에 가지 않았느냐고."⁵³ 그의 경험은 아주 전형적이다. 고정관념으로 인해 남성 간호사는 흔히 여자 같다, 동성애자다, 그저 실패한 의사다 등으로 치부된다.⁵⁴ 19세기에 플로렌스 나이팅게일Florence Nightingale이 근대적 의미의 간호를 그야말로 창설했을 때부터 분위기는 남자들을 아예 제외하는 쪽으로 잡혔다. "아무리 맘이 온화한 남자라도" 그 손이 "거칠고 음란해서" 상처 입은 팔다리를 만지고 씻기며 옷을 입히기에는 적절하지 않다는 이유에서였다.⁵⁵

교직에 종사하는 남자들은, 특히 어린아이들을 가르치는 남자들은 더 심각하게 낙인찍힐 수 있다. 워싱턴 D.C.의 한 유치원 교사는 이렇게 말한다. "남자가 어린이들을 가르친다고 하면 어떤 사람들은 소아 성애자 아니냐, 이상한 변태 아니냐 등 좌우간 무언가 이상하다고 생각해요."⁵⁶ 질 야보르스키Jill Yavorsky의 2019년 연구에 따르면 고용주들 사이에는 여성이 많은 일자리에 남성을 고용하는 것을 싫어하는 성 편견이 그 반대의 경우보다 더 널리 퍼져 있다.⁵⁷

대중문화에서 HEAL 직업은 여전히 하나의 젠더 중심으로 간주되며, TV 프로그램과 광고는 특정 직업과 여성 사이의 관계를 유독 드러내 보여 준다. TV 광고에서 젠더 역할은 여러 일자리의 사람들을 묘사할 때 가장 비대칭이라는 사실을 찾아낸 연구도 있다.⁵⁸ 우리는 일부 직업에 붙어 있는, 특히 지금은 여자들이 압도하는 직업에 붙어 다니는, 클로디아 골딘이 '젠더의 아우라'라고 불렀던 것을 줄여야 한다.[59] 그러나 어떻게 줄일까?

역할 모델은 여기서 매우 중요하다. 누군가를 볼 수 없으면 그 누군가가 될 수 없으니까 말이다. 이럴 때 대중문화는 중요한 역할을 한다. 수백만 명이 소비하는 TV 프로그램, 광고, 영화 등에 대해서 할리우드와 뉴욕에서 이루어지는 결정은 워싱턴에서 통과된 그 어떤 법보다 행동에 더 많은 영향을 미칠 수 있다. 「윌 앤 그레이스Will & Grace」는 결혼의 평등에 이르는 길을 닦을 수 있게 도왔다.[60] MTV의 「열여섯 살과 임신16 and Pregnant」은 10대의 임신율을 대폭 줄여 주었다.[61] 쇼와 광고에서 HEAL 역할을 하는 남자가 두드러지게 많아지면 이러한 직업을 추구할 소년과 남자들의 정체성 상실을 줄이는 데 도움이 될 수 있다.

특히 남성 노동자의 수가 적은 곳이나 분야에서는 소년과 남자들을 HEAL에 참여하도록 장려하는 전국적인 소셜 마케팅 캠페인도 이루어져야 한다.[62] 여기서 목표는 법률학자 캐스 선스타인Cass Sunstein과 경제학자 로버트 프랭크Robert Frank의 표현을 빌리자면 '규범 폭포norm cascades' 또는 '행동 전염behavior contagion'을 만드는 것이다.[63] 일단 문화적 동력이 충분히 쌓이면 규범과 고정관념은 빠르게 변화할 수 있다. 내가 지금까지 여기서 집중해 온 주제는 STEM 분야에서 일하는 여자들이며, 그 이유는 분명하다. 하지만 여러분은 성소수자LGBTQ라든지 결혼에 대한 사람들의 태도 변화를 생각할지도 모르겠다.

또한 HEAL 고용주들은 채용 캠페인에서 남자들이 두드러져 보이게 할 책임이 있다. 지난 2003년에 오리건 간호 센터Oregon Center for Nursing는 눈에 확 띄는 채용 포스터를 제작했다. 포스터는 이렇게 물었다. "당신은 간호사가 될 수 있을 만큼 사나이다운가?" 그러고는 간호 센터 직원 데버라 버턴Deborah Burton의 표현처럼 "우리 사회의 남성적 특성을 몸으로 보여 주는" 아홉 명의 간호사 사진을 담았다. 전직 네이비 실Navy SEAL 대원, 자전거 선수, 가라테 챔피언, 럭비 선수, 스노보드 선수, 전직 소방관 등이었다. 그렇게 해서 언론의 관심을 끌었다. 그것은 올바른 의도를 정확히 표출한 대담한 시도였다. 그러나 오리건주의 남성 채용 비율이라는 측면에서는 조금도 상황을 바꾸지 못했던 것 같다.[64] 게다가 이 광고는 간호에 대한 고정관념과 남성에 대한 고정관념 사이의 대조를 너무 과장한 듯하다. 이후의 몇몇 연구는 이 접근법이 역효과를 낳을 수 있다고 암시했다. 심리학자들의 표현에 따르면 남성성이라는 개념과 간호라는 개념 사이의 '역할 부조화'를 너무 드러냈다는 얘기다.[65] 암스테르담 대학의 행동과학자 마시 코팅엄Marci Cottingham이 미국 남성을 간호 분야로 유인할 목적의 마케팅 자료를 심층적으로 연구했는데, 스포츠를 하거나 기술 장비를 사용하는 이미지처럼 전형적인 남성성에 호소할 요소와 경제적 보상의 강조를 결합하면서도, 그런 직업의 양육적 면모를 강조하는 이미지와 사람 중심의 본질을 강조하는 이미지를 함께 내세우는 것이 더 일반적인 접근법이라는 사실을 알아냈다.[66]

사우스 플로리다 대학의 심리학사로 전형적인 여성 직업에 대한 남성의 태도를 연구해 온 제니퍼 보슨Jennifer Bosson은 이렇게 말했다. "간호를 매우 남성적인 직업으로 홍보할 수도 있다. 실제로도 위험한 일이고, 육체적으로 매우 힘든 일이다. 간호사에 대한 고정관념을 뜯어고쳐서, 남성적인 직업 혹은 남성에게 적합한 직업으로 바꿀 수도 있다."[67] 나는 '남성에게 적합한'이 간호에 대한 적절한 표현이라고 생각한다. 간호, 사회복지, 정신 건강, 교육 같은 일을 여성적인 직업이 아니라 남성적인 직업으로 만드는 것이 목표가 아니다. 남자든 여자든 모두 거기서 폭넓은 기회를 누릴 수 있다고 강조하는 것이 목표다. 남자들이 간호사가 되면 자신의 남성성이 강화되리라고 느끼도록 만들 필요는 없다. 그저 간호사가 되어도 남성성이 약해지지 않을 것임을 느끼게 하면 된다.[68]

여기서 내가 제안한 모든 것에는 제도적 지원이 필요할 것이다. 더러 공적인 지원도 필요할 것이고. 국립 과학 재단이 여성의 STEM 진입을 위한 여러 프로그램을 지원하는 것과 마찬가지로, 보건복지부는 남성의 간호 분야 진출을 위해, 교육부는 남성의 교육 영역 진출을 위해 같은 역할을 할 수 있다. 하지만 또 필요한 것이 있다. 양성평등의 기치를 내걸고 HEAL 분야에서 일하는 남자들을 위해 자원 일부를 아낌없이 제공할 자선 재단이 필요하다.(듣고 있나요, 멀린다?) 콘퍼런스, 멘토링 프로그램, 마케팅 캠페인 등을 후원할 회사도 필요하다. 여성을 STEM 분야로 더 많이 보냈던 단체들처럼 새롭고 자원이 풍부한 비영리단체와 옹호 단체도 필요하다.

간단히 말해서 범국가적 노력이 필요하다는 얘기다. 내가 여기서 주장했듯이 전통적인 남성 일자리가 많이 줄어들고 있으므로, HEAL 일자리에 남자를 더 많이 취업시키는 것은 그들의 경제적 전망을 위해서 중요하다. 하지만 이것이 사회에도 좋다는 사실을 여러분께서도 수긍하셨기를 바란다. 남자들도 HEAL을 할 수 있다.

제12장 새로워진 아빠 역할

**아이들에게는
아버지도
필요하다**

여러분의 전화에 아이가 다니는 초등학교 번호가 뜨면, 여러분이 무얼 하고 있는 중이었든지 상관없이 곧장 전화를 받을 것이다. 아내가 바로 이런 전화를 받기 위해 파리나 뉴욕의 비즈니스 미팅 자리를 떠야 했던 적이 한두 번이 아니다. 아들이 아프거나 다쳤으니 데려가시라는 말을 들으면 아내는 그런 경우 학교에서 먼저 전화를 걸어야 하는 것은 애 아빠라는 것을 정중하게 상기시켜 주곤 했다.(사실 이런 일이 세 번이나 네 번 일어나면 그런 정중함도 유지하기 어려웠을 테다.) 마침내 학교도 그 사실을 기억했다. 하지만 이런 에피소드는 우리가 별의별 장소를 다 다녔지만, 그래도 아버지라는 이미지를 업데이트하려면 멀었다는 사실을 상기시켜 주었다. 해나 로진의 관점은 이렇다. "워킹맘은 이제 표준이다. 집에서 살림을 하는 아버지는 여전히 변칙적인 존재로 신문 1면의 뉴스거리가 된다."[1]

나는 제10장과 제11장에서 학교에 다니는 소년들과 노동시장에 진출한 남자들이 직면한 구조적 문제들에 대해 몇 가지 해결책을 제시했다. 이제부터는 가장 큰 도선 과제인 가정 내 남성의 역할 재구성으로 넘어가야겠다. 이 책 전반에 걸쳐 나는 지나친 과장이라는 유혹을 떨치려고 노력했다. 누가 '위기'라는 표현을 쓰면 나는 대체로 그것이 항상 부풀려지고 편파적인 목적으로 사용된다고 생각한다. 하지만 정말이지 나는 가족 내 남성의 전통적 역할이 없어진 것은 엄청난 문화적 충격이었다고, 게다가 그 충격에 숱한 남자가 휘청거릴 수밖에 없었다고 생각한다. 낡아 빠진 아버지 모델은 경제적 부양 능력에 겨우겨우 기반을 두는데, 양성평등의 세계에는 도통 어울리지 않는다. 이제 그런 모델은 아버지들의 좀 더 확장된 역할로 대체되어야 한다. 훨씬 더 큰 배려의 요소를 포함하는, 어머니들의 모델과 동등한 역할 말이다.

물론 아버지들에게 이제 더는 물질적인 면에서 부양의 책임이 없다는 뜻은 아니다. 다만 그 책임을 어머니들과 함께 공유한다는 의미다. 그런데 아이들을 돌보는 일에 대해서도 똑같이 말할 수 있다. 양육 또한 공유될 수 있고, 또 공유되어야 한다. 그러므로 여기 어마어마한 과제가 있지만, 그와 동시에 아버지라는 것이 무엇인지를 폭넓게 정의할 커다란 기회도 있다.

불행하게도 아버지라는 존재는 진지한 문화적 관심의 대상이 되기보다는 문화 전쟁의 또 다른 희생물이 되었다. 진보주의자들은 아버지에게 나름의 독특한 역할이 있다는 생각에 저항하고,

이것이 어떻게든 어머니라는 존재를 약하게 만들거나 동성 커플들을 멸시할까 봐 두려워한다. 그래서 그들은 '아버지의 권리' 냄새를 풍길 수 있는 그 어떤 제안에도 반발한다. 그런가 하면 보수주의자들은 어떤가? 아버지 부재라는 전염병을 개탄하면서도 단지 남녀에게 따로 명확한 역할을 부여하는 전통적 결혼을 회복하고 싶어 할 뿐이다.

  심지어 돌보는 자로서의 아버지라는 개념조차 우파 일각에서는 위협으로 보는 것 같다. 2021년 10월에 《폭스 뉴스》 진행자가 교통부 장관을 "그들은 그걸 육아휴직이라고 부르는데,"라고 하며 공격하던 장면을 보라.[2] 피어스 모건Piers Morgan은 제임스 본드 역을 맡은 배우인 대니얼 크레이그Daniel Craig가 아기를 안은 사진을 보고서 트위터에다 비슷하게 한 방을 날렸다. "오, 맙소사 007, 설마 너까지?!!! #아기띠 #거세된본드"[3]

  평등한 사회에 대한 루스 베이더 긴즈버그의 한층 진화된 비전을 앞의 사례와 견주어 보자. 긴즈버그는 1975년에 대법원에서 '와인버거 대 비젠펠트Weinberger v. Wiesenfeld' 사건을 성공적으로 변론했다. 법원은 홀어머니가 아이들을 돌보면 사회보장 혜택을 주면서, 아이를 돌보는 홀아버지에게는 혜택 주기를 거부하는 것은 위헌이라고 만장일치로 판결했다. 긴즈버그는 이것이 가장 자랑스러운 변론이었다고 말했다. 이 사건으로 "부모 중 한쪽만이 아니라 사랑하는 부모 둘 모두의 보살핌"을 증진하는 기회를 얻었기 때문이라 했다.[4] 긴즈버그 대법관이 보는 관점에서, 페미니스트가 된다는 것은 아버지들을 위해서도 똑같은 권리를 지지한다는 의미였다.

제12장에서 나는 아이들에게 아버지도 중요하다는 증거를, 어떨 때는 어머니와는 확연히 다른 의미에서 중요하다는 증거를 내놓으려 한다. 그런 다음에 나는 새로운 가족 모델을 이야기하겠다. 아버지와 아이들 사이의 관계가 어머니와 아버지 사이의 관계와는 전혀 별개인 모델을, 즉 누군가를 거치지 않고 직접 소통하는 아버지를 얘기하겠다. 마지막으로 나는 직접 소통하는 부성을 지원하기 위한 정책 어젠다를 설명하고자 한다. 거기에는 각자 평등한 육아휴직, 현대화된 자녀 지원 시스템, 아버지 친화적인 고용 기회 등이 포함될 것이다.

이러한 정책들은 아버지라는 존재의 새 모델이 필요한, 즉 엄마에게는 남자가 필요 없어도 아이들에게는 여전히 아빠가 필요한 세상에 적합한 모델의 개발을 지원하기 위한 것이다.

아빠는 중요하다

아버지들이 제대로 인정받고 본령을 발휘한 것은 약 50만 년 전으로, 그때 인류의 뇌는 폭발적으로 성장하고 있었다. 산모와 아기들에게 영양을 공급하기 위해 음식이, 특히 고기가 급격히 필요해졌다. 이 시기부터 인간이 태어나 자기 힘으로 영양분을 얻을 수 있을 때까지 키우는 데는 약 1300만 칼로리가 필요하다. 인류학자 세라 블래퍼 허디Sarah Blaffer Hrdy가 지적했던 사실이다. 그녀는 이것이 여자 혼자서 제공할 수 있는 수준보다 훨씬 더 많은 열량이라고 말한다.⁵ 아이들이 살아남기를 원한다면 아버지들은 곁에 남아 아이들을 부양해야 했다. 그래서 그들은 곁에 남았다. 아버지라는 지위는 진화론적 선택의 산물이다. 인류학자이자 『아빠의 일생 The Life of Dad』 저자인 애나 메이친Anna Machin은 이렇게 적었다. "그러므로 아버지는 단순히 어머니의 부속물이 아니요, 가끔 아이를 봐주거나 가방을 들어 주는 존재도 아니다. 아버지는 50만 년 진화의 결과이며, 인류 이야기에서 여전히 없어서는 안 될 부분이다."⁶ 메이친이 보기에 아버지와 어머니가 할 수 있는 똑같은 일은 많지만, 아버지는 '보호와 가르침'이라고 하는 두 가지 또렷한 기여를 하게끔 태어났다. 물론 그들의 표현은 사회적 맥락에 따라 다를 터이다. 21세기 뉴욕에서 내 아이를 '보호'하는 일은 50만 년 전 사바나에서 보호하던 것과는 사뭇 다를 것이다.

어머니와 다르지만 똑같은 무게로 아버지는 자녀의 복지를 위해 중요하다.⁷ 양육에 참여하는 아버지가 있다는 것은 자녀의 정신 건강, 고등학교 졸업, 사회적 기술, 문해력 등에 관한 것에서부터 10대 임신, 비행, 마약 복용 등의 위험성을 낮추는 것까지 모든 결과와 연관되어 있다.⁸ 양육에 깊이 관여하고 지원을 아끼지 않는 아빠가 있으면 세 살짜리 아이들도 인지 발달 테스트에서 더 높은 점수를 받는다.⁹ 조지아주의 한 연구에서는 (아버지의 양육 참여를 간접적으로 보여 주는) 출생증명서에 부친 이름이 기록되지 않은 아이들의 영아 사망률이 두 배나 된다는 사실이 밝혀졌다.¹⁰ 물론 사회과학이라는 이름 아래 아이들의 삶에서 아버지를 제멋대로 없애거나 덧붙일 수는 없으니까, 여기서 직접적인 인과관계를 단정하기는 어렵다. 그러나 하버드 대학의 마크 그라우-그라우Marc Grau-Grau와 해나 볼스Hannah Bowles가 쓴 것처럼 "양육을 위한 아버지의 개입과 참여가 중요하다는 사실은, 수십 년 전과는 달리 이제 반박할 수 없다."¹¹

2016년에 교육학자 윌리엄 제인스William Jeynes가 수행한 아버지와의 관계와 그 영향에 대한 조사는 이런 결론에 이른다. "아이를 기르는 데 아버지의 역할은 독특하고 양육에서 어머니의 역할과는 다른 종류다."¹² 이는 우리 대부분에게 유별난 뉴스가 아니다. 퓨 연구 센터의 조사에 따르면 대개(64퍼센트) 사람들은 남자와 여자가 육아에 대해 다른 접근 방식을 가진다고 생각하며, 거의 모든(89퍼센트) 사람은 그 사실이 좋다고(혹은 나쁘지 않다고) 생각한다.¹³ 1970년대 잉글랜드 촌락의 가사 노동에 대한, 폴린 헌트Pauline Hunt의 고전적인 민족지 연구가 생각나는데, 거기서는 예외 없이 남자는 바깥에서, 여자는 안에서 창문을 닦는다고 했다.¹⁴ 날카롭지만 평등한 분업이 있었고, 아마도 그렇게 일하면서 어느 정도의 전문화가 생겼을 것이다. 어찌 되었거나 결국 중요한 것은 창문이 깨끗해졌다는 사실이다.

특히 10대들에게

사춘기를 견뎌 내야 하고 살아남아야 할 어떤 기간으로 생각하는 사람이 많다. 청소년도 부모도 다 그렇게 생각한다. 그러나 이제 10대 시기가 사실 매우 중요한 발달의 시기라는 인식이 확산하고 있다. 전미과학공학의학한림원이 2019년의 보고서에서 언급한 바처럼 "청소년기의 적응 가소성可塑性은 변화를 위한 기회의 창이며, 이를 통해 탄력성, 회복력, 발달 등의 메커니즘이 가능하게 된다."[15]

이 시기에 아버지에게는 특별히 중요한 역할이 있다. 양육과 애착이 핵심인 발달 초기와는 대조적으로, 청소년기는 아이들이 스스로 일어서기를 배우고 경계를 시험하며 자신의 길을 가기 시작하는 시기다. 델라웨어 대학의 인간 발달 및 가족 연구를 이끄는 교수인 롭 팔코비츠Rob Palkovitz는 이렇게 생각한다. "아이가 세상에 마음을 활짝 열도록 자극하고 위험을 무릅쓰도록 격려하며 스스로 일어서게 하는 데 아버지의 역할은 특히 중요하다."[16]

예를 들어 10대와 깊이 교감하는 아버지들은 해로운 형태의 위험 감수 행동을 줄이는 데 힘이 된다. 이런 아버지의 청소년기 자녀들 사이에서는 비행을 저지르는 비율이 훨씬 낮다.[17] 게다가 이런 효과들은 오래가는 것으로 보인다. 아버지와 친밀한 16세 소녀들은 나중에 33세가 되어도 정신 건강이 더 좋다.[18] 아버지가 이렇게 개입하면 청소년기의 학업 결과도 튼튼할 것으로 예측할 수 있다.[19] 이 시기에 아이를 가르치는 아버지의 역할은 정말로 강력한 영향을 미치는 것 같다. 그래서 메이친은 이렇게 썼다. "서양의 아빠들은 아동기 후기와 청소년기가 되면, 그러니까 자녀들을 가르칠 때가 되면 자기 역할을 제대로 시작한다. 그것은 아이들이 크고 넓은 세상으로 발을 들여놓을 수 있도록 준비시키는 데 지극히 중요한 역할이다."[20]

사회학자 케빈 섀퍼Kevin Shafer가 그의 책 『너무 가깝고도 너무 먼: 캐나다와 미국의 아버지들So Close, Yet So Far: Fathering in Canada and the United States』에서 적은 것처럼 전반적으로 "아이의 출생에서 사춘기까지 아버지의 양육 참여에는 상당한 이점이 있다."[21] 물론 여기서 중요한 질문은 아버지들의 기여가 어머니들의 기여와 얼마나 또렷이 구분되는지다. 사회학자 데이비드 에거빈David Eggebeen은 미국 젊은이 2만 명을 대상으로 한 대표적인 설문 조사 "청소년기에서 성인기까지 건강의 국가 종단 연구National Longitudinal Study of Adolescent to Adult Health"를 사용해 이 질문을 파고들었다. 그는 아버지와 어머니의 양육 참여가 10대 아이들의 정신 건강, 청소년 비행, 사회 참여에 어떻게 영향을 미치는지 조사했다. 부모의 노력 중에서 4분의 1은 영향을 주지 못했다. 나머지 4분의 3은 추가적 영향이나 불필요한 중복, 독특한 영향이었다. 그중 추가적 영향은 부모 각자의 기여가 긍정적이고 똑같은 경우로, 42퍼센트가 이 범주에 속했다. 부모 한쪽이 영향을 미치고 다른 쪽의 노력이 추가적 혜택을 주지 못한 불필요한 중복은 12퍼센트였다. 나머지 22퍼센트는 독특한 영향인데, 아버지에 의해서만 또는 어머니에 의해서만 만들어지는 긍정적 기여였다. 에거빈은 특히 이런 결론을 내렸다. "아버지들은 자신의 인적 자본을 통해 자녀의 복지에 독특하게 공헌하는 것으로 보이고, 반대로 어머니들은 늘 가까이 아이들 옆에 있어 줌으로써 나름대로 공헌하는 것으로 보인다."[22] 아빠는 가르치고, 엄마는 보살핀다. 에거빈의 결과에는 설득력이 있다. 그는 부모가 청소년의 행복에 공헌하는 바가 상당히 겹친다는 것을, 그리고 부모 두 사람이 모두 있는 것이 어느 한쪽만 있는 것보다는 더 낫다는 것을 보여 준다. 무엇보다 어머니와 아버지 모두 육아라는 일에 나름대로 독특하게 공헌한다는 점을 알려 준다.

여기서 잊지 말아야 할 것이 있다. 이 모든 연구는 부모와 아이 사이 관계의 질質을 측정한다는 점이다. 그러니까 함께하는 시간, 상호 소통, 상호 개입, 친밀감 등을 말이다. 이러한 관점에서 본다면 마치 아버지의 역할이 그저 같이 사는지로 결정되기라도 하듯이 아버지를 '있음'과 '없음'의 이진법으로 나누는 것은 별 의미가 없다. 정말 중요한 것은 부모와 아이 사이의 관계다.[23] 남성성 학자인 윌리엄 마르실리오William Marsiglio와 조지프 플렉Joseph Pleck이 제안한 것처럼 "그 개념을 신체적 부재에서 심리적 부재로 확장"[24]한다면 '곁에 없는' 아버지라는 개념은 오롯이 훨씬 더 복잡해진다. 어떤 연구에서는 아빠와 함께 살지 않는 아이들이 '함께 사는' 아빠가 있어도 친밀하지 않은 아이들보다 자존감도 더 높고 비행을 저지르는 일도 적으며 정신 건강도 양호하다는 사실이 밝혀졌다.[25] 좋은 아버지가 되기 위해 꼭 함께 살아야 할 필요는 없다. 중요한 것은 관계다.

육아에 직접 참여하는 아빠로

아버지가 어머니와 어떤 관계에 있든 아이들에게 아버지는 중요하다. 그러므로 아이들을 직접 부양하는 자로서 아버지의 역할을 강화하는 것이 목표다. 어머니와 결혼했든 안 했든, 어머니와 함께 살고 있든 아니든 말이다. 여기에도 정책의 역할이 있으며, 나는 곧 그것을 얘기할 생각이다. 하지만 남녀 모두에 커다란 문화적 변화가 분명히 필요하다.

캐스린 에딘과 팀 넬슨Tim Nelson은 7년 동안 필라델피아와 뉴저지주 캠던Camden의 저소득층 지역에서 110명의 아버지를 인터뷰했다. 대부분 미혼이었다. 그들은 2013년의 저서 『최선을 다하다: 대도시 도심에서 아버지로 산다는 것Doing the Best I Can: Fatherhood in the Inner City』에서 아버지 대부분이 아이들의 삶에 참여하기를 원하지만, 빈곤, 정신 질환, 범죄 등 그들 자신의 문제 때문에, 주로 돈이나 뜯어내려 하는 법 체제 및 아동 지원 체제 때문에, 아이들의 '문지기' 역할을 하는 어머니 때문에 어려움을 겪고 있음을 보여 준다.[26] 여러 면에서 흑인 아버지들이 이 분야의 선두에 서 있다. 그들은 함께 살지 않는 아버지로 분류될 가능성이 더 높다.(백인 아버지들의 경우에는 21퍼센트인 데 비해 흑인 아버지들의 경우에는 44퍼센트나 된다.)[27] 하지만 함께 살지 않는 아버지들 중에서 흑인 아버지들은 백인 아버지들보다 숙제를 돕고 이런저런 활동에 데려가며 수시로 연락하는 등 다양한 방식으로 자녀들의 삶에 관여할 가능성이 더 크다.[28] 어떤 연구에서 내린 결론처럼 "함께 살지 않는 흑인 아버지는 [함께 살지 않는] 히스패닉계 아버지나 백인 아버지보다 책임도 더 많이 공유하고 더 효과적인 공동 양육을 보여 준다."[29]

제3장에서도 보여 주었지만, 전통적인 가족 역할에 기반을 둔 아버지로서의 낡은 정신 모델은 현대의 사회와 경제라는 현실과의 사이에 커다란 괴리가 있다. 아버지라는 지위는 여성이 경제적으로 독립한 세계에서도 여전히 중요하지만, 반드시 새롭게 창조된 형태이어야 한다. 그나마 좋은 소식은 아버지들이 훨씬 더 만족스러운 역할을 가질 잠재력이 있다는 것이고, 자녀들과도 훨씬 더 가까워질 수 있다는 것이다. 그럼, 나쁜 소식은? 우리 사회의 많은 부분에서 남자들이 새로운 아버지로서 이 역할을 차지하기에는 아직 멀었다는 것이다.

아버지가 직접 참여하는 이 새로운 모델을 지원하기 위한 정책 어젠다에는 세 가지 핵심 요소가 있을 것이다. 첫 번째, 동등하고 독립적인 유급휴가 자격. 두 번째, 아동 지원 제도의 개혁. 세 번째, 다양한 아버지 친화적 고용 기회. 하나씩 차례대로 설명해 보자.

아빠들을 위한 유급휴가

아버지와 어머니가 아이 하나하나에 대해 6개월간의 유급휴가를 누릴 자격을 법으로 보장해야 한다. 이 휴가는 중위 소득수준까지 100퍼센트 임금을 지급하고, 필요한 자금은 고용주와 고용인들의 높은 사회보장 기여금으로 해결하는 것이 이상적이다. 나는 이 분야에서 경력을 쌓는 내내 부모의 동등한 휴가를 주장해 왔는데, 여기서 제시하는 구체적인 제안은 학자 재닛 고닉Janet Gornick 과 마샤 마이어스Marcia Meyers가「부모 역할과 취업에서의 양성평등을 지원하는 제도들Institutions That Support Gender Equality in Parenthood and Employment」이라는, 2009년의 논문에서 제안한 것과 일치한다. 두 사람의 목표는 양성평등을 장려하면서도 부모들이 진짜로 자녀들을 돌보는 시간을 보낼 수 있는 제도들을 만드는 것이었다. 그들의 목표는 '생계도 함께, 돌봄도 함께'인 사회였고, 거기에는 '어머니와 아버지의 가정 내 동등한 기여'가 포함된다.[30] 이런 열망에 나도 공감한다.

그런데 이것은 세 가지 이유에서 급진적으로 보일 것이다. 첫 번째, 6개월의 유급 육아휴직 기간은 몇몇 유럽 국가만 제공하는 휴가와 같아 길어 보일 수 있다는 이유. 두 번째, 임금을 100퍼센트 혹은 거의 100퍼센트만큼 보전하는 것은 이례적으로 관대하다는 이유. 세 번째, 아버지만을 위한(즉 어머니에게 양도할 수 없는) 6개월의 휴가를 부여하는 것은 그 어떤 국가도 제공하지 않았다는, 지금까지의 수준을 뛰어넘는다는 이유. 이제 나는 이 각각의 이유를 간단히 변호할 것이다.

부모들이 노동시장과의 결속을 잃지 않고도 아이들과 뜻깊은 시간을 보낼 수 있게 하기 위해서는 6개월의 휴가가 필요하다. 맞벌이 부부가 이제는 일반적이라는 점을 생각하면 난 솔직히 6개월은 소박한 제안이라고 생각한다. 여성들이 노동시장에 극적으로 진출함으로써 우리의 노동시장은 근원적으로 바뀌었지만, 우리의 복지 시스템은 아무 일도 없었던 것처럼 그대로 굴러간다. 경제학자 헤더 부셰이가 썼듯이 "업무의 세계에 필요한 것과 가족에게 필요한 것은 항상 서로 충돌하는 것처럼 보인다. 수십 년 동안 늘 그래 왔다."[31]

아버지와 어머니 모두 실제로 휴가를 낼 수 있으려면 관대한 임금 보전도 필요하다. 부모들이 유급휴가를 포기하는 가장 흔한 이유는 수입 감소를 견뎌 낼 수 없기 때문이다.[32] 경제적 자원이 가장 부족한 부모들은 아이를 돌보고 싶을 때조차 직장으로 복귀해야 하는 재정적 압박을 가장 심하게 받는다. 주 차원에서 고무적인 움직임들도 더러 있다. 예를 들어 오리건주의 새로운 12주 유급휴가 계획에 의하면 노동자의 소득이 주가 산정한 평균의 3분의 2 이하인 경우에는 임금의 100퍼센트를 지급한다.[33] 내가 여기서 제안하는 6개월보다는 훨씬 짧은 기간이지만, 이제 OECD 15개국이 아버지의 휴가 기간 중 임금의 90퍼센트 이상을 보전한다는 것도 주목할 필요가 있다.[34]

마지막으로 아버지에게 부여하는 육아휴직을 어머니에게 양도할 수 없도록 한 것은, 남자들이 가정에서 동등한 파트너가 되도록 격려하고 허용할 것이다. 좀 더 직접적으로 소통하는 아버지 역할 모델을 지원하려면 우리는 육아휴직을 가족의 혜택이 아니라 개인의 혜택으로 받아들여야 한다. 양도할 수도 없고 '안 쓰면 없어지는' 휴가를 아버지에게 주는 정책 덕분에 아버지들이 실제로 이런 휴가를 쓰는 비율이 상당히 높아졌다는 증거도 있다.[35] 하지만 여기서 어느 하나가 좋으면 다른 하나는 희생해야 하는 면에 대해서도 솔직해야 한다. 부모 모두가 휴가를 써야만 휴가 기간 전체를 사용할 수 있게 하는 것은 노르웨이의 사회학자 아른레우그 레이라Arnlaug Leira가 '은근한 구조적 강요'라고 부르는 것과 다름이 없다.³⁶ 이에 대해서는 12개월의 유급휴가를 부여하고 부모가 원하는 대로 나누어 쓰게 하는 것이 대안이 될 수 있다. 또한 아버지만 사용할 수 있되 어머니보다 더 짧은 휴가를 주는 것도 타협안이 될 수 있는데, 이것은 노르웨이와 캐나다 퀘벡 등에서 쓰는 방식이다. 나는 커리어를 쌓아오는 과정에서 이 문제에 대해 이미 두 번이나 생각을 바꿨기 때문에 양측의 주장을 잘 알고 있다. 한 가지 두려운 것이 있다면 아버지가 자녀들과 거의 또는 전혀 접촉하지 않는 가정은 6개월의 휴가만 받을 수 있다는 것인데, 이들은 대부분 저소득 가정이라는 점이다.

하지만 이제 나는 확신한다. 우리가 진지하게 아버지의 역할을 넓히고자 한다면 동등한 휴가는 필수라는 것을 말이다. 정책 입안자들은 아버지의 돌봄이 어머니의 돌봄만큼이나 중요하다는 신호를 내보내야 할 것이다. 완전한 평등 이외의 그 어떤 것도 이 메시지를 흐리게 하기 때문이다. 나는 또 아버지들이 업무로부터 좀 더 시간을 내기 시작할 때까지는 성별 임금격차를 해소하는 일은 감질나게 더딜 것이라고 믿는다.³⁷ 이걸 피해서 돌아갈 방법은 없다. 일터에서의 평등을 원한다면 가정에서의 평등은 필수다.

하지만 이 평등을 매일, 아니 매년조차 측정할 필요는 없다. 어린아이들이 있으면 사람들은 이렇게 말하지 않는가? "미처 깨닫지도 못한 사이에 어른이 되어 있을걸요." 하지만 난 그렇게 느끼지 않는다. 내가 너무나 사랑하는 아들들을 기분 나쁘게 할 생각은 없지만 말이다. 때로는 시간이 완전히 멈춘 것처럼 느껴지기도 했다. 육아는 정말 머나먼 여정이다. 보통 부부는 두 살 또는 세 살 터울의 아이가 둘 있다. 그러니까 그 두 아이가 태어나서 성인이 될 때까지 약 20년이 걸린다는 뜻이다. 그러므로 고닉과 마이어스의 제안에서 한 가지만 수정하자면 그들이 제안했던 8세까지가 아니라 아이들이 18세가 될 때까지 부모가 유급휴가를 사용할 수 있게 하는 것이다. 이것은 공공 정책에서 소홀히 취급받기 일쑤인 청소년기가 발달 과정에서 얼마나 중요한지에 대해 내가 이미 요약한 여러 증거 때문이다. 유급휴가나 유연 근무에 관한 논의에서는 아이들이 학교에 갈 무렵이면 육아의 주된 임무가 끝난다고 가정하는 경우가 너무 많다.

고닉과 마이어스는 '어머니와 아버지들의 가정 내 동등한 기여'가 목표라고 했다. 나는 그 말에 동의한다. 하지만 이 동등한 기여는 2년이 아니라 20년에 걸쳐서 비로소 달성될 수 있다. 그것은 뭐랄까, 동시에 일어나지 않는 대칭성이다. 그로밋The Grommet의 공동 설립자 겸 CEO였던 줄스 피에리Jules Pieri는 가족생활을 '발레'라고 표현하면서, 그들 부부는 "번갈아 주도권을 잡았다."라고 설명한다.[38] 나와 내 아내도 (발레 같은 느낌이야 거의 없었다고 해야겠지만) 그렇게 했다. 유급휴가를 부모가 같이 이용할 수 있다 하더라도, 초기 몇 년 동안은 어머니가 더 많은 돌봄을 선택할 것이다. 최근 수십 년 동안 여성 취업이 크게 늘어난 후에도, 3세 미만 아이의 어머니들은 대부분 실업 상태이거나 아르바이트를 한다.[39] 이것은 대체로 본인이 원해서 택한 것으로 보인다. 파트타임으로 일하는 어머니들의 절반 이상(54퍼센트)은 그것이 현재로서는 자기가 원하는 바라고 했고, 14퍼센트는 전혀 유급 노동을 원하지 않는다고 말했다.⁴⁰ 나머지 33퍼센트는 정규직을 원한다.

아이들이 매우 어릴 때 엄마들은 아빠가 직접적인 양육의 절반조차 맡지 않는다고 해서 짜증을 내는 일이 거의 없는 것 같다. 다른 측면에서 아빠가 열심히 일하고 있다면 말이다. 이것이 내가 관찰한 결과다. 엄마들이 정말 짜증을 내는 것은 몇 년이 지났는데도 아빠가 그의 몫을 여전히 안 하고 있을 때다. 엄마가 3개월 된 아기에게 모유 수유를 더 잘한다고 해서 열세 살짜리 아이의 치과 예약까지 더 잘한다는 얘기는 아니잖은가? 페미니스트 작가 메리 데일리Mary Daly는 이것을 점잖게 '가족 시간의 젠더 정치'라고 부른다.⁴¹ 나는 아버지들이 사실 청소년을 양육하는 데 어떤 독특한 강점이 있을지도 모른다는 증거를 제시했고, 어머니와 아버지가 아이들을 동시에 돌보지는 않더라도 둘 다 똑같이 힘을 보태는 사회적 규범이 발전하는 것을 상상할 수 있다. 갓난아기는 엄마가, 10대는 아빠가 돌보면 어떨까?

현금, 양육권, 돌봄을 통한 양육비 지원

"이 아버지들의 삶을 지배하는, 사실상의 모든 법적·제도적 장치들은 그들이 월급 버는 기계일 뿐이며 그 이상은 아니라고 말한다." 『최선을 다하다』에서 캐스린 에딘과 팀 넬슨은 그렇게 썼다. "미혼인 남자가 그냥 애 아빠가 아니라 제대로 아버지 노릇을 하려고 할 때마다, 한 손으로는 그의 주머니에서 돈이나 긁어내려고 하면서 다른 한 손으로는 그를 옆으로 떠밀어 버리는 시스템에 의해 거부당한다."[42]

가족의 삶을 지배하는 법들은 사회 변화를 도무지 따라잡지 못했다. 부모가 결혼하면 아이들에 대한 그들의 권리와 책임이 명확하게 규정된다. 그들이 이혼하면 양육권 조정, 방문권, 재정적 의무 등을 결정하는 법적 장치가 마련되어 있다. 물론 이혼하는 부부들 사이에 종종 갈등이 있지만, 적어도 그들은 아이들과 관련된 법적 지위를 각각 지니게 된다. 그리고 최근 수십 년 동안 가족법은 이혼을 두고 한층 더 평등한 방향으로 움직여 왔다. 법원은 이제 양육권 결정에서 어머니와 아버지를 공정하게 대우해야 할 의무가 있고, 이제 어떤 것이 아이들에게 가장 유익한지가 일반적인 법적 기준이다. 그 결과 공동 양육권(친권) 조치라는 쪽으로 극적 변화가 있었다. 마리아 캔시언Maria Cancian과 그녀의 팀이 위스콘신주의 사례들을 조사한 결과, 어머니가 단독으로 양육권을 받는 비율이 1986년의 80퍼센트에서 2008년의 42퍼센트로 감소했다. 반대로 아이들이 부모 각각과 같은 정도의 시간을 보내는 공동 양육권 비율은 5퍼센트에서 27퍼센트로 증가했다. 캔시언과 그 팀이 쓴 것처럼 "어머니의 단독 양육권에서 벗어나 공동 양육권을 갖는 경향이 극적으로 드러난다."[43] 전국적으로 이제 별거나 이혼을 한 아버지들은 아이들과 함께하는 시간의 약 3분의 1을 누린다.[44] 이런 추세는 매우 긍정적이다. 아이들이 될 수 있는 한 그들의 부모와 함께 시간을 보내는 공동 양육권이야말로 법률의 기본이어야 한다.

그런데 문제는 미혼 부모들을 위해서는 이런 법이 없다는 것이다. 미국의 모든 주에서는 미혼 부모 중 어머니만이 양육권을 갖는 것으로 추정한다. 미혼부는 먼저 친자 관계부터 증명한 다음에(정식 부부 사이에서는 친자 관계가 기정사실로 받아들여진다.) 방문권과 양육권을 청원해야 한다. 많은 아버지에게 이것은 어려운 과정일 수 있다. 반면에 어머니는 원한다면 모든 접근을 금지할 수 있다. 그러나 방문권과는 상관없이 미혼부는 보통 자녀 양육비를 내야 하는데, 이 비용이라는 것이 특히 저소득층 아버지에게는 만만치 않아서 고생깨나 해야 하는 수준이다.[45]

법적 부부가 이혼할 때는 이혼 과정의 일부로서 양육권을 다투면 된다. 하지만 결혼하지 않은 부모들에게 양육비는 양육권이나 방문권과는 완전히 별개로 결정된다. 사람들이 결혼한 아버지들은 입체적 존재로 보지만, 결혼하지 않은 아버지들은 걸어 다니는 현금인출기로 보는 셈이다. 2020년에는 아동 지원 비용 중 380억 달러가 실제로 지출되었고, 1150억 달러는 체납되었다.[46] 아버지들에게서 징수한 돈의 일부는 심지어 자녀 양육비로 쓰이지 않는 경우도 있다. 이 돈은 정부로 넘어가 복지 비용을, 특히 18세 이하 자녀가 있는 저소득 가정을 위한 임시 재정 지원 프로그램TANF을 충당하는 데 사용되는데, 이것이 전체 시스템에 대한 지원을 갉아먹는다. 콜로라도, 미네소타, 버몬트의 세 개 주에서는 이제 모든 양육비가 주 정부가 아닌 가족에게 직접 지급된다. 다른 주들도 같은 길을 따라야 할 때다.⁴⁷ 아등바등 살아가는 어떤 아버지가 팀 넬슨에게 말했다. "제가 뭘 하든 희망이라곤 없어요. 전 될 수 있는 한 최고의 아빠가 되려고 애씁니다. 제 한 몸 희생하더라도 할 수 있는 최상의 것들을 해 보려고 노력해요. 상황이 좋아지길 기도하고 바라지만, 바닥으로 떨어진 지 너무 오래여서 더는 위를 볼 수조차 없다는 사실에 지쳤습니다."⁴⁸

양육비는 좀 더 아버지의 금전적 능력에 따라 정해져야 하고, 몸소 아이를 돌보는 등의 비금전적 기여도 고려해야 한다. 가령 오리건주에는 양육권이 없는 부모가 아이들을 돌보는 데 더 많은 시간을 보내는 경우 그들의 양육비를 줄여 주는 '돌봄 시간 크레디트' 제도가 있다.⁴⁹ 양육권과 방문권을 결정하는 법적 과정에 미혼 부모들의 아동 지원 결정을 통합하는 것이 장기적 목표가 되어야 한다. 에딘과 넬슨은 이렇게 말한다. "진정으로 남녀평등을 믿는다면 우리는 아이들과 관계를 쌓아 가려는 아버지들의 노력을 어머니의 그런 노력과 꼭 마찬가지로 존중할 줄 알아야 한다. 아버지에게 책임뿐만 아니라 권리도 허락할 줄 알아야 하고."⁵⁰

아버지 친화적 일자리들

사회학자 피터 윌모트Peter Willmott와 ('능력주의meritocracy'라는 용어를 창안한 것으로 유명한) 마이클 영Michael Young은 그들의 1973년도 저서 『대칭적 가족The Symmetrical Family』에서 다음과 같이 썼다.

"1970년의 선구자들이 행렬의 맨 앞에 선 가운데, 우리 사회는 다음 세기까지 (a) 아내도 고된 일 하나, 남편도 고된 일 하나에서 (b) 아내는 고된 일 둘, 남편은 고된 일 하나를 거쳐서 (c) 아내도 고된 일 둘, 남편도 고된 일 둘로 옮겨 갈 것이다. 그렇게 완전한 내칭에 이를 것이다."[51]

음, 어느 정도는 그렇다. 하지만 난 21세기의 첫 20년은 (b) 단계에서 딱 멈추어 버렸다고 주장할 여자가 많을 것으로 생각한다. 이는 부분적으로 노동시장 제도가 아내 없는 세상에, 그러니까 집에서 일하는 아내 없는 세상에 적응하지 못했기 때문이다. 다만 영과 윌모트의 대칭적 유토피아에선 표준 노동시간이 주 3일로 단축되어 나머지 4일은 가족과 여가를 위한 시간이 될 것이라는 점에 주목하면 좋겠다. 하지만 현실에서는 이런 일이 일어나지 않았다. 여러분도 알아차렸을 것이다. 지난 반세기 동안 미국의 평균 근로시간은 사실 거의 감소하지 않았다.[52] 그리고 부모 양쪽이 모두 유급 노동을 하는 경우가 모든 가족의 3분의 2 정도다.[53]

좋든 싫든 가족은 이제 노동시장 제도이고 노동시장은 가족 제도다. 하지만 지금까지 변한 것은 가족뿐이다. 남자, 아이, 여자들 모두가 대체로 변하지 않은 시장 노동의 요구에, 즉 '표준적인' 근무일과 전형적인 진로에 맞추려고 자기 삶과 일정을 조절하고 있다. 나는 육아에 대한 접근성을 높이고 방과 후 활동을 제공하는 등의 노력을 지지한다.[54] 하지만 공공 정책의 목표가 흔히 가족 친화적인 일보다는 일 친화적인 가족을 만들려는 것 같아서 걱정이다. 클로디아 골딘은 이렇게 적었다. "우리는 경제 측면에서 전례 없는 남녀평등 시대를 맞았지만, 지금의 일과 돌봄의 구조는 오직 남자들만 커리어와 가족을 다 누렸던 과거의 유물이다."[55]

지금 어머니들은 이 덫에 가장 고통스럽게 걸려 있다. 하지만 아버지들이 이런 타협을 수긍하고 있다고 생각해서는 안 된다. 아이들과 보내는 시간이 너무 적다고 투덜대는 아버지들(46퍼센트)은 그런 어머니들(23퍼센트)의 두 배나 된다.[56] 유급휴가에 대한 나의 제안은 이러한 긴장감을 완화하기 위한 것이다. 하지만 일자리도 바뀌어야 한다. 유연하게 일할 수 있는 선택지가, 또는 파트타임이나 재택근무를 할 수 있는 선택지가 많아지면 적어도 '돈벌이냐, 아니면 돌봄이냐' 사이의 억지 선택을 줄일 수 있다. 팬데믹 탓에 전면적인 원격 근무로 전환했던 것은 업무의 현대화를 위해 전례 없는 기회다. 단 이 기회를 잡을 수 있을지는 두고 보아야겠다. 무엇보다 아빠들을 위해서라도 그렇게 되면 얼마나 좋을까? 아버지들의 3분의 2는 팬데믹 덕분에 그들의 아이들과 더 가까워졌다고 말하고 있지 않은가?[57] 한 연구 결과에 따르면 팬데믹 기간의 유연 근무 기회는 여성들보다 남성들에게 더 많은 혜택을 준 것 같다.[58]

일상적인 업무도 좀 더 유연화되어야 할 뿐 아니라, 경력의 사다리 또한 현대화될 필요가 있다. 유급 노동의 축소는 많은 부모에게 단지 수입의 일시적 감소만을 의미하는 것이 아니라, 직업 전망 자체에 영구적 손상을 가져올 수 있다. 이 문제는 골딘이 '탐욕스러운 일자리'라 부른 분야에서 한층 더 심각하다. 오래 일하거나 예상치 못한 시간에 일한 것에 대해 큰 금전적 보상을 주기 때문이다. 법률, 재무, 경영 컨설팅 등이 좋은 예다.[59] 승진하기를 원하는 사람이라면 딴 일에 시간을 낼 수 없다. 이러한 상황에서는 부모 중 한 사람이 일터에 남아 수입을 최대화하고, 다른 한 사람은 가정에서 더 많이 일하는 것이 타당하다. 보통은 전자가 아빠, 후자가 엄마다. 이러한 직업들의 커리어 구조는 부모 사이에 칼 같은 분업이 이루어지도록 동기를 부여할 뿐만 아니라, 그야말로 그런 분업을 강요한다. 그렇다면 이런 일자리야말로 남녀의 임금격차가 가장 두드러진 직업이라는 사실도 놀랄 일이 아닐 터이다. 법률 분야와 재무 분야에서 일하는 남성들이 1달러를 받을 때 이 분야의 여성들은 77센트를 받는다. 미시간 대학에서 법학 학위를 받고 졸업한 후 15년이 지난 다음을 보면 남성 다섯 명 중 네 명이 최소 주 45시간을 일하는 데 비해, 여성의 노동시간은 그 절반뿐이다. 그리고 여성 네 명 가운데 거의 한 명은 파트타임으로 일하는 데 비해, 파트타임으로 일하는 남성은 단지 2퍼센트일 뿐이다.[60]

하지만 반드시 이런 식이라야 할 필요가 있을까? 공학, 기술, 약학처럼 그리 욕심을 내지 않으면서도 제법 높은 임금을 받을 수 있는 직업도 있다. 게다가 우연하게도 이런 직업들에는 성별 임금격차도 훨씬 더 작다. 근무시간까지 계산에 넣으면 남성 약사가 1달러를 벌 때 여성 약사들은 94센트를 번다.[61] 그렇다면 법률 분야와 재무 분야가 계속 헛발질하는 사이에, 약국에서는 무엇을 잘했기에 이럴까? 핵심적인 변화는 한 약사가 다른 약사를 더 쉽게 대체할 수 있게 하는 것이었다. 우리 중 몇 명이나 처방전을 들고 약을 받으러 갈 때 약사가 전과 같은 사람인지 아닌지 신경 쓰겠는가? 하지만 변호사나 재무상담사라면 다르게 느낄 것이다. 그러나 약사도 예전에는 그러했고, 성별 임금격차도 상당했었다는 것을 기억해야 한다. 기업 통합과 기술 발전이 합쳐져, 한 약사가 근무를 교대하면서 다음 약사에게 정보를 전해 줄 수 있게 되었다는 얘기다. 이것은 파트타임 근무에 대한 시간당 임금 불이익이 약사에게는 거의 없다는 뜻이어서 대단히 중요하다. 시간이 흐르면 수입은 그야말로 산술급수적으로 증가한다. 이 때문에 골딘은 약사를 '가장 평등한 직업'이라고 부른다.[62]

법률, 금융, 컨설팅 등도 약사와 같은 길을 갈 수 있을까? 기술은 고객을 대면하는 직원들 사이의 정보 전달 비용을 극적으로 줄임으로써 도움을 준다. 일부 금융회사, 컨설팅 회사, 법률 회사는 올바른 방향으로 조심스러운 움직임을 보이는 중인데, 주말 근무시간을 줄이고 직원들이 휴가 수당을 받도록 독려하며 주 4일 근무 같은 시간제 선택지를 더 많이 허락한다.[63] 2016년에 아마존은 팀의 리더와 모든 구성원이 급여의 75퍼센트만 받는 대신에 주 30시간만 일해도 되는 팀을 만들었다고 발표했다.[64] 여기서 파트타임으로 일하면서도 똑같은 급여 비율을 적용받는 선택지는 중요하다. 그렇지만 발전과 승진의 기회를 확보해 주는 것도 중요할 것이다. '탐욕스러운 일자리'와 '마미 트랙mommy track'(육아를 위해 승진 기회는 제한적이지만 유연한 출퇴근 시간을 지닌 취업 형태) 사이 어딘가에는, 미래의 중요한 기회를 놓치지 않으면서 커리어 트랙의 다양한 지점에서 가족에 대한 책임을 유연하게 허용하는 업무 방식이 있다. 그것을 '일반인 트랙'이라고 부르면 어떨까?

그러나 이처럼 가족 적대적인 직업들에 변화를 가져오려면 무엇이 필요할까? 기능직 근로자들이 행동으로 보여 주는 것이다. 나는 이에 대해 우리가 현실적이어야 한다고 생각한다. 주요 고용주들은 일과 삶의 균형에 대한 기대가 특히 젊은 노동자들 사이에서 빠르게 상승하고 있다는 것을 깨닫고 있으며, 이 기대는 여러 설문 조사에서 급여에 대한 기대 다음으로 높은 수치를 기록했다.[65] 여성 인재들이 이 파이프라인에서 없어짐에 따라 몇몇 개선 조치가 취해지고 있다. 하지만 남자들이 기꺼운 마음으로 오랜 시간 근무하거나 예정에 없던 일을 불평 없이 하는 한, 구조 개혁의 전망은 여전히 어둡다. 직장에서 '문화의 변화'가 필요하다는 토론이 많이 이루어진다. 물론 이것은 중요하다. 대부분의 미국 남성은 직장에 '무언無言의 규칙'이 있어서 아버지들은 육아휴직을 완전히 누릴 자격을 빼앗기고 있다고 말한다.[66]

하지만 탐욕스러운 일자리에는 새로운 기풍 이상의 무언가가 필요하다. 다시 설계해야 한다. 나는 이러한 변화를 '아버지 친화적' 고용의 촉진이라고 이미 설명한 바 있다. 물론 그보다는 차라리 부모 친화적이라고 묘사하는 편이 더 정확할 것이다. 단기적으로 보면 그런 변화는 어머니들에게 가장 도움이 될 수 있다. 하지만 나는 아버지 친화적이라는 표현을 의도적으로 선택했다. 돈을 많이 벌기 위해 남자가 오랜 시간 일해야 하는 직업은 아버지 친화적인 것이 아니다. 적어도 내가 생각하는 아버지 역할의 정의에 따르면 그렇다. 그것이 설사 남자가 가족 부양의 역할을 완수할 수 있게 해 준다고 하더라도, 남자는 그 대가로 양육의 역할을 희생해야 한다. 앤마리 슬로터Ann-Marie Slaughter 뉴 아메리카New America 대표가 경고한 것처럼 우리가 '돌봄 문제'를 계속해서 '여자들의 문제'[67]로 정의한다면 진전은 더딜 수밖에 없다.

아빠가 되는 축복을 누린 이들에게 부성은 정체성의 핵심 요소다. 나는 이 책에서 이제는 아버지라는 존재가 좀 더 큰 사회적 역할이 되어야 한다고, 모성과는 다르지만 동등한 역할이 되어야 한다고 주장했다. 이젠 꼭 결혼하고 가족을 먹여 살려야만 친사회적 남성성을 얻는 것은 아니다. 오히려 그런 남성성은 아버지의 역할을 충분히 해내라고 요구한다.

에필로그

누군가에게 내가 책을 쓰고 있다고 말하면 보통은 무엇에 관한 책이냐고 되묻는다. 하지만 내가 그 계획을 설명하면 괜히 그런 질문을 던졌다고 그 사람이 후회하는 모습을 간혹 볼 수 있다.(굳이 말하기 미안하지만, 내가 19세기 철학자 존 스튜어트 밀의 전기를 쓰겠노라고 열정적으로 이야기했을 때는 그런 일이 자주 일어났다.) 그러나 이 책을 쓰면서는 그런 일이 없었다. 단 한 번도. 내 대화 상대가 자기의 경험이나 의견을 말하고 공유하기 전까지는, 나의 전반적인 주장을 설명할 시간조차 거의 없었다. 나는 많은 이가 소년과 남자들에 대해, 특히 자기 삶 속의 소년과 남자들에 대해 '정말로' 걱정하고 있음을 알게 되었다. 아내들은 남편이 행여 괜찮은 일자리를 찾지 못할까 봐 걱정이다. 10대 아들을 둔 어머니들은 비공식적인 지원 단체를 결성해 시련의 고등학교 시절을 견뎌 내도록 서로 돕고 있다. 젊은 여성들은 이성 교제의 장에서 방향을 잃고 헤매는 남성들 때문에 좌절한다.

특히 내가 놀랐던 것은 이야기를 나눠 본 불굴의 페미니스트들조차도 자기의 딸보다는 아들을 훨씬 더 걱정하더라는 점이다. 이게 일반적인 패턴일까 싶어 고개를 갸우뚱했다. 2020년에 나는 그 답을 얻기 위해 매년 3000명이 참여하는 미국 가족 조사 American Family Survey에 몇 가지 질문을 추가할 수 있었다. 과연 그것이 일반적인 패턴이었다. 대개 부모들은 딸보다 아들이 "제대로 커서 어른이 될 수 있을지"를 더 걱정한다.[1] 하지만 아들에 대한 걱정이 가장 심한 것은 오히려 진보적인 부모들이다. 소년과 남자들에 대한 사적인 불안의 깊은 샘이 있어도 아직 그것을 생산적으로 발산할 공공연한 출구를 찾지 못하고 있는데, 이 책의 목표 중 하나가 이처럼 사적인 것과 공적인 것의 격차를 줄이는 것이다. 소년과 남자들에 대한 걱정은 정당한 일이다. 그들은 배우는 자로서, 일하는 자로서, 아버지로서 진짜 어려운 과제에 직면해 있기 때문이다. 부모가 아이들이 모두 활짝 꽃피기를 바라는 것처럼 우리는 동료 시민 모두가 번창하기를 원한다.

소년과 남자들을 더 많이 위해 준다고 해서 양성평등이라는 이상을 포기할 필요는 없다. 사실 그것은 그런 이상의 자연스러운 연장선 위에 있다. 해방운동으로서 페미니즘이 지닌 문제는 '지나치게 앞서 나아갔음'이 아니다. 오히려 충분히 멀리 나아가지 못했다는 것이 문제다. 여성의 삶은 재구성되었다. 하지만 남성의 삶은 그러지 못했다. 서론에서 말했듯이 우리에게는 페미니즘 이후의 세계에 적용될 남성성의 긍정적 비전이 필요하다. 또한 그것이 긍정적 변화라고 할지라도 큰 변화는 의도하지 않은 결과를 초래할 수 있다는 것을 인식할 만큼 문화적으로 충분히 성숙해져야 한다. 이러한 문제를 다루는 것은 가능한 일일 뿐만 아니라 반드시 필요한 일이다. 바로 그것이 진보의 본질이다. 이 경우 그것은 소년들에게 더는 먹히지 않는 교육 시스템을 개혁하는 것을, 그리고 남자들이 전통적인 남성 역할의 상실로 인한 혼란 상태에 적응하도록 돕는 것을 뜻한다. 우리는 젠더 특유의 난제와 불평등에 양방향으로 맞서야 한다.

지금 이 전선에는 책임감 있는 리더십이 뚜렷이 결핍되어 있다. 정치는 한 치의 양보도 없는 참호전과 같아졌고, 양측은 단 한 치라도 양보하기를 두려워하고 있다. 엄마와 아빠가 아이들을 걱정하는 사이에, 우리의 지도자들은 당파적 견해에 꽁꽁 갇혀 있다. 소년과 남자들을 더 도우려고 조금만 움직여도 진보주의자들은 이걸 소녀와 여자들을 위한 투쟁으로부터 일탈하는 것으로 본다. 반대로 소녀와 여자들에게 조금만 더 많은 도움을 주려 해도 보수주의자들은 그 동기가 남자들을 억누르려는 욕구라고 치부한다. 부족 정치의 열기와 소음에서 벗어나, 우리의 소년과 남자들이 자신들의 탓도 아닌 진짜 문제에 처해 있다는 인식을, 그래서 도움이 필요하다는 인식을 공유하자. 그것이 나의 희망이다.

감사의 말

　　이 책에 영향을 미친 여러 대화와 논쟁은 수십 년 동안 계속되었고, 수많은 친구와 친척, 동료들이 그 논쟁에 참여해 왔다. 여기에 그들의 이름을 모두 나열하지는 않을 것이다. 무척 긴 리스트가 될 테니까, 그리고 어쨌든 그들이 누군지는 다들 알 테니까. 아무튼 나의 질문에 답해 주고, 이 책의 여기저기를(혹은 심지어 전체를) 읽어 주고, 나에게 피드백을 준 학자들에게 고마움을 전한다. 물론 독자들은 그들이 누구인지 잘 알 것이다. 감사를 표한다. 하지만 두 사람의 이름은 특별히 언급해야겠다. 첫 번째는 두말할 필요 없이 책 내용을 완벽히 평가해 주었을 뿐만 아니라 건설적인 비판과 실질적인 도움을 주었고 학자라면 다 부러워할 만큼 거침없이 정직한 피터 블레어Peter Blair다. 두 번째는 무엇보다 나를 브루킹스의 품 안으로 데려왔고 이후 변함없이 참된 친구이자 동료가 되어 준 벨 소힐Belle Sawhill이다. 또한 불평도 없이 높은 격조와 전문성으로 나와 함께 고생한 브루킹스 연구소의 연구원들, 비욘드 덩Beyond Deng, 쿠라 폴Coura Fall, 티퍼니 포드Tiffany Ford, 아리엘 겔루드 샤이로Ariel Gelrud Shiro, 파리하 하크Fariha Haque, 애슐리 마치오웨크Ashleigh Maciolek, 크리스토퍼 풀리엄Christopher Pulliam, 하나 판드리Hannah Van Drie, 모건 웰치Morgan Welch, 그리고 특히 엠버 스미스Ember Smith에게 감사드린다. 내가 이 책을 쓰기 위해 시간을 내도록 배려해 준 스미스 리처드슨 재단Smith Richardson Foundation에도 감사드린다.

　　무엇보다 23년간을 함께한 파트너이자 아내인 에리카 하우버Erica Hauver, 당신에게 뭐라고 사랑과 감사의 마음을 표현할 수 있을까? 진부한 이야기라는 것은 알지만, 당신으로 인해 난 더 나은 사람이 되었어. 게다가 이 책까지도 당신 덕분에 훨씬 더 나아졌잖아. 고마워.

주

들어가는 말

1 U.S. Bureau of Labor Statistics, *Highlights of Women's Earnings in 2020*, BLS Reports, September 2021. 2020년도 16세 이상 정규직 근로자의 통상 주당 급여소득 중간값을 기반으로 한 소득 비율.

2 National Center for Education Statistics, U.S. Department of Education, "Degrees Conferred by Postsecondary Institutions, by Level of Degree and Sex of Student: Selected Years, 1869-70 through 2029-30," (July 2020).

3 National Center for Education Statistics, U.S. Department of Education, "Degrees Conferred by Postsecondary Institutions, by Level of Degree and Sex of Student: Selected Years, 1869-70 through 2029-30," (July 2020).

4 Sarah A. Donovan and David H. Bradley, *Real Wage Trends, 1979 to 2019*(Congressional Research Service, 2020).

5   Lindsay M. Monte, "'Solo' Dads and 'Absent' Dads Not as Different as They Seem," U.S. Census Bureau, November 5, 2019.

6   Joint Economic Committee, *Long-Term Trends in Deaths of Despair*, Social Capital Project Report 4-19 (September 2019). 부록 자료 참조.

7   U.S. Bureau of Labor Statistics, "Earnings by Educational Attainment and Sex, 1979 and 2002," *Economics Daily*, October 23, 2003. Adjusted to 2020 dollars using CPI-U-RS; U.S. Department of Labor, Women's Bureau, "Median Weekly Earnings by Educational Attainment and Sex (Annual)." 고등학교를 졸업했으나 대학에 진학하지 않은 25세 이상 정규직 풀타임 근로자들의 소득이다.

8   "Men Adrift: Badly Educated Men in Rich Countries Have Not Adapted Well to Trade, Technology or Feminism," *The Economist*, May 28, 2015.

9   Camille Busette, "A New Deal for Poor African-American and Native-American Boys," Brookings Institution, March 14, 2018. 이 책에서 나는 흑인 소년과 흑인 남자들에게 초점을 맞춘 반면에, 저자는 원주민 소년과 원주민 남자들을 아우른다.

10 Sherry N. Mong and V. J. Roscigno, "African American Men and the Experience of Employment Discrimination," *Qualitative Sociology* (2010).

11 Susan Faludi, *Stiffed: The Betrayal of the American Man* (New York: HarperCollins, 1999), p. 40.

12 Timothy J. Bartik, Bard J. Hershbein and Marta Lachowska, "The Merits of Universal Scholarships: Benefit-Cost Evidence from the Kalamazoo Promise," *Journal of Benefit-Cost Analysis* (2016), p. 406; Timothy J. Bartik, Bard J. Hershbein and Marta Lachowska, "The Effects of the Kalamazoo Promise Scholarship on College Enrollment, Persistence, and Completion," Upjohn Institute Working Paper 15-229 (December 2017), p. 51.

13 2020년에 시행된 갤럽 여론조사를 따른 것이다. 다음을 참조하라. Jeffrey M. Jones, "LGBT Identification Rises to 5.6% in Latest U.S. Estimate," Gallup, February 24, 2021.

14 Simone de Beauvoir, *The Second Sex* [1949], trans. H. M. Parshley (New York: Alfred A. Knopf, 1953), p. 3.

15 조지프 헨릭은 2021년 6월에 나의 팟캐스트 다이얼로그(*Dialogue*)에서 대화를 나누던 도중에 내가 이 공식을 고안해 낼 수 있도록 도움을 주었다. 그에게 고마움을 전한다.

제1장 소녀들이 지배한다

1 Carol Frances, "The Status of Women in American Higher Education," *Sociology and Anthropology* (September 2018), pp. 696 and 698.
2 "The Weaker Sex," *The Economist*, May 7, 2015.
3 Hanna Rosin, *The End of Men: And the Rise of Women* (New York: Penguin, 2012), p. 149.
4 National Center for Education Statistics, Digest of Education Statistics 1990, p. 232.
5 National Center for Education Statistics, "Degrees Conferred by Postsecondary Institutions, by Level of Degree and Sex of Student: Selected Years, 1869–70 through 2029–30," *Digest of Education Statistics*, Table 318.10.
6 National Student Clearing house Research Center, "Current Enrollment Term Estimates: Fall 2021," January 13, 2022.
7 Stephanie Riegg Cellini, "How Does Virtual Learning Impact Students in Higher Education?," Brookings Institution, August 13, 2021.
8 John F. Helliwell and others, *World Happiness Report 2021* (New York: Sustainable Development Solutions Network, 2021).
9 OECD, "Finland: Student Performance (PISA 2018)," Education GPS, 2018.
10 OECD, "Are Boys and Girls Ready for the Digital Age?," *PISA in Focus* 12 (January 2012).
11 "Men Adrift: Badly Educated Men in Rich Countries Have Not Adapted Well to Trade, Technology or Feminism," *The Economist*, May 28, 2015.
12 Julia B. Isaacs, "Starting School at a Disadvantage: The School Readiness of Poor Children," Brookings Institution, March 2012, fig. 7, p. 9. 노르웨

이에서 이루어진 어떤 연구에서도 여자아이들의 절반 이상이 다섯 살까지는 단어 쓰기를 완전히 습득했으나 남자아이들은 여섯 살이 되어서야 비로소 그 단계에 이른다는 사실이 밝혀졌다. Ragnhild E. Brandlistuen and others, "Gender Gaps in Preschool Age: A Study of Behavior, Neurodevelopment and Pre-academic Skills," *Scandinavian Journal of Public Health*(July 2021).

13 National Center for Education Statistics, "Percentage of Students at or above Selected National Assessment of Educational Progress (NAEP) Reading Achievement Levels, by Grade and Selected Student Characteristics: Selected Years, 2005 through 2019," *Digest of Education Statistics*, Table 221.20.

14 National Center for Education Statistics, "Average National Assessment of Educational Progress (NAEP) Mathematics Scale Score, by Sex, Race/Ethnicity, and Grade: Selected Years, 1990 through 2017," Table 222.10.

15 Sean F. Reardon and others, "Gender Achievement Gaps in U.S. School Districts," *American Educational Research Journal*(December 2019), p. 26.

16 Nicole M. Fortin, Philip Oreopoulus, and Shelley Phipps, "Leaving Boys Behind: Gender Disparities in High Academic Achievement," Working Paper 19331 (Cambridge, MA: National Bureau of Economic Research, August 2013).

17 National Center for Education Statistics, "Number and Percentage of Public High School Graduates Taking Dual Credit, Advanced Placement (AP), and International Baccalaureate (IB) Courses in High School and Average Credits Earned, by Selected Student and School Characteristics: 2000, 2005, and 2009," 2009 High School Transcript Study (HSTS), U.S. Department of Education.

18 J. Q. Easton, Esperanza Johnson, and Lauren Sartain, *The Predictive Power of Ninth-Grade GPA*(University of Chicago Consortium on School Research, September 2017), p. 1.

19 SAT에 관해서는 다음을 참조하라. College Board, *2021 Suite of Assessments Annual Reports*. ACT에 관해서는 다음을 참조하라. *The ACT Profile Report—National*(2020).

20 《뉴욕 타임스》에세이 대회를 주관한 이들의 개인적인 의견 교환이다.
21 Richard V. Reeves, Eliana Buckner, and Ember Smith, "The Unreported Gender Gap in High School Graduation Rates," Brookings Institution, January 12, 2021.
22 Civic and Everyone Graduates Center, *2019 Building a Grad Nation: Progress and Challenge in Raising High School Graduation Rates*(Johns Hopkins University School of Education, 2019), p. 15.
23 Nicole M. Fortin, Philip Oreopoulus, and Shelley Phipps, "Leaving Boys Behind: Gender Disparities in High Academic Achievement," *Journal of Human Resources*(Summer 2015).
24 U.S. Department of Education, National Center for Education Statistics, "Number and Percentage Distribution of Teachers in Public Elementary and Secondary Schools, by Instructional Level and Selected Teacher and School Characteristics: 1999 – 2000, 2015 – 16, and 2017 – 18," *Digest of Education Statistics*, Table 2019.22.
25 Benjamin Zablotsky and others, "Prevalence and Trends of Developmental Disabilities among Children in the United States: 2009 – 2017," *Pediatrics*(October 2019).
26 Laurence Steinberg, *Age of Opportunity: Lessons from the New Science of Adolescence*(New York: Houghton Mifflin Harcourt, 2014), p. 77.
27 Robert M. Sapolsky, *Behave: The Biology of Humans at Our Best and Worst*(London: Penguin Publishing Group, 2017), p. 164.
28 Louann Brizendine, *The Female Brain*(New York: Harmony Books, 2017), p. 65. 또한 다음을 참조하라. Elizabeth Vargas and Alan B. Goldberg, "The Truth behind Women's Brains," ABC News, October 5, 2006.
29 Gokcen Akyurek, "Executive Functions and Neurology in Children and Adolescents," in *Occupational Therapy: Therapeutic and Creative Use of Activity*, ed. Meral Huri (London: Intechopen, 2018), p. 38.
30 M. A. J. van Tetering and others, "Sex Differences in Self-Regulation in early, Middle and Late Adolescence: A Large-Scale Cross-Sectional Study," *PLoS ONE*(January 2020). 또한 다음을 참조하라. Theodore D. Satterthwaite and others, "Sex Differences in the Effect of Puberty on

Hippocampal Morphology," *Journal of the American Academy of Child and Adolescent Psychiatry*(March 2014).

31 Sol Lim and others, "Preferential Detachment during Human Brain Development: Age-and Sex-Specific Structural Connectivity in Diffusion Tensor Imaging (DTI) Data," *Cerebral Cortex*(June 2015).

32 Krystnell Storr, "Science Explains Why Women Are Faster to Mature Than Men," *Mic*, February 24, 2015.

33 Liz Griffin, "The Developing Teenage Brain," *The School Superintendents Association*, 펜실베이니아 대학 페렐만 의과대학의 신경학과장 프랜시스 젠슨과의 인터뷰, 2017년 9월. 또한 다음을 참조하라. Frances Jenson, *The Teenage Brain*(New York: HarperCollins, 2015): "조직은 연마되지 않은 지능과 시냅스의 힘뿐만이 아니라 뇌 연결 및 통합도 필요하다. 여기에서 수초(말이집)의 형성은 어마어마하게 큰 역할을 하며, 앞에서도 이야기했듯이 수초가 완전히 형성되려면 첫 30년의 상당 부분이 걸린다. 이 과정에서 성 격차가 가장 두드러지게 나타나는 시기는 청소년기다," pp. 232-33.

34 클라우디아 골딘, 로런스 프랜시스 캐츠(Lawrence F. Katz), 일리아나 쿠지엠코(Ilyana Kuziemko)는 "대학 입학을 위한 준비와 응시는 10대들이 해야 하므로, 발달 과정에서의 작은 차이는 대학에서의 학업 성과에서 커다란 차이를 가져올 수 있다."라고 다음 글에서 썼다. "The Homecoming of American College Women: The Reversal of the College Gender Gap," Working Paper 12139 (Cambridge, MA: National Bureau of Economic Research, March 2006), p. 3. 다양한 문화에서의 성격 발달을 연구한 마를레인 더볼러와 공저자들의 결론도 마찬가지다. "적어도 현재의 학교 체제하에서 학업 성과를 북돋우는 것으로 알려진 인성 측면을 보면 여학생들이 남학생들보다 꾸준히 더 좋은 점수를 얻는다. 달리 표현하자면 현재의 학교 환경은 전반적으로 여성적 타입의 성격에 더 적합한 것으로 보이고, 이러한 점 때문에 여학생들이 통상적으로 더 좋은 성적을 올리기 쉬운 것 같다." Marleen De Bolle and others, "The Emergence of Sex Differences in Personality Traits in Early Adolescence: A Cross-Sectional, Cross-Cultural Study," *Journal of Personality and Social Psychology*(January 2015). 또한 다음을 참조하라. Tony Cox, "Brain Maturity Extends Well

Beyond Teen Years," NPR, October 10, 2011.

35   National Academies of Sciences, Engineering, and Medicine, *The Promise of Adolescence: Realizing Opportunity for All Youth*(Washington, DC: The National Academies Press, 2019), p. 40.

36   "경쟁 환경이 평등해짐에 따라 남녀 간 발달 차이는 교육 성과의 차이를 설명하는 데 한층 더 주목할 만해진다." Goldin, Katz, and Kuziemko, "The Homecoming of American College Women," p. 4.

37   National Center for Education Statistics, "Degrees Conferred by Postsecondary Institutions, by Level of Degree and Sex of Student: Selected Years, 1869 – 70 through 2029 – 30," *Digest of Education Statistics*, Table 318.10. 또한 다음을 참조하라. National Center for Education Statistics, "Degrees in Business Conferred by Postsecondary Institutions, by Level of Degree and Sex of Student: Selected Years, 1955 – 56 through 2017 – 18," Table 325.25.

38   National Center for Education Statistics, "Number of Postsecondary Institutions Conferring Doctor's Degrees in Dentistry, Medicine, and Law, and Number of Such Degrees Conferred, by Sex of Student: Selected Years, 1949 – 50 through 2018 – 19." 또한 다음을 참조하라. Higher Education General Information Survey (HEGIS), "'Degrees and Other Formal Awards Conferred' Surveys from 1965 – 66 through 1985 – 86 and IPEDS Fall 2019 Completions Component," July 2020.

39   National Center for Education Statistics, "Degrees Conferred by Degree-Granting Institutions, by Level of Degree and Sex of Student." 1970년~1971년에서 1978년~1979년까지의 참고 연도에 대해서 나는 2005년 출간본의 표 246을 사용했음을, 1979~1980년과 이후 연도에 관해서는 2020년 출간본을 사용했음을 알려 둔다.

40   National Center for Education Statistics, "Degrees Conferred by Degree-Granting Institutions, by Level of Degree and Sex of Student," Table 318.20, July 2020.

41   저자의 계산은 다음에 기반을 둔다. National Center for Education Statistics, "Number of Postsecondary Institutions Conferring Doctor's Degrees in Dentistry, Medicine, and Law, and Number of Such Degrees

Conferred, by Sex of Student: Selected Years, 1949-50 through 2018-19."

42　Jay Reeves, "Women Are Law Review Editors at Top 16 Law Schools," Lawyers Mutual, *Byte of Prevention*(blog), April 17, 2020.

43　Nick Hillman and Nicholas Robinson, *Boys to Men: The Underachievement of Young Men in Higher Education—and How to Start Tackling It*" (Oxford, UK: Higher Education Policy Institute, 2016). 2018/2019학년도에 관해서는 다음을 보라. Higher Education Student Statistics: UK, 2018/2019, Table 1. 총 42만 4540개의 학위 중에서 여성에게 수여된 학위는 24만 4535개였다.

44　"Widening Access and Participation," in *UCAS End of Cycle Report 2019*(Cheltenham, UK: UCAS, 2019), chap. 6.

45　Jon Marcus, "The Degrees of Separation between the Genders in College Keep Growing," *Washington Post*, October 27, 2019.

46　Rosamond Hutt, "These 10 Countries Are Closest to Achieving Gender Equality," World Economic Forum, December 19, 2019.

47　Marcus, "The Degrees of Separation."

48　Scottish Funding Council, *Gender Action Plan: Annual Progress Report*, February 6, 2019.

49　STEM의 전반적 사항에 관해서는 다음을 참조하라. U.S. Department of Education, National Center for Education Statistics, "Number and Percentage Distribution of Science, Technology, Engineering, and Mathematics (STEM) Degrees/Certificates Conferred by Postsecondary Institutions, by Race/Ethnicity, Level of Degree/Certificate, and Sex of Student: 2009-10 through 2018-19," Table 318.45, February 2021. 수학과 물리학에 관해서는 다음을 참조하라. U.S. Department of Education, National Center for Education Statistics, "Bachelor's, Master's, and Doctor's Degrees Conferred by Postsecondary Institutions, by Sex of Student and Discipline Division: 2017-18," May 2021.

50　OECD, "Educational Attainment and Labour-Force Status: ELS-Population Who Attained Tertiary Education, by Sex and Age Group." 2022년 3월 10일에 추출한 데이터이며, 대부분 2020년의 추정치다.

51 Brown University, "Students by Gender," 2020–2021; Columbia University, "Enrollment by School and Gender," Fall 2020; Cornell University, "Composition Dashboard Fall 2019"; Dartmouth College, "Class Profile & Testing," Class of 2025 Enrollment; Jessica M. Wang and Brian P. Yu, "Makeup of the Class," *Harvard Crimson*, 2021; University of Pennsylvania, "Penn Diversity Facts and Figures," Fall 2020; Princeton University, "Diversity: Gender," 2020 Degree-Seeking Students; Yale University, "By the Numbers," Fall 2020.

52 Jennifer Delahunty Britz, "To All the Girls I've Rejected," *New York Times*, March 23, 2006.

53 Dave Bergman, "Gender in College Admissions—Do Men or Women Have an Edge?," *College Transitions*, May 21, 2021.

54 Vassar College, "Common Data Set 2020/21," Institutional Research.

55 Integrated Postsecondary Education Data System (IPEDS), "Kenyon College: Enrollment by Gender, Student Level, and Full-and Part-Time Status: Fall 2020," 2019–2020.

56 Hanna Rosin, *The End of Men: And the Rise of Women* (New York: Riverhead Books, September 2012), p. 148.

57 Rosin, p. 148–9.

58 Douglas Belkin, "A Generation of American Men Give Up on College: 'I Just Feel Lost,'" *Wall Street Journal*, September 6, 2021.

59 Dylan Conger and Mark C. Long, "Why Are Men Falling Behind? Gender Gaps in College Performance and Persistence," *Annals of the American Academy of Political and Social Science* (January 2010).

60 Esteban Aucejo and Jonathan James, "The Path to College Education: The Role of Math and Verbal Skills," *Journal of Political Economy* (October 2021).

61 National Center for Education Statistics, "Graduation Rate from First Institution Attended for First-Time, Full-Time Bachelor's Degree-Seeking Students at 4-Year Postsecondary Institutions, by Race/Ethnicity, Time to Completion, Sex, Control of Institution, and Percentage of Applications Accepted: Selected Cohort Entry Years, 1996 through 2012,"

62 *Digest of Education Statistics*, Table 326.10.
62 David Leonhardt and Sahil Chinoy, "The College Dropout Crisis," *New York Times*, May 23, 2019.
63 이것은 매슈 칭고스가 제공한 데이터를 바탕으로 한 나의 추정치다.
64 Siwei Cheng and others, "Heterogeneous Returns to College over the Life Course," *Science Advances* (December 2021).
65 David Autor and Melanie Wasserman, *Wayward Sons: The Emerging Gender Gap in Labor Markets and Education* (Washington, DC: Third Way, 2013).
66 School League Tables Team, "School League Tables: Boys behind Girls for Three Decades," BBC News, February 6, 2020.
67 Claudia Goldin, Lawrence F. Katz, and Ilyana Kuziemko, "The Homecoming of American College Women: The Reversal of the College Gender Gap," *Journal of Economic Perspectives* (Fall 2006).
68 Catherine E. Freeman, "Trends in Educational Equity of Girls & Women: 2004," National Center for Education Statistics, Institute of Education Sciences, November 2004, p. 66. 이후의 수치에 관해서는 다음을 참조하라. National Center for Education Statistics, High School Longitudinal Study of 2009 (HSLS).
69 Rosin, *The End of Men*, p. 263.
70 School League Tables Team, "School League Tables: Boys behind Girls for Three Decades."

제2장 워킹맨의 우울

1 "Emerging Labor Market and Education Trends: Reshaping Pathways to the Middle Class," Federal Reserve Bank of Chicago, YouTube channel (video), July 19, 2019 (quote at 1:03).
2 Susan Faludi, *Backlash: The Undeclared War against American Women* (New York: Crown, 2006), p. 41.
3 David Autor and Melanie Wasserman, *Wayward Sons: The Emerging Gender Gap in Labor Markets and Education* (Washington DC: Third Way, 2013), p. 7.

4   1970년 1분기에서 2019년 4분기까지 한창나이의 남성들에 관해 계절 조정을 한 수치들이다. 출처: U.S. Bureau of Labor Statistics. Series ID: LNS11300061Q.

5   U.S. Bureau of Labor Statistics, "Labor Force Participation Rate—High School Graduates, No College, 25 Yrs. & over, Men." Series ID: LNU01327676Q.

6   고등학교 졸업 후 대학에 진학하지 않은 25세 이상 근로자 약 2140만 명이 2019년 4분기 기준 노동 인력에 포함되어 있다. 2022년 2월 4일에 세인트루이스 연방준비은행으로부터 수집한 자료다. 노동력 참여율이 68퍼센트(앞의 주석 참조)라는 것은 고등학교를 졸업한 후 대학에 가지 않은 25세 이상의 남성 중에 노동 인력에 포함되지 않는 이가 약 1000만 명이라는 뜻이다. 중국 인민해방군 소속 현역 군인은 약 200만 명이다. 다음을 참조하라. Cathleen Campbell, "China's Military: The People's Liberation Army" (Congressional Research Service, June 2021).

7   Richard V. Reeves and Eleanor Krause, "Why Are Young, Educated Men Working Less?," Brookings Institution, February 23, 2018.

8   Gray Kimbrough, "Xboxes and Ex-workers? Gaming and Labor Supply of Young Adults in the U.S." (American University, 2020), p. 9.

9   Betsey Stevenson, *Women, Work, and Families: Recovering from the Pandemic-Induced Recession*, (Brookings Institution, September 2021), figure 1, p. 2.

10 Stefania Albanesi and Jiyeon Kim, "Effects of the COVID-19 Recession on the US Labor Market: Occupation, Family, and Gender," *Journal of Economic Perspectives* (August 2021). 스테파니 애런슨(Stephanie Aaronson)과 프란시스카 앨바(Francisca Alba)는 또한 팬데믹 기간의 학교 폐쇄가 어머니들의 고용에 '어느 정도' 부정적인 영향을 끼쳤음을 알아냈다. 다음을 참조하라. "The Relationship between School Closures and Female Labor Force Participation during the Pandemic," Brookings Institution, November 2021.

11 Stevenson, "Women, Work, and Families," p. 1.

12 Jason Furman and Wilson Powell III, "US Makes Solid Job Gains in October but Millions Are Still on the Sidelines," Peterson Institute for

International Economics (November 2021).

13 Vanessa Fuhrmans and Lauren Weber, "Burned out and Restless from the Pandemic, Women Redefine Their Career Ambitions," *Wall Street Journal*, September 27, 2021.

14 Mark Muro and others, *Automation and Artificial Intelligence*, (Brookings Institution, January 2019), p. 44.

15 Sarah O'Connor, "The Robot-Proof Skills That Give Women an Edge in the Age of AI," *Financial Times*, February 12, 2019.

16 Guido Matias Cortes, Nir Jaimovich, and Henry Siu, "The 'End of Men' and Rise of Women in the High-Skilled Labor Market," Working Paper 24274 (Cambridge, MA: National Bureau of Economic Research, November 2018).

17 Marcus Casey and Sarah Nzau, "The Differing Impact of Automation on Men and Women's Work," Brookings Institution, September 11, 2019.

18 U.S. Bureau of Labor Statistics, "Occupational Requirements Survey: Sedentary Strength Requirements" (2018).

19 Elizabeth Fain and Cara Weatherford, "Comparative Study of Millennials' (Age 20-34 Years) Grip and Lateral Pinch with the Norms," *Journal of Hand Therapy*(October 2016).

20 U.S. Bureau of Labor Statistics, *Occupational Outlook Handbook*.

21 토론에 관해서는 다음을 참조하라. Katherine G. Abraham and Melissa S. Kearney, "Explaining the Decline in the US Employment-to-Population Ratio: A Review of the Evidence," *Journal of Economic Literature*(September 2020).

22 Richard V. Reeves, "With Respect: How Liberal Societies Flourish," Brookings Institution, February 12, 2019.

23 Fatih Guvenen and others, "Lifetime Earnings in the United States over Six Decades," Becker Friedman Institute, Working Paper 2021-60 (University of Chicago, 2021). 나는 PCE 물가지수를 이용해 그들의 주된 결론을 여기서 보고한 바 있다. 또한 다음을 참조하라. Stephen J. Rose and Heidi I. Hartmann, *Still a Man's Labor Market*(Institute for Women's Policy Research, 2018).

24 BLS Reports "Highlights of Women's Earnings in 2020," US Bureau of Labor Statistics (September 2021), p. 5.

25 Hans Rosling, *Factfulness: Ten Reasons We're Wrong about the World—and Why Things Are Better Than You Think*(New York: Flatiron Books, 2018), p. 38.

26 U.S. Bureau of Labor Statistics, *Highlights of Women's Earnings in 2020*, BLS Reports, September 2021.

27 Claudia Goldin, "A Grand Gender Convergence: Its Last Chapter," *American Economic Review*(April 2014).

28 Toni Van Pelt, "The Paycheck Fairness Act Would Help Close the Gender Wage Gap. Why Won't the Senate Pass it?," *Fortune*, August 26, 2019.

29 Christina Hoff Sommers, "No, Women Don't Make Less Money Than Men," *Daily Beast*, May 29, 2019.

30 Kerri Anne Renzulli, "46% of American Men Think the Gender Pay Gap Is 'Made Up to Serve a Political Purpose,'" CNBC, April 4, 2019.

31 Francine D. Blau and Lawrence M. Kahn, "The Gender Wage Gap: Extent, Trends, and Explanations," *Journal of Economic Literature*(September 2017). 또한 다음을 참조하라. *2022 State of the Gender Pay Gap Report*(PayScale, 2022). 국제적 비교를 원한다면 다음을 참조하라. Gabriele Ciminelli and Cyrille Schwellnus, "Sticky Floors or Glass Ceilings? The Role of Human Capital, Working Time Flexibility and Discrimination in the Gender Wage Gap," VoxEU CEPR (May 16, 2021).

32 CONSAD Research Corporation, *An Analysis of the Reasons for the Disparity in Wages between Men and Women*, report prepared for the U.S. Department of Labor Employment Standards Administration (January 2009), p. 2.

33 John Iceland and Ilana Redstone, "The Declining Earnings Gap between Young Women and Men in the United States, 1979-2018," *Social Science Research*(November 1, 2020). 또한 다음을 참조하라. Press Association, "Women in Their 20s Earn More Than Men of the Same Age, Study Finds," *The Guardian*, August 28, 2015; 그리고 다음을 참조하라. Sarah

34 Kliff, "A Stunning Chart Shows the True Cause of the Gender Wage Gap," Vox, February 19, 2018.
34 Heather Long, "80 Nations Set Quotas for Female Leaders. Should the U.S. Be Next?," *Washington Post*, November 3, 2021.
35 Michelle J. Budig, "The Fatherhood Bonus and the Motherhood Penalty: Parenthood and the Gender Gap in Pay," Third Way, September 2, 2014. 양모들이 생모와 다름없는 소득 감소를 겪는다는 사실을 볼 때, 역시 이것은 여성의 생물학적 측면이라기보다는 어머니의 돌봄에 관한 문제라는 점이 두드러진다. 또한 다음을 참조하라. Henrik Kleven, Camille Landais, and Jakob Egholt Søgaard, "Does Biology Drive Child Penalties? Evidence from Biological and Adoptive Families," *American Economic Review: Insights*(June 2021), p. 183. 그들은 다음과 같은 결론에 이른다. "부유한 국가에 여전히 남아 있는 남녀 불평등의 대부분은 남자와 여자가 아이들에게서 받는 영향이 사뭇 다르기 때문일 것이다."
36 Yoon Kyung Chung and others, "The Parental Gender Earnings Gap in the United States," Working Paper CES 17-68 (U.S. Census Bureau, November 2017). 또한 다음을 참조하라. Danielle Sandler and Nichole Szembrot, "Maternal Labor Dynamics: Participation, Earnings, and Employer Changes," Working Paper CES 19-33 (U.S. Census Bureau, December 2019).
37 Ylva Moberg, "Does the Gender Composition in Couples Matter for the Division of Labor After Childbirth?," Working Paper 2016:8 (Institute for Evaluation of Labour Market and Education Policy, 2016). 또한 다음을 참조하라. Martin Eckhoff Andresen and Emily Nix, "What Causes the Child Penalty? Evidence from Adopting and Same-Sex Couples," *Journal of Labor Economics*(accepted for publication).
38 Valentin Bolotnyy and Natalia Emanuel, "Why Do Women earn Less Than Men? Evidence from Bus and Train operators," *Journal of Labor Economics*(forthcoming). Available as a Working Paper, p. 34, https://scholar.harvard.edu/files/bolotnyy/files/be_gendergap.pdf.
39 Bolotnyy and Emanuel, "Why Do Women earn Less than Men?," p. 34.
40 Claudia Goldin, *Career and Family: Women's Century-Long Journey toward*

Equity(Prince ton University Press, 2021), p. 149.

41 Marianne Bertrand, Claudia Goldin, and Lawrence F. Katz, "Dynamics of the Gender Gap for Young Professionals in the Financial and Corporate Sectors," *American Economic Journal: Applied Economics*(July 2010).

42 다음 글에서 표 2를 참조하라. BLS Reports, "Women in the Labor Force: A Databook," U.S. Bureau of Labor Statistics (April 2021).

43 Executive Office of the President Council of Economic Advisers, "The Economics of Family-Friendly Workplace Policies," in *Economic Report of the President 2015*(U.S. Government Publishing Office, February 2015), p. 157.

44 BLS Reports, "Women in the Labor Force."

45 BLS Reports, "Women in the Labor Force," Table 11.

46 Cynthia Grant Bowman, "Women in the Legal Profession from the 1920s to the 1970s: What Can We Learn from Their Experience about Law and Social Change?," *Cornell Law Faculty Publications*, Paper 12, 2009; U.S. Bureau of Labor Statistics, "Employed Full Time: Wage and Salary Workers: Lawyers Occupations: 16 Years and Over," Series LeU0254483400A, *Federal Reserve Bank of St. Louis*, November 19, 2021.

47 Goldin, *Career and Family*, p. 125.

48 Hanna Rosin, "New Data on the Rise of Women," TED talk (video), December 2010 (quote at 2:32).

49 Lisa O'Kelly, "Hanna Rosin: 'I Feel Miscast in the Gender Wars,'" *The Guardian*, September 29, 2019.

50 Courtney Connley, "A Record 41 Women Are Fortune 500 Ceos—and for the First Time Two Black Women Made the List," *CNBC Make It*, June 2, 2021. 기업 이사들에 관련된 데이터는 다음을 참조하라. "Women in the Workplace 2021," McKinsey & Company, September 27, 2021.

51 Kate Clark, "US VC Investment in Female Founders Hits All-Time High," TechCrunch, December 9, 2019.

제3장 소외감을 느끼는 아빠들

1 Adlai E. Stevenson, "A Purpose for Modern Woman," *Women's Home Companion*(September 1955), pp. 30–31. 또한 다음을 참조하라. K. A. Cuordileone, *Manhood and American Political Culture in the Cold War*(London: Routledge, 2012), p. 261.
2 Gloria Steinem, "The Politics of Women," May 31, 1971, p. 6. 스미스 칼리지에서 한 연설에 관해서는 다음을 보라. www.alumnae.smith.edu/smithcms/1971/files/2015/08/Steinem-Commencement-Address.pdf.
3 Margaret Mead, *Some Personal Views*(New York: Walker, 1979), p. 50.
4 Claudia Goldin, Lawrence F. Katz, and Ilyana Kuziemko, "The Homecoming of American College Women: The Reversal of the College Gender Gap," Working Paper 12139 (Cambridge, MA: National Bureau of Economic Research, March 2006).
5 "Economic Diversity and Student Outcomes at America's Colleges and Universities: Find Your College," *New York Times*, January 18, 2017. 다음 자료로부터 얻은 데이터를 쌍방향으로 활용했다. Raj Chetty and others, "Mobility Report Cards: The Role of Colleges in Intergenerational Mobility," Working Paper 23618 (Cambridge, MA: National Bureau of Economic Research, December 2017).
6 David Gilmore, *Manhood in the Making: Cultural Concepts of Masculinity*(Yale University Press, 1991), pp. 222–23.
7 David Morgan, "Class and Masculinity," in *Handbook of Studies on Men & Masculinities*, ed. Michael S. Kimmel, Jeff Hearn, and R. W. Connell (Thousand Oaks, CA: Sage, 2005), p. 169. 또한 다음을 참조하라. Stephen Nock, *Marriage in Men's Lives*(Oxford University Press, 1998), p. 132. "성인 남성들을 규정하는 보편적인 세 가지 역할 …… 아버지, 부양자, 보호자."
8 Geoff Dench, *Transforming Men: Changing Patterns of Dependency and Dominance in Gender Relations*(London: Routledge, 1998), p. 8.
9 Laura Tach, Ronald Mincy, and Kathryn Edin, "Parenting as a 'Package Deal': Relationships, Fertility, and Nonresident Father Involvement

among Unmarried Parents," *Demography*(February 2010).
10   Gilmore, *Manhood in the Making*, p. 221.
11   John Stuart Mill, "The Subjection of Women" [1869], *Collected Works of John Stuart Mill*, vol. 21 (University of Toronto Press, 1984), p. 325. Gloria Steinem, "A New Egalitarian Life Style," *New York Times*, Aug 16, 1971.
12   예를 들어 다음을 참조하라. Clare Chambers, *Against Marriage: An Egalitarian Defence of the Marriage-Free State*(Oxford University Press, 2017). 그리고 다음을 참조하라. Rebecca Traister, *All the Single Ladies: Unmarried Women and the Rise of an Independent Nation*(New York: Simon & Schuster, 2016).
13   Arthur Miller, *Death of a Salesman*[1949], (New York: Penguin Books, 1998), p. 11.
14   Irina Dunn, "A Woman Needs a Man Like a Fish Needs a Bicycle," (written in 1970), 글로리아 스타이넘이 2000년 9월 16일 자 주간지 《타임(Time)》에 보낸 편지에서 던의 글로 언급되었다.
15   Lorraine Ali, "The Secret Lives of Wives," *Newsweek*, July 11, 2004.
16   Sarah Jane Glynn, "Breadwinning Mothers Continue to Be the U.S. Norm," Center for American Progress, May 10, 2019.
17   U.S. Census Bureau, "Table F-22. Married-Couple Families with Wives' Earnings Greater Than Husbands' Earnings: 1981 to 2020," in Current Population Survey, 1982 to 2021 Annual Social and Economic Supplements.
18   Cheridan Christnacht and Briana Sullivan, "About Two-thirds of the 23.5 Million Working Women with Children Under 18 Worked Full-Time in 2018," United States Census Bureau, May 8, 2020. 또한 다음을 참조하라. Pew Research Center, "Raising Kids and Running a Household: How Working Parents Share the Load," November 4, 2015.
19   David Willetts, *The Pinch: How the Baby Boomers Took Their Children's Future—and Why They Should Give it Back*(London: Atlantic Books, 2011), p. 53. 또한 "근대 산업사회에서 아동 대다수는 결손가정에 살면서, 소득 상위 계층의 남성들과 직장이 있는 여성들에게 부과되는 세금에 의해 지

원을 받는다."라는 마거릿 미드의 말과 함께 다음을 참조하라. Margaret Mead, *Male and Female*(New York: Harper Perennial, 2001), p. 191.

20 Vicki Larson and Beverly Willett, "Room for Debate: When Divorce Is a Family Affair," *New York Times*, February 13, 2013.

21 Social Capital Project, "Love, Marriage, and the Baby Carriage: The Rise in Unwed Childbearing," The United States Congress Joint Economic Committee, SCP Report 4-17 (December 11, 2017).

22 Social Capital Project, "Rising Unwed Pregnancy and Childbearing across Educational and Racial Groups," The United States Congress Joint Economic Committee, SCP Brief (February 14, 2018).

23 나는 여기서 "매우 동의한다(strongly agree)"와 "동의한다(agree)"를 더했다. 자료 출처는 GSS 데이터 익스플로러(GSS Data Explorer)로, 질문은 이러했다: "워킹맘은 일하지 않는 어머니와 꼭 마찬가지로 아이와 좋은 관계를 누릴 수 있는가? (동의한다/동의하지 않는다)"

24 William J. Goode, "Why Men Resist," *Dissent*(Spring 1980).

25 Claire Cain Miller, "Why Men Don't Want the Jobs Done Mostly by Women," *New York Times*, January 4, 2017.

26 Kim Parker and Renee Stepler, "Men Seen as Financial Providers in U.S., Even as Women's Contributions Grow," Pew Research Center, September 20, 2017.

27 Shelly Lundberg, Robert A. Pollak, and Jenna Stearns, "Family Inequality: Diverging Patterns in Marriage, Cohabitation, and Childbearing," *Journal of Economic Perspectives*(Spring 2016).

28 Alexandra Killewald, "Money, Work and Marital Stability: Assessing Change in the Gendered Determinants of Divorce," *American Sociological Review*(August 2016), p. 696.

29 Marianne Bertrand, Emir Kamenica, and Jessica Pan, "Gender Identity and Relative Income within Households," *Quarterly Journal of Economics*(May 2015), p. 572.

30 Steven Ruggles, "Patriarchy, Power, and Pay: The Transformation of American Families, 1800-2015," *Demography*(December 2015), table 2, p. 1814.

31　Dench, *Transforming Men*, pp. 17 and 19.
32　David Blankenhorn, *Fatherless America: Confronting Our Most Urgent Social Problem*(New York: Harper Perennial, 1996), p. 18.
33　Andrew Cherlin, "Marriage Has Become a Trophy," *The Atlantic*, March 20, 2018.
34　Juliana Menasce Horowitz, Nikki Graf, and Gretchen Livingston, "Marriage and Cohabitation in the U.S," Pew Research Center, November 6, 2019.
35　Ariel J. Binder and John Bound, "The Declining Labor Market Prospects of Less-Educated Men," *Journal of Economic Perspectives*(Spring 2019), p. 181. 같은 쪽에서 그들은 또한 다음과 같이 썼다. "안정적인 가족이 줄어들면서 …… 노동력 공급의 인센티브가 없어져버렸다."
36　Michèle Lamont, *The Dignity of Working Men: Morality and the Bound aries of Race, Class, and Immigration*(Harvard University Press, 2009), pp. 26 and 29.
37　예를 들면 다음과 같다. *Lancaster Intelligencer* on September 20, 1859, Vol. LX.
38　건강에 관해서는 다음을 보라. "Marriage and Men's Health," Harvard Health Publishing, June 5, 2019. 고용 수치에 관해서는 다음을 보라. "Labor Force Participation Rate—Never Married, Men," BLS Data Viewer, Series ID: LNU01300149Q. 사회적 네트워크에 관해서는 다음을 보라. Daniel A. Cox, "Emerging Trends and enduring Patterns in American Family Life," The Survey Center on American Life, American enterprise Institute, February 9, 2022. 또한 다음을 참조하라. Christopher J. Einolf and Deborah Philbrick, "Generous or Greedy Marriage? A Longitudinal Study of Volunteering and Charitable Giving," *Journal of Marriage and Family(*June 2014).
39　이 수치들은 전성기 나이(25세~54세)의 남성들에 관한 것이다. Patrick T. Brown, "Opioids and the Unattached Male," *City Journal*, January 14, 2022.
40　Michael J. Rosenfeld, "Who Wants the Breakup? Gender and Breakup in Heterosexual Couples," in *Social Networks and the Life Course: Integrating*

the Development of Human Lives and Social Relational Networks, ed. Duane F. Alwin, Diane Felmlee, and Derek Kreager (New York: Springer, 2018), pp. 221-243. 또한 다음을 참조하라. Daniel S. Felix, W. David Robinson, and Kimberly J. Jarzynka, "The Influence of Divorce on Men's Health," *Journal of Men's Health*(November 2013).

41 Mary Jo Murphy and Megan Thee-Brenan, "Poll Finds Most Voters Embrace Milestone for Women, If Not Hillary Clinton," *New York Times*, September 16, 2016.

42 "Where Americans Find Meaning in Life: Detailed Tables," Pew Research Center, November 20, 2018. 성별 명세에 관해서는 부록에 실린 자세한 표를 참조하라.

43 Janet Shibley Hyde, "Women, Men, Work, and Family: Expansionist Theory Updated," in *Gender and Couple Relationships*, ed. Susan M. McHale and others (New York: Springer, 2016), p. 102.

44 Maria Cotofan and others, "Work and Well-being during COVID-19: Impact, Inequalities, Resilience, and the Future of Work," in *World Happiness Report 2021*, ed. John F. Helliwell and others (New York: Sustainable Development Solutions Network, 2021).

45 Barack Obama, "Text of Obama's Fatherhood Speech," *Politico*, June 15, 2008.

46 Jacob E. Cheadle, Paul R. Amato, and Valarie King, "Patterns of Nonresident Father Contact," *Demography*(2010), appendix figure A1.

47 Gretchen Livingston and Kim Parker, "A Tale of Two Fathers: More Are Active, but More Are Absent," Pew Research Center, June 15, 2021.

48 추가로 아버지와만 사는 1퍼센트는 4.5퍼센트로 늘어났다. 다음을 참조하라. Paul Hemez and Channell Washington, "Percentage and Number of Children Living with Two Parents Has Dropped since 1968," U.S. Census Bureau, April 12, 2021.

49 Jill Daugherty and Casey Copen, "Trends in Attitudes about Marriage, Childbearing, and Sexual Behavior: United States, 2002, 2006-2010, and 2011-2013," *National Health Statistics Reports*(Hyattsville, MD: National Center for Health Statistics, 2016).

50 Patrick F. Fagan and Christina Hadford, "The Fifth Annual Index of Family Belonging and Rejection," Marriage and Religion Research Institute, February 12, 2015, table 1.
51 George F. Gilder, *Sexual Suicide*(New York: Quadrangle, 1973), p. 91.

제4장 드와이트는 왜 안경을 쓸까

1 Keith L. Alexander, "Trendy, Non-prescription Eyewear Latest in Criminal Defendant Strategic Attire," *Washington Post*, March 27, 2012.
2 Michael J. Brown, "Is Justice Blind or Just Visually Impaired? The Effects of Eyeglasses on Mock Juror Decisions," American Society of Trial Consultants, 2011.
3 Kimberlé Crenshaw, "Demarginalizing the Intersection of Race and Sex: A Black Feminist Critique of Antidiscrimination Doctrine, Feminist Theory and Antiracist Politics," *University of Chicago Legal Forum*(1989), p. 166.
4 Tiffany N. Ford, "Exploring Complexity in Well-Being: A Mixed Methods examination of the Black Women's Well-Being Paradox" forthcoming, p. 11. 또한 다음을 참조하라. Lisa Bowleg and others, "'It's an Uphill Battle Everyday': Intersectionality, Low-Income Black Heterosexual Men, and Implications for HIV Prevention Research and Interventions," *Psychology of Men & Masculinity*(2013).
5 Evelyn M. Simien, "Doing Intersectionality Research: From Conceptual Issues to Practical Examples," *Politics & Gender*(June 2007).
6 Gene Demby, "The Truth behind the Lies of the Original 'Welfare Queen,'" NPR, December 20, 2013.
7 Colleen Flaherty, "Tommy Curry Discusses New Book on How Critical Theory Has Ignored Realities of Black Maleness," *Inside Higher Ed*, September 7, 2017.
8 Tommy Curry, *The Man-Not: Race, Class, Genre and the Dilemmas of Black Manhood*(Temple University Press, 2017), p. 17.

9   Sheryll Cashin, *White Space, Black Hood*(Boston: Beacon Press, 2021), p. 5.
10 Richard V. Reeves, "Boys to Men: Fathers, Family, and Opportunity," Brookings Institution, June 19, 2015.
11 Raj Chetty and others, "The Opportunity Atlas," Opportunity Insights, October 2018, www.opportunityatlas.org.
12 Maryland State Department of Education, "Belmont Elementary 2018 - 2019 School Report Card," Maryland Public Schools (2021).
13 여기서 사용된 결과 측정 단위가 '가계소득'이 아니라 '개인소득'이라는 점에 주목할 필요가 있다. Raj Chetty and others, "Race and Economic Opportunity in the United States: Executive Summary," The Equality of Opportunity Project, March 2018, p. 3.
14 Raj Chetty and others, "Race and Economic Opportunity in the United States: An Intergenerational Perspective," *Quarterly Journal of Economics*(May 2020), p. 747.
15 Scott Winship, Richard V. Reeves, and Katherine Guyot, "The Inheritance of Black Poverty: It's All about the Men," Brookings Institution, March 2018.
16 Daniel Patrick Moynihan, *The Negro Family: The Case for National Action*(Office of Policy Planning and Research, Department of Labor, 1965), chap. 4, "The Tangle of Pathology." 또한 다음을 참조하라. Daniel Geary, "The Moynihan Report: An Annotated Edition," *The Atlantic*, September 14, 2015.
17 Jonathan Rothwell, "Housing Costs, Zoning, and Access to High-Scoring Schools," Brookings Institution, April 2012.
18 Jerlando F. L. Jackson and James L. Moore III, "African American Males in Education: Endangered or Ignored?," *Teachers College Record*(February 2006), p. 201.
19 National Center for Education Statistics, "Percentage of High School Dropouts among Persons 16 to 24 Years Old (Status Dropout Rate), by Sex and Race/Ethnicity: Selected Years, 1960 through 2017," U.S. Department of Education, November 2018. 칼리지 등록에 관해서는 다음을 참조하라. National Center for Education Statistics, "Percentage of

18-to 24-Year-Olds Enrolled in College, by Level of Institution and Sex and Race/Ethnicity of Student: 1970 through 2018," U.S. Department of Education, 2020. 석사 학위 획득에 관해서는 다음을 참조하라. National Center for Education Statistics, "Percentage of Persons 25 to 29 Years Old with Selected Levels of Educational Attainment, by Race/Ethnicity and Sex: Selected Years, 1920 through 2020," U.S. Department of Education, October 2020.

20 National Center for Education Statistics, "Master's Degrees Conferred by Postsecondary Institutions, by Race/Ethnicity and Sex of Student: Selected Years, 1976 – 77 through 2018 – 19," U.S. Department of Education, June 2020.

21 Bart Shaw and others, *Ethnicity, Gender and Social Mobility, Social Mobility Commission*(London: Social Mobility Commission, December 2016).

22 Sherry N. Mong and Vincent J. Roscigno, "African American Men and the Experience of Employment Discrimination," *Qualitative Sociology*(2010).

23 Mitra Toossi and Leslie Joyner, "Blacks in the Labor Force," U.S. Bureau of Labor Statistics, February 2018.

24 Raj Chetty and others, "Race and Economic Opportunity in the United States: An Intergenerational Perspective," March 2018, p. 22. www.equality-of-opportunity.org/assets/documents/race_paper.pdf. "부모가 상위 25퍼센트 안에 드는 흑인 남성의 취업률은 부모가 하위 9퍼센트에 드는 백인 남성의 취업률과 비슷하다." 특히 다음을 참조하라. figure VI F.

25 Sarah Jane Glynn, "Breadwinning Mothers Continue to Be the U.S. Norm," Center for American Progress, May 10, 2019.

26 Vincent J. Roscigno, *The Face of Discrimination: How Race and Gender Impact Work and Home Lives*(Lanham, MD: Rowman & Littlefield, 2007).

27 Emily Badger and others, "Extensive Data Shows Punishing Reach of Racism for Black Boys," *New York Times*, March 19, 2018.

28 Obama Foundation, "We Are our Brothers' Keepers," My Brother's Keeper Alliance, 2014, www.obama.org/mbka.

29 "New Analysis Finds Little Evidence to Support the Focus on Boys

and Young Men of Color in the White House My Brother's Keeper Initiative," Institute for Women's Policy Research, February 25, 2015.
30 Camille Busette, "A New Deal for Poor African-American and Native-American Boys," Brookings Institution, March 14, 2018.
31 Ta-Nehisi Coates, "The Black Family in the Age of Mass Incarceration," *The Atlantic*, September 14, 2015.
32 Coates, "The Black Family." 흑인 여성은 백인 남성만큼 폭력적이라고 간주되기 쉬운 반면에, 백인 여성을 폭력적으로 보는 일은 흔치 않다는 사실에 주목하라.
33 Corrine McConnaughy and Ismail K. White, "Racial Politics Complicated: The Work of Gendered Race Cues in American Politics," paper prepared for the New Research on Gender in Political Psychology Conference, Rutgers University, March 4–5, 2011, fig. 1.
34 Moynihan, *The Negro Family*, chap. 3, "The Roots of the Problem."
35 Rashawn Ray, "Black People Don't Exercise in My Neighborhood: Perceived Racial Composition and Leisure-Time Physical Activity among Middle Class Blacks and Whites," *Social Science Research* (August 2017), p. 29.
36 Ibram X. Kendi, "Who Gets to Be Afraid in America?," *The Atlantic*, May 12, 2020.
37 Jonathan Rothwell, "Drug Offenders in American Prisons: The Critical Distinction between Stock and Flow," Brookings Institution, November 25, 2015.
38 Carroll Bogert and Lynnell Hancock, "Superpredator: The Media Myth That Demonized a Generation of Black Youth," The Marshall Project, November 20, 2020.
39 "Ta-Nehisi Coates: 'In America, It Is Traditional to Destroy the Black Body,'" *The Guardian*, September 20, 2015, 그의 다음 저서에서 발췌했다. *Between the World and Me* (New York: Spiegel & Grau, 2015).
40 Jennifer L. Doleac and Benjamin Hansen, "The Unintended Consequences of 'Ban the Box': Statistical Discrimination and Employment Outcomes When Criminal Histories Are Hidden," *Journal of Labor Economics* (April

2020).

41　Christina Stacy and Mychal Cohen, "Ban the Box and Racial Discrimination," Urban Institute, February 2017.

42　Devah Pager, *Marked: Race, Crime,* and *Finding Work in an Era of Mass Incarceration*(University of Chicago Press, 2008). Ta-Nehisi Coates, "The Black Family in the Age of Mass Incarceration."에서 인용.

43　Julie Bosman, "Obama Sharply Assails Absent Black Fathers," *New York Times*, June 16, 2008.

44　Jawanza Kunjufu, *Raising Black Boys*(Chicago: African American Images, 2007). 다음을 참조하라. Lottie Joiner, "The Impact of Absent Fathers on the Mental Health of Black Boys," Center for Health Journalism, 2016.

45　Leila Morsy and Richard Rothstein, "Mass Incarceration and Children's Outcomes," Economic Policy Institute, December 2016.

46　"Daniel Beaty—Knock, Knock," YouTube (video), November 19, 2009.

47　Jo Jones and William D. Mosher, *Fathers' Involvement with Their Children: United States, 2006–2010*, National Health Statistics Reports, no. 71 (National Center for Health Statistics, 2013).

48　US Census Bureau, Annual Social and Economic Supplement (ASEC), "Table A3. Parents with Coresident *Children* under 18, by Living Arrangement, Sex, and Selected Characteristics: 2020," from *Current Population Survey, 1982 to 2021 Annual Social and Economic Supplements*(2021).

49　Elizabeth Wildsmith, Jennifer Manlove, and Elizabeth Cook, "Dramatic Increase in the Proportion of Births Outside of Marriage in the United States from 1990 to 2016," Child Trends, August 8, 2018.

50　R. Kelly Raley, Megan M. Sweeney, and Danielle Wondra, "The Growing Racial and Ethnic Divide in U.S. Marriage Patterns," *Future Child*(Fall 2015), p. 89.

51　William Julius Wilson, *The Truly Disadvantaged*(University of Chicago Press, 1990).

52　Pew Research Center, "Views on Importance of Being a Provider Differ along Key Demographic Lines," September 19, 2017.

53 Coates, "The Black Family in the Age of Mass Incarceration."에서 인용.
54 Heather McGhee, *The Sum of Us: What Racism Costs Everyone and How We Can Prosper Together*(New York: oneWorld, 2021).
55 The Ferguson Commission, *Forward through Ferguson: A Path toward Racial Equity*(October 2015).
56 U.S. Commission on Civil Rights, Commission on the Social Status of Black Men and Boys, 2020.
57 Florida Office of the Attorney General, Florida Council on the Social Status of Black Men and Boys, 2006, www.cssbmb.com.
58 Congresswoman Frederica Wilson, "Wilson Passes the Commission on the Social Status of Black Men and Boys Act," July 27, 2020.

제5장 유리 천장보다 계급 천장

1 Anne Case and Angus Deaton, "Mortality and Morbidity in the 21st Century," *BPEA*(Spring 2017), pp. 397–476; Anne Case and Angus Deaton, *Deaths of Despair and the Future of Capitalism*(Prince ton University Press, 2020).
2 Case and Deaton, "Mortality and Morbidity," pp. 429 and 438.
3 Joint Economic Committee, *Long-Term Trends in Deaths of Despair*, Social Capital Project Report No. 4-19 (September 2019).
4 Sarah A. Donovan and David H. Bradley, *Real Wage Trends, 1979 to 2019*, report prepared for Members and Committees of Congress (Congressional Research Service, December 2020).
5 Nick Hillman and Nicholas Robinson, "Boys to Men: The Underachievement of Young Men in Higher Education—and How to Start Tackling It," Higher Education Policy Institute (2016), p. 12.
6 Donald Trump, "The Inaugural Address," January 20, 2017, trumpwhitehouse.archives.gov.
7 Shannon M. Monnat, *Deaths of Despair and Support for Trump in the 2016 Presidential Election*, Research Brief, Department of Agricultural

Economics, Sociology, and Education (State College, PA: Pennsylvania State University, 2016).

8 Nicholas Kristof and Sheryl WuDunn, "Who Killed the Knapp Family?," *New York Times*, January 9, 2020. 또한 다음을 참조하라. Nicholas Kristof and Sheryl WuDunn, *Tightrope: Americans Reaching for Hope*(New York: Knopf Doubleday, 2020), pp. 119-20.

9 Kaiser Family Foundation (KFF), "Opioid overdose Deaths by Sex," March 16, 2021.

10 Alan B. Krueger, "Where Have All the Workers Gone? An Inquiry into the Decline of the U.S. Labor Force Participation Rate," Brookings Institution, September 7, 2017.

11 Katharine G. Abraham and Melissa S. Kearney, "Explaining the Decline in the US Employment-to-Population Ratio: A Review of the Evidence," *Journal of Economic Literature*(September 2020), p. 622.

12 캐나다에서는 약물로 인한 사망 사건의 증거에 관한 2018년의 조사로 아래와 같은 결론을 얻었다. "잠재적 위험 요소들을 분석해 보니, 약물 관련 사망은 대체로 당사자가 개인 주거지 안에서 혼자 있을 때 발생했다." 다음을 참조하라. Belzak Lisa and Halverson Jessica, "Evidence Synthesis—the Opioid Crisis in Canada: A National Perspective," *Health Promotion and Chronic Disease Prevention in Canada*(June 2018), p. 231.

13 "Suicide Worldwide in 2019: Global Health Estimates," *World Health Organization*, 2021, figure 9, p. 10.

14 Rhys Owen-Williams, "Dataset: Leading Causes of Death, UK," UK Office for National Statistics, March 27, 2020, table 5.

15 National Center for Health Statistics, Data Brief 398, February 2021, figure 3.

16 Barrett Swanson, "Is There a Masculine Cure for Toxic Masculinity?," *Harper's Magazine*, November 2019.

17 F. L. Shand and others, "What Might Interrupt Men's Suicide? Results from an online Survey of Men," *BMJ Open*, 2015.

18 Heather Boushey and Kavya Vaghul, "Women Have Made the Difference for Family Economic Security," Washington Center for Equitable

Growth, April 2016, p. 5. '이런저런 기타 소득'이 아주 작지만 도움이 되었다는 점을 지적하지 않을 수 없다.

19 Arlie Hochschild with Anne Machung, *The Second Shift: Working Families and the Revolution at Home*(New York: Viking Penguin, 1989, reissued 1997 and 2012).
20 U.S. Census Bureau, Table C2, "Household Relationship and Living Arrangements of *Children* under 18 Years, by Age and Sex: 2020."
21 Kathryn Edin and Maria Kefalas, *Promises I Can Keep: Why Poor Women Put Motherhood before Marriage*(University of California Press, 2005).
22 Edin and Kefalas, *Promises I Can Keep*, p. 81.
23 Sarah Jane Glynn, "Breadwinning Mothers Continue to Be the U.S. Norm," Center for American Progress, May 10, 2019.
24 R. Kelly Raley, Megan M. Sweeney, and Danielle Wondra, "The Growing Racial and Ethnic Divide in U.S. Marriage Patterns," *The Future of Children*(Fall 2015), pp. 89–109.
25 David Autor and Melanie Wasserman, *Wayward Sons: The Emerging Gender Gap in Labor Markets and Education*(Washington, DC: Third Way, 2013), p. 27.
26 Edin and Kefalas, *Promises I Can Keep*.
27 Andrew Cherlin, "Marriage Has Become a Trophy," *The Atlantic*, March 20, 2018.
28 Richard V. Reeves and Christopher Pulliam, "Middle Class Marriage Is Declining, and Likely Deepening Inequality," Brookings Institution, March 11, 2020. 또한 다음을 참조하라. Shelly Lundberg, Robert A. Pollak, and Jenna Steans, "Family Inequality: Diverging Patterns in Marriage, Cohabitation, and Childbearing," *Journal of Economic Perspectives*(Spring 2016).
29 Reeves and Pulliam, "Middle Class Marriage Is Declining."
30 Courtney C. Coile and Mark G. Duggan, "When Labor's Lost: Health, Family Life, Incarceration, and Education in a Time of Declining Economic Opportunity for Low-Skilled Men," *Journal of Economic Perspectives*(Spring 2019).

31 Isabel V. Sawhill, *Generation Unbound*(Brookings Institution Press, 2014), p. 76.

32 Elizabeth Wildsmith, Jennifer Manlove, and Elizabeth Cook, "Dramatic Increase in the Proportion of Births Outside of Marriage in the United States from 1990 to 2016," *Child Trends*, August 8, 2018.

33 Andrew J. Cherlin, "Rising Nonmarital First Childbearing among College-Educated Women: Evidence from Three National Studies," *Proceedings of the National Academy of Sciences*(September 2021), p. 6.

34 "'Ms' Feminists Taken Aback as Their High Priestess Steinem Becomes a 'Mrs' at 66," *Irish Times*, September 8, 2000.

35 Richard V. Reeves, "How to Save Marriage in America," *The Atlantic*, February 13, 2014.

36 Marianne Bertrand, Claudia Goldin, and Lawrence F. Katz, "Dynamics of the Gender Gap for Young Professionals in the Financial and Corporate Sectors," *American Economic Journal: Applied Economics*(July 2010).

37 Shoshana Grossbard and others, "Spouses' Income Association and Inequality: A Non-linear Perspective," Working Paper 2019-076 (Chicago: University of Chicago, December 2019), p. 1.

38 Shelly Lundberg, Robert A. Pollak, and Jenna Stearns, "Family Inequality: Diverging Patterns in Marriage, Cohabitation, and Childbearing," *Journal of Economic Perspectives*(Spring 2016), p. 97.

39 David Morgan, "Class and Masculinity," in *Handbook of Studies on Men and Masculinities*, ed. Michael S. Kimmel, Jeff Hearn, and Robert W. Connell (Thousand Oaks, CA: Sage, 2004).

40 Kathryn Edin and others, "The Tenuous Attachments of Working-Class Men," *Journal of Economic Perspectives*(Spring 2019), p. 222.

41 Edin and others, "The Tenuous Attachments of Working-Class Men," p. 222.

42 Jennifer M. Silva, *We're Still Here: Pain and Politics in the Heart of America*(Oxford University Press, 2019), pp. 66, 48-9, 42-3.

43 Daniel Cox, "Yes, Having More Friends Is Better," Survey Center on American Life, August 9, 2021. 또한 다음을 참조하라. Daniel Cox,

"American Men Suffer a Friendship Recession," *National Review*, July 6, 2021.
44 Daniel Cox, "Men's Social Circles Are Shrinking," Survey Center on American Life, June 29, 2021.
45 Richard Fry, "For the First Time in Modern Era, Living with Parents Edges Out Other Living Arrangements for 18-to 34-Year-Olds," Pew Research Center, May 24, 2016.
46 Michael Kimmel, *Guyland: The Perilous World Where Boys Become Men*(New York: Harper Collins, 2018).
47 Cox, "American Men Suffer a Friendship Recession." 또한 다음을 참조하라. Jacqueline Olds and Richard S. Schwartz, *The Lonely American: Drifting Apart in the Twenty-First Century*(Boston: Beacon Press, 2009), p. 116. 그들은 이렇게 적었다. "우리가 이야기를 나눈 아버지들 대부분이 남자 친구들과는 연락이 끊겼다고 설명했다."
48 Matthew R. Wright and others, "The Roles of Marital Dissolution and Subsequent Repartnering on Loneliness in Later Life," *Journals of Gerontology: Series B, Psychological Sciences and Social Science*s (October 2020).
49 Ernest Hemingway, *Men without Women*(New York: Scribner, 1927); Haruki Murakami, *Men without Women*(New York: Vintage, 2018).
50 John Steinbeck, *Of Mice and Men*(New York: Covici-Friede, 1937; New York: Penguin, 1993), pp. 72 – 3. Citation refers to the Penguin edition.
51 Shirley S. Wang, "The Fight to Save Japan's Young Shut-Ins," *Wall Street Journal*, January 25, 2015.
52 Nicolas Tajan, Hamasaki Yukiko, and Nancy Pionnié-Dax, "Hikikomori: The Japanese Cabinet Office's 2016 Survey of Acute Social Withdrawal," *Asia-Pacific Journal*(March 2017). 또한 다음을 참조하라. Edd Gent, "The Plight of Japan's Modern Hermits," BBC, January 29, 2019.
53 Laurence Butet-Roch, "Pictures Reveal the Isolated Lives of Japan's Social Recluses," *National Geographic*, February 14, 2018.
54 Hikikomori Italia, Associazione Nazionale, www.hikikomoriitalia.it.
55 Alan R. Teo and others, "Development and Validation of the 25-

Item Hikikomori Questionnaire (HQ-25)," *Psychiatry and Clinical Neurosciences*(June 2018).

56 Allie Conti, "When 'Going Outside' Is Prison: The World of American Hikikomori," *New York Magazine*, February 17, 2019.

57 W. Thomas Boyce, *The Orchid and the Dandelion: Why Sensitive Children Face Challenges and How All Can Thrive*(New York: Vintage, 2020).

58 Raj Chetty and others, "Race and Economic Opportunity in the United States: An Intergenerational Perspective," *Quarterly Journal of Economics*(May 2020), online appendix table V. 모든 범주에서 남자아이들이 여자아이들보다 가계소득으로 측정한 세대 간 빈곤을 피할 가능성이 더 작다.

59 Miles Corak, "'Inequality Is the Root of Social Evil,' or Maybe Not? Two Stories about Inequality and Public Policy," *Canadian Public Policy*(December 2016).

60 Raj Chetty and others, "Childhood Environment and Gender Gaps in Adulthood," *American Economic Review*(May 2016), p. 282.

61 Raj Chetty and Nathaniel Hendren, "The Impacts of Neighborhoods on Intergenerational Mobility II: County-Level Estimates," *Quarterly Journal of Economics*(February 2018), p. 1167.

62 David Autor and others, "Family Disadvantage and the Gender Gap in Behavioral and Educational Outcomes," *American Economic Journal: Applied Economics*(July 2019). 또한 다음을 참조하라. David Autor and others, "School Quality and the Gender Gap in Educational Achievement," *American Economic Review*(May 2016); 그리고 다음을 참조하라. David Autor and others, "Males at the Tails: How Socioeconomic Status Shapes the Gender Gap," Blueprint Labs, May 2020.

63 Richard V. Reeves and Sarah Nzau, "Poverty Hurts the Boys the Most: Inequality at the Intersection of Class and Gender," Brookings Institution, June 14, 2021.

64 Sue Hubble, Paul Bolton, and Joe Lewis, "Equality of Access and Outcomes in Higher Education in England," Briefing Paper 9195 (June 2021).

65 Colter Mitchell and others, "Family Structure Instability, Genetic Sensitivity, and Child Well-Being," *American Journal of Sociology*(January 2015).
66 William J. Doherty, Brian J. Willoughby and Jason L. Wilde, "Is the Gender Gap in College Enrollment Influenced by Nonmarital Birth Rates and Father Absence?," *Family Relations* (April 2016).
67 Marianne Bertrand and Jessica Pan, "The Trouble with Boys: Social Influences and the Gender Gap in Disruptive Behavior," Working Paper 17541 (Cambridge, MA: National Bureau of Economic Research, October 2011), p. 1.
68 Cameron Taylor, "Who Gets a Family? The Consequences of Family and Group Home Allocation for Child Outcomes," (unpublished paper, December 2021). 그의 분석을 바탕으로 하여 테일러는 남자아이를 입양하는 가족에게 좀 더 많은 수당을 지급하라고 제안한다.
69 Autor and Wasserman, "Wayward Sons," p. 50.
70 Corak, "'Inequality Is the Root of Social Evil,'" p. 400.

제6장 응답 없는 사람들

1 Michelle Miller-Adams, "About the Kalamazoo Promise," W.E. Upjohn Institute for Employment Research, 2015.
2 Timothy J. Bartik, Brad J. Hershbein, and Marta Lachowska, "The Merits of Universal Scholarships: Benefit-Cost Evidence from the Kalamazoo Promise," *Journal of Benefit-Cost Analysis*(November 2016).
3 Richard V. Reeves and Ember Smith, "Zig-Zag Men, Straight Line Women: Young Adult Trajectories in the U.S.," Brookings Institution, forthcoming. 또한 다음 인용을 참조하라. Derek Thompson, "Colleges Have a Guy Problem," *The Atlantic*, September 14, 2021.
4 William N. Evans and others, "Increasing Community College Completion Rates among Low-Income Students: Evidence from a Randomized Controlled Trial Evaluation of a Case-Management

Intervention," *Journal of Policy Analysis and Management* (Fall 2020).

5   National Center for Education Statistics, Integrated Postsecondary Education Data System (IPEDS), "12-Month Enrollment Component 2019-20 provisional data," 2021. 계급별 명세를 보려면 다음을 참조하라. Richard V. Reeves and Katherine Guyot, "And Justice for All: Community Colleges Serving the M iddle Class," Brookings Institution, June 13, 2019.

6   National Center for Education Statistics, "Percentage Distribution of First-Time, Full-Time Degree/Certificate-Seeking Students at 2-Year Postsecondary Institutions 3 Years after Entry, by Completion and Enrollment Status at First Institution Attended, Sex, Race/Ethnicity, and Control of Institution: Cohort Entry Years 2010 and 2015," October 2019.

7   William N. Evans and others, "Increasing Community College Completion Rates," pp. 1 and 20.

8   출처는 저자와 개인적으로 나눈 대화다.

9   Robert W. Fairlie, Florian Hoffmann, and Philip Oreopoulos, "A Community College Instructor Like Me: Race and Ethnicity Interactions in the Classroom," *American Economic Review* (August 2014). 또한 다음을 참조하라. Daniel oliver and others, "Minority Student and Teaching Assistant Interactions in STEM," *Economics of Education Review* (August 2021).

10 Michael L. Anderson, "Multiple Inference and Gender Differences in the Effects of Early Intervention: A Reevaluation of the Abecedarian, Perry Preschool, and Early Training Projects," *Journal of the American Statistical Association* (2008), p. 1481.

11 Jonathan Guryan, James S. Kim, and David M. Quinn, "Does Reading during the Summer Build Reading Skills? Evidence from a Randomized Experiment in 463 Classrooms," Working Paper 20689 (Cambridge, MA: National Bureau of Economic Research, November 2014), p. 18.

12 David J. Deming and others, "School Choice, School Quality, and Postsecondary Attainment," *American Economic Review* (March 2014), p.

1008.

13 Scott Carrell and Bruce Sacerdote, "Why Do College-Going Interventions Work?," *American Economic Journal: Applied Economics*(July 2017), p. 136.

14 Vilsa E. Curto and Roland G. Fryer Jr., "The Potential of Urban Boarding Schools for the Poor: Evidence from SeeD," *Journal of Labor Economics*(January 2014), p. 82.

15 Susan Dynarski, "Building the Stock of College-Educated Labor," *Journal of Human Resources*(Summer 2008), p. 598.

16 Joshua Angrist, Daniel Lang, and Philip Oreopoulos, "Incentives and Services for College Achievement: Evidence from a Randomized Trial," *American Economic Journal: Applied Economics*(January 2009), p. 136.

17 Angrist, Lang, and Oreopoulos, "Incentives and Services for College Achievement," p. 161.

18 Susan Scrivener and others, "Doubling Graduation Rates: Three-Year Effects of CUNY's Accelerated Study in Associate Programs (ASAP) for Developmental Education Students" (New York, NY: MDRC, February 2015). 유치원 남자아이들을 위한 긍정적 결과를 보여 주는 연구에 관해서는 다음을 참조하라. Guthrie Gray-Lobe, Parag A. Pathak and Christopher R. Walters, "The Long-Term Effects of Universal Preschool in Boston," Working Paper 28756 (Cambridge, MA: National Bureau of Economic Research, May 2021).

19 Mark Twain, "Letter from Mark Twain," *Daily Alta California*, June 16, 1867, p. 1.

20 Cynthia Miller and others, "Expanding the Earned Income Tax Credit for Workers without Dependent Children: Interim Findings from the Paycheck Plus Demonstration in New York City" (MDRC, September 2017), p. 46.

21 Emilie Courtin and others, "The Health Effects of Expanding the Earned Income Tax Credit: Results from New York City," *Health Affairs*(July 2020).

22 Miller and others, "Expanding the Earned Income Tax Credit," p. 49.

23   애틀랜타주의 또 다른 파일럿 프로젝트는 남성이든 여성이든 고용을 늘리지 못했던 것 같다. 적어도 어떤 임시 보고서에 의하면 그렇다. 다음을 참조하라. Cynthia Miller and others, "A More Generous Earned Income Tax Credit for Singles: Interim Findings from the Paycheck Plus Demonstration in Atlanta" (MDRC, March 2020).

24   Joint Committee on Taxation, "Estimated Budget Effects of the Revenue Provisions of Title XIII—Committee on Ways and Means, of H.R. 5376, The 'Build Back Better Act'" (Congress of the United States, November 2021).

25   Gene B. Sperling, "A Tax Proposal That Could Lift Millions out of Poverty," *The Atlantic*, October 17, 2017. 또한 다음을 참조하라. Chuck Marr and Chye-Ching Huang, "Strengthening the EITC for Childless Workers Would Promote Work and Reduce Poverty," Center on Budget and Policy Priorities, February 20, 2015.

26   Sheena McConnell and others, *Providing Public Workforce Services to Job Seekers: 15-Month Impact Findings on the WIA Adult and Dislocated Worker Programs*(Washington, DC: Mathematica Policy Research, May 2016). 또한 다음을 참조하라. Harry J. Holzer, "Higher Education and Workforce Policy: Creating More Skilled Workers (and Jobs for Them to Fill)," Brookings Institution, April 6, 2015.

27   Sheila Maguire and others, "Tuning In to Local Labor Markets: Findings from the Sectoral Employment Impact Study," Public/Private Ventures (2010).

28   Carolyn J. Heinrich, Peter R. Mueser, and Kenneth R. Troske, *Workforce Investment Act Non-Experimental Net Impact Evaluation*(Columbia, MD: IMPAQ, December 2008).

29   Howard S. Bloom and others, "The Benefits and Costs of JTPA Title II-A Programs: Key Findings from the National Job Training Partnership Act Study," *Journal of Human Resources*(June 1997), p. 564.

30   Sheila Maguire and others, "Job Training That Works: Findings from the Sectoral Employment Impact Study," Public/Private Ventures, *P/PV In Brief* 7 (May 2009).

31 Sheila Maguire and others, "Tuning In to Local Labor Markets."
32 NAFSA: Association of International Educators, "Trends in U.S. Study Abroad 2019–2020." 2019/2020학년도에 전국적으로 해외 유학 중인 미국 학생의 수는 34만 7099명에서 16만 2633명으로 53퍼센트 줄었다.
33 Ashley Stipek, Elaina Loveland, and Catherine Morris, *Study Abroad Matters: Linking Higher Education to the Contemporary Workplace through International Experience*(Stamford, CT: Institute of International Education and American Institute for Foreign Study, 2009). 또한 다음을 참조하라. Peter Schmidt, "Men and Women Differ in How They Decide to Study Abroad, Study Finds," *Chronicle of Higher Education*, November 6, 2009.
34 National Center for Education Statistics, "Number of U.S. Students Studying Abroad and Percentage Distribution, by Sex, Race/Ethnicity, and Other Selected Characteristics: Selected Years, 2000–01 through 2018–19" (January 2021).
35 Lucas Böttcher and others, "Gender Gap in the ERASMUS Mobility Program," *PLoS One*(February 2016).
36 Mark H. Salisbury, Michael B. Paulsen, and Ernest T. Pascarella, "To See the World or Stay at Home: Applying an Integrated Student Choice Model to Explore the Gender Gap in the Intent to Study Abroad," *Research in Higher Education*(November 2010), p. 631.
37 "Fast Facts," Peace Corps, September 30, 2019. 아메리코어에 관해서는 다음을 참조하라. Eric Friedman and others, *New Methods for Assessing AmeriCorps Alumni Outcomes: Final Survey Technical Report*(Cambridge, MA: Corporation for National and Community Service, August 2016), p. 22.
38 2017년~2018년에서 2021년~2022년까지 5년간 VSO(Voluntary Service Overseas: 해외 자원봉사)에 자원한 사람들의 66퍼센트가 여성이었다. 2022년 3월 23일에 소피 스콧(Sophie Scott)과 개인적으로 나눈 대화가 출처다.

제7장 어떤 남자로 만들 것인가

1 Scott Barry Kaufman, "Taking Sex Differences in Personality Seriously," *Scientific American*, December 12, 2019.
2 Rong Su, James Rounds, and Patrick Ian Armstrong, "Men and Things, Women and People: A Meta-Analysis of Sex Differences in Interests," *Psychological Bulletin*(November 2009).
3 Stuart J. Ritchie and others, "Sex Differences in the Adult Human Brain: Evidence from 5216 UK Biobank Participants," *Cerebral Cortex*(August 2018), p. 2967.
4 Louann Brizendine, *The Female Brain*(New York: Harmony, 2007), p. 6.
5 Gina Rippon, *The Gendered Brain: The New Neuroscience That Shatters the Myth of the Female Brain*(New York: Random House, 2019), p. 353.
6 Melvin Konner, *Women After All: Sex, Evolution, and the End of Male Supremacy*(New York: W.W. Norton, 2015), p. 12.
7 Bryan Sykes, "Do We Need Men?," *The Guardian*, August 27, 2003.
8 Konner, *Women After All*, p. 24
9 Alice Dreger, *Galileo's Middle Finger: Heretics, Activists, and One Scholar's Search for Justice*(New York: Penguin Books, 2016), p. 21.
10 Selma Feldman Witchel, "Disorders of Sex Development," *Best Practice & Research Clinical Obstetrics & Gynaecology*(April 2018). 또한 다음을 참조하라. Dreger, *Galileo's Middle Finger*, p. 29.
11 Konner, *Women After All*, p. 30.
12 Konner, *Women After All*, p. 213.
13 Raymond H. Baillargeon and others, "Gender Differences in Physical Aggression: A Prospective Population-Based Survey of Children Before and After 2 Years of Age," *Developmental Psychology*(February 2007).
14 Lise Eliot, "Brain Development and Physical Aggression: How a Small Gender Difference Grows into a Violence Problem," *Current Anthropology*(February 2021).
15 United Nations Office on Drugs and Crime, *Global Study on Homicide 2013*(United Nations, 2013).

16 신경생물학자 로버트 새폴스키의 말마따나, "테스토스테론은 이미 존재하는 공격성을 과장한다." 다음을 참조하라. Robert Sapolsky, *The Trouble with Testosterone*(New York: Simon and Schuster, 1997), p. 155.
17 Carole Hooven, *Testosterone: The Story of the Hormone that Dominates and Divides Us*(London: Octopus Publishing Group, 2022), chap. 7.
18 Desmond Morris, *The Naked Ape: A Zoologist's Study of the Human Animal*(New York: Random House, 1994).
19 Joyce Benenson, *Warriors and Worriers: The Survival of the Sexes*(Oxford University Press, 2014).
20 Severi Luoto and Marco Antonio Correa Varella, "Pandemic Leadership: Sex Differences and Their Evolutionary–Developmental Origins," *Frontiers in Psychology*(March 2021), p. 618.
21 Jason A. Wilder, Zahra Mobasher, and Michael F. Hammer, "Genetic Evidence for Unequal Effective Population Sizes of Human Females and Males," *Molecular Biology and Evolution*(November 2004).
22 John Tierney, "The Missing Men in Your Family Tree," *New York Times*, September 5, 2007.
23 Roy Baumeister, "Is There Anything Good About Men?," paper presented at the 115th Annual Convention of the American Psychological Association, January 1, 2007.
24 Joseph Henrich, *The WEIRDest People in the World*(New York: Farrar, Straus and Giroux, 2020), p. 164.
25 Lena Edlund and others, "Sex Ratios and Crime: Evidence from China," *Review of Economics and Statistics*(December 2013).
26 Carnegie Hero Fund Commission, www.carnegiehero.org.
27 Margaret Mead, *Male and Female: A Study of the Sexes in a Changing World*(New York: Morrow, 1949). 인용문은 1962년에 나온 펠리컨 판 (Pelican edition)의 xxvii쪽에서 발췌했다.
28 Konner, *Women After All*, p. 211.
29 Roy F. Baumeister, Kathleen R. Catanese, and Kathleen D. Vohs, "Is There a Gender Difference in Strength of Sex Drive? Theoretical Views, Conceptual Distinctions, and a Review of Relevant Evidence," *Personality*

and *Social Psychology Review*(August 2001), p. 242.
30 Marianne Legato, *Why Men Die First: How to Lengthen Your Lifespan*(London: Palgrave Macmillan, 2009), p. 109.
31 Henrich, *WEIRDest People in the World*, p. 165.
32 미국 내 매춘에 대한 추정치를 알고자 하면 다음을 참조하라. *Prostitution: Prices and Statistics of the Global Sex Trade*, report (Havocscope Books, 2015), 또한 다음을 참조하라. *Sexual Exploitation: New Challenges, New Answers*, report (Scelles Foundation, May 2019). 노동통계청에 의하면 미국에는 26만 명의 성직자가 있다. 다음을 참조하라. Bureau of Labor Statistics, "Employed Persons by Detailed Occupation, Sex, Race, and Hispanic or Latino Ethnicity," 2020 Labor Force Statistics from the Current Population Survey, January 22, 2021.
33 Riccardo Ciacci and María Micaela Sviatschi, "The Effect of Adult Entertainment Establishments on Sex Crime: Evidence from New York City," *Economic Journal*(January 2022).
34 Meredith Dank and others, "Estimating the Size and Structure of the Underground Commercial Sex Economy in Eight Major US Cities," The Urban Institute, June 2016.
35 Juno Mac and Molly Smith, *Revolting Prostitutes: The Fight for Sex Workers' Rights*(London: Verso Books, 2018).
36 "The Earliest Pornography?," *Science*, May 13, 2009.
37 Miranda A. H. Horvath and others, *Basically . . . Porn Is Everywhere: A Rapid Evidence Assessment on the Effects That Access and Exposure to Pornography Has on Children and Young People*(London: Office of the Children's Commissioner, 2013).
38 David Gordon and others, *Relationships in America Survey*(Austin Institute for the Study of Family and Culture, 2014).
39 Chyng Sun and others, "Pornography and the Male Sexual Script: An Analysis of Consumption and Sexual Relations," *Archives of Sexual Behavior*(May 2016). 또한 다음을 참조하라. Michael Castleman, "How Much Time Does the World Spend Watching Porn?," *Psychology Today*, October 31, 2020.

40 Kevin Mitchell, "Sex on the Brain," *Aeon*, September 25, 2019.
41 Sean R. Womack and others, "Genetic Moderation of the Association between Early Family Instability and Trajectories of Aggressive Behaviors from Middle Childhood to Adolescence," *Behavior Genetics*(September 2021). 또한 다음을 참조하라. Sara Palumbo and others, "Genes and Aggressive Behavior: Epigenetic Mechanisms Underlying Individual Susceptibility to Aversive Environments," *Frontiers in Behavioral Neuroscience*12 (June 2018), p. 117.
42 Zachary Kaminsky and others, "Epigenetics of Personality Traits: An Illustrative Study of Identical Twins Discordant for Risk-Taking Behavior," *Twin Research and Human Genetics*(February 2008).
43 Colter Mitchell and others, "Family Structure Instability, Genetic Sensitivity, and Child Well-Being," *American Journal of Sociology*(January 2015).
44 Henrich, *The WEIRDest People in the World*, p. 5.
45 Henrich, *The WEIRDest People in the World*, p. 268.
46 Lee T. Gettler and others, "Longitudinal Evidence That Fatherhood Decreases Testosterone in Human Males," *Proceedings of the National Academy of Sciences*(September 2011), p. 16198.
47 Henrich, The WEIRDest People in the World, pp. 278-81.
48 Sherry B. Ortner, "Is Female to Male as Nature Is to Culture?," in *Women, Culture, and Society*, ed. Michealle Zimbalist Rosaldo and Louise Lamphere (Stanford University Press, 1974), pp. 74-5.
49 Anthony W. Clare, *On Men: Masculinity in Crisis*(London: Arrow, 2001), p. 1
50 Leonard Kriegel, *On Men and Manhood*(New York: Dutton Adult, 1979), p. 14.
51 David D. Gilmore, *Manhood in the Making: Cultural Concepts of Masculinity*(Yale University Press, 1991), p. 230.
52 Gilmore, *Manhood in the Making*, p. 106
53 William Shakespeare, *The Tragedy of Coriolanus*, Act 5, Scene 3.
54 Roy F. Baumeister, *The Cultural Animal: Human Nature, Meaning, and*

Social Life(Oxford University Press, 2005), p. 7.

55 Margaret Mead, *Male and Female: A Study of the Sexes in a Changing World*(New York: Morrow, 1949), p. 189.

56 Brian Kennedy, Richard Fry, and Cary Funk, "6 Facts about America's STEM Workforce and Those Training for It," Pew Research Center, April 14, 2021.

57 Rong Su, "Men and Things," p. 859. 또한 다음을 참조하라. Steve Stewart-Williams and Lewis G. Halsey, "Men, Women, and STEM: Why the Differences and What Should Be Done?," *European Journal of Personality*(2021), pp. 3–39.

58 Gijsbert Stoet and David C. Geary, "The Gender-Equality Paradox in Science, Technology, Engineering, and Mathematics Education," *Psychological Science*(2018), pp. 581–93. 이와 관련된 연구에서 기어리와 스툿은 OECD 국가 내 청소년들 사이에 예상되는 직업들에서 성별 차이의 유사한 패턴을 발견했다. Gijsbert Stoet and David C. Geary, "Sex Differences in Adolescents' Occupational Aspirations: Variations across Time and Place," *PLoS One*(2022), doi.org/10.1371/journal.pone.0261438.

59 Armin Falk and Johannes Hermle, "Relationship of Gender Differences in Preferences to Economic Development and Gender Equality," *Science*, October 19, 2018, p. 5.

60 University of Gothenburg, News Release, October 2, 2018, www.gu.se/en/news/personality-differences-between-the-sexes-are-largest-in-the-most-gender-equal-countries. 주된 연구에 관해서는 다음을 참조하라. Erik Mac Giolla and Petri J. Kajonius, "Sex Differences in Personality Are Larger in Gender Equal Countries: Replicating and Extending a Surprising Finding," *International Journal of Psychology*(December 2019).

61 Olga Khazan, "The More Gender Equality, the Fewer Women in STEM," *The Atlantic*, February 18, 2018.

62 Rong Su, "Men and Things," p. 859.

63 Rong Su and James Rounds, "All STEM Fields Are Not Created Equal: People and Things Interests Explain Gender Disparities across STEM

Fields," *Frontiers in Psychology*(February 2015).

64   American Psychological Association, "About APA," www.apa.org/about.
65   Stephanie Pappas, "APA Issues First-Ever Guidelines for Practice with Men and Boys," American Psychological Association, 2019, p. 2. 또한 다음을 참조하라. American Psychological Association, Boys and Men Guidelines Group, *APA Guidelines for Psychological Practice with Boys and Men*(2018).
66   Pappas, "APA Issues First-Ever Guidelines, pp. 2-3.
67   Leonard Sax, "Psychology as Indoctrination: Girls Rule, Boys Drool?," Institute for Family Studies, January 15, 2019.
68   American Psychological Association, Twitter post, January 2019, 5:21 PM.
69   American Psychological Association, *Guidelines for Psychological Practice with Girls and Women* (2007).
70   *Juvenile Justice in a Developmental Framework: A 2015 Status Report*(New York: MacArthur Foundation, 2015).
71   John Fergusson Roxburgh, *Eleutheros; or, The Future of the Public Schools*(London: Kegan Paul, 1930).
72   "Titanic: Demographics of the Passengers," www.icyousee.org/titanic.html.

제8장 외면하는 진보

1   "Most Educated Counties in the US Map," Databayou, https://databayou.com/education/edu.html.
2   Alice Park and others, "An Extremely Detailed Map of the 2020 Election," *New York Times*, updated March 30, 2021.
3   Valerie Bonk, "Montgomery Co. Schools Add Third Gender Option for Students," *WTOP News*, August 24, 2019.
4   Lindsey Ashcraft and Scott Stump, "Teen Girls at Maryland High School Fight Back after Finding List Ranking Their Looks," *Today*, March

28, 2019; Catherine Thorbecke, "After Male Classmates Rated Their Appearances, These Teen Girls Sparked a Movement to Change the 'Boys Will Be Boys' Culture," ABC News, March 28, 2019; Samantha Schmidt, "Teen Boys Rated Their Female Classmates Based on Looks. The Girls Fought Back," *Washington Post*, March 26, 2019.

5 Carly Stern, "Female Students on Hot or Not List Demand More Action from School," *Daily Mail*, November 8, 2021.
6 여기에 연관된 사람들의 이름은 밝히지 않을 것이다.
7 "First Amendment and Freedom," C-SPAN, December 17, 2019.
8 예를 들면 다음을 참조하라. Frank Pittman, *Man Enough: Fathers, Sons, and the Search for Masculinity*(New York: Putnam, 1993), 그리고 다음을 참조하라. T. A. Kupers, "Toxic Masculinity as a Barrier to Mental Health Treatment in Prison," *Journal of Clinical Psychology*(June 2005), p. 714. 쿠퍼스는 "지배, 여성에 대한 평가절하, 동성애 혐오, 잔인한 폭력 따위를 조장하는, 사회적으로 퇴행적인 남성들의 두드러진 특성"을 표현하기 위해 그 말을 사용했다.
9 Carol Harrington, "What Is 'Toxic Masculinity' and Why Does It Matter?," *Men and Masculinities*(July 2020), p. 2.
10 Amanda Marcotte, "Overcompensation Nation: It's Time to Admit That Toxic Masculinity Drives Gun Violence," Salon, June 23, 2016.
11 Eldra Jackson III, "How Men at New Folsom Prison Reckon with Toxic Masculinity," *Los Angeles Times*, November 30, 2017.
12 Maggie Koerth, "Science Says Toxic Masculinity—More Than Alcohol—Leads to Sexual Assault," FiveThirtyEight, September 26, 2018.
13 Rachel Hosie, "Woke Daddy: The Feminist Dad Challenging Toxic Masculinity and Facing Right-Wing Abuse," *Independent*, June 20, 2017.
14 Danielle Paquette, "Toxic Masculinity Is Literally Bad for the Planet, According to Research," *Sydney Morning Herald*, September 1, 2016.
15 Dan Hirschman, "Did Bros Cause the Financial Crisis? Hegemonic Masculinity in the Big Short," *Scatterplot*(blog), August 27, 2016.
16 James Millar, "The Brexiteers Represent the Four Faces of Toxic Masculinity," *New Statesman*, July 5, 2018.

17 Jared Yates Sexton, "Donald Trump's Toxic Masculinity," *New York Times*, October 13, 2016.
18 Alisha Haridasani Gupta, "How an Aversion to Masks Stems from 'Toxic Masculinity,'" *New York Times*, October 22, 2020.
19 Peggy Orenstein, "The Miseducation of the American Boy," *The Atlantic*, January 2020.
20 Dan Cassino and Yasemin Besen-Cassino, "Of Masks and Men? Gender, Sex, and Protective Measures during COVID-19," *Politics & Gender*(August 2020). 성 정체성의 강도에서 약간의 당파적 차이가 있다는 점에 주목하라. 공화당을 지지하는 이들은 자신들을 '완벽히' 남성적 혹은 여성적이라고 볼 가능성이 더 크지만, 민주당 지지자와 중도 성향의 사람들은 자신을 '대체적으로' 남성적 혹은 여성적이라고 볼 가능성이 더 크다.
21 Kim Parker, Juliana Menasce Horowitz, and Renee Stepler, "on Gender Differences, No Consensus on Nature vs. Nurture," Pew Research Center, December 2017.
22 Helen Lewis, "To Learn about the Far Right, Start with the 'Manosphere,'" *The Atlantic*, August 7, 2019.
23 PRRI Staff, "Dueling Realities: Amid Multiple Crises, Trump and Biden Supporters See Different Priorities and Futures for the Nation," PRRI, October 19, 2020.
24 PRRI Staff, "Dueling Realities." 공화당 지지자들 가운데 각각의 질문에 동의하는 이들의 정확한 수치는 60퍼센트와 63퍼센트이며, 이에 비해 민주당의 경우는 24퍼센트와 23퍼센트다.
25 Catherine Morris, "Less Than a Third of American Women Identify as Feminists," Ipsos, November 25, 2019. 그러나 당에 따라 커다란 차이가 있어서, 민주당을 지지하는 여성의 48퍼센트가 페미니스트라는 딱지를 수용했고, 이에 비해 공화당을 지지하는 여성은 13퍼센트만 받아들였다.
26 "Feminism: Fieldwork Dates: 3rd-6th August 2018," YouGov, August 2018.
27 ContraPoints, "Men," YouTube (video), August 23, 2019.
28 The Sex, Gender and COVID-19 Project, "The COVID-19 Sex-

Disaggregated Data Tracker," Global Health 50/50, October 27, 2021.

29 Richard V. Reeves and Beyond Deng, "At Least 65,000 More Men Than Women Have Died from COVID-19 in the US," Brookings Institution, October 19, 2021. Figures updated from CDC.

30 José Manuel Aburto and others, "Quantifying Impacts of the COVID-19 Pandemic through Life-Expectancy Losses: A Population-Level Study of 29 Countries," *International Journal of Epidemiology*(September 2021).

31 UK Office for National Statistics, "Coronavirus (COVID-19) Related Deaths by Occupation, England and Wales: Deaths Registered between 9 March and 28 December 2020."

32 "The Vast Majority of Programmatic Activity to Prevent and Address the Health Impacts of COVID-19 Largely Ignores the Role of Gender," in *Gender Equality: Flying Blind in a Time of Crisis*, report (Global Health 50/50, 2021), p. 18.

33 George M. Bwire, "Coronavirus: Why Men Are More Vulnerable to COVID-19 Than Women," *SN Comprehensive Clinical Medicine*(June 2020).

34 Joanne Michelle D. Gomez and others, "Sex Differences in COVID-19 Hospitalization and Mortality," *Journal of Women's Health*(April 2021). 또한 다음을 참조하라. Lina Ya'qoub, Islam Y. Elgendy, and Carl J. Pepine, "Sex and Gender Differences in COVID-19: More to Be Learned!," *American Heart Journal Plus: Cardiology Research and Practice*(2021); 그리고 다음을 참조하라. Hannah Peckham and others, "Male Sex Identified by Global COVID-19 Meta-analysis as a Risk Factor for Death and ITU Admission," *Nature Communications*(December 9, 2020).

35 Marianne J. Legato, "The Weaker Sex," *New York Times*, June 17, 2006. 또한 그녀의 다음 책을 참조하라. *Why Men Die First: How to Lengthen Your Lifespan*(London: Palgrave Macmillan, 2009).

36 Department of Health and Human Services, Fiscal Year 2022, www.hhs.gov/sites/default/files/fy2022-gdm-operating-plan.pdf.

37 Luke Turner, "Putting Men in the Frame: Images of a New Masculinity," *The Guardian*, February 16, 2020.

38 Kathryn Paige Harden, "Why Progressives Should Embrace the Genetics of Education," *New York Times*, July 24, 2018. 두 번째 문장은 그녀의 다음 저서에서 인용했다. *The Genetic Lottery: Why DNA Matters for Social Equality*(Prince ton University Press, 2022), p. 179.

39 Raymond H. Baillargeon and others, "Gender Differences in Physical Aggression: A Prospective Population-Based Survey of Children Before and After 2 Years of Age," *Developmental Psychology*(January 2007).

40 Kate Manne, *Down Girl: The Logic of Misogyny*(New York: Oxford University Press, 2017), p. 79.

41 예를 들어 다음을 참조하라. Melvin Konner, *Women After All* (New York: W.W. Norton, 2015). 그리고 다음을 참조하라. Daniel Amen, *Unleash the Power of the Female Brain: Supercharging Yours for Better Health, Energy, Mood, Focus, and Sex*(New York: Harmony, 2013).

42 Steve Stewart-Williams and others, "Reactions to Male-Favouring versus Female-Favouring Sex Differences: A Pre-registered Experiment and Southeast Asian Replication," *British Journal of Psychology*(July 2020).

43 Alice H. Eagly and Antonio Mladinic, "Are People Prejudiced against Women? Some Answers from Research on Attitudes, Gender Stereotypes, and Judgments of Competence," *European Review of Social Psychology*(1994), p. 13.

44 Konner, *Women After All*, p. 228.

45 Erin Spencer Sairam, "Biden, Harris Form a White House Gender Policy Council," *Forbes*, January 22, 2021.

46 National Strategy on Gender Equity and Equality, October 2021, https://www.whitehouse.gov/wp-content/uploads/2021/10/National-Strategy-on-Gender-Equity-and-equality.pdf.

47 National Center for Education Statistics, "Table 233.28. Percentage of Students Receiving Selected Disciplinary Actions in Public Elementary and Secondary Schools, by Type of Disciplinary Action, Disability Status, Sex, and Race/Ethnicity: 2013 – 14," U.S. Department of Education.

48 "Uninsured Rates for Nonelderly Adults by Sex 2019," Kaiser Family Foundation, State Health Facts.

49   "Fact Sheet: National Strategy on Gender Equity and Equality," The White House, October 22, 2021.
50   Helen Lewis, "The Coronavirus Is a Disaster for Feminism," *The Atlantic*, March 19, 2020.
51   Alicia Sasser Modestino, "Coronavirus Child-Care Crisis Will Set Women Back a Generation," *Washington Post*, July 29, 2020.
52   2020년 12월 2일에 보낸 이메일, "Let's Fast Track for Gender Equity and Justice in the U.S. and Globally."
53   *Global Gender Gap Report 2021* (Geneva, Switzerland: World Economic Forum, 2021).
54   Richard Reeves and Fariha Haque, *Measuring Gender Equality: A Modified Approach* (Brookings Institution, forthcoming 2022).
55   Francisco Ferreira, "Are Men the New Weaker Sex? The Rise of the Reverse Gender Gap in Education," World Bank, June 26, 2018.
56   Hanna Rosin, "New Data on the Rise of Women," TED talk (video), December 2010.

제9장 화만 내는 보수

1   Josh Hawley, "Senator Hawley Delivers National Conservatism Keynote on the Left's Attack on Men in America," November 1, 2021, www.hawley.senate.gov/senator-hawley-delivers-national-conservatism-keynote-lefts-attack-men-america.
2   Daniel Villarreal, "Defense Bill Will Not Require Women to Sign Up for Draft After All," *Newsweek*, December 6, 2021.
3   Danielle Paquette, "The Unexpected Voters Behind the Widest Gender Gap in Recorded Election History," *Washington Post*, November 9, 2016.
4   Pew Research Center, "For Most Trump Voters, 'Very Warm' Feelings for Him endure: An examination of the 2016 electorate, based on validated voters," August 9, 2018.
5   Paquette, "The Unexpected Voters," *Washington Post*, November 9, 2016.

6   Jane Green and Rosaline Shorrocks, "The Gender Backlash in the Vote for Brexit," *Political Behavior*(April 2021).

7   Jeremy Diamond, "Trump Says It's 'A Very Scary Time for Young Men in America,'" CNN, October 2, 2018.

8   PRRI, "Better or Worse Since the 1950s? Trump and Clinton Supporters at odds over the Past and Future of the Country," October 25, 2016.

9   Evan Osnos, *Wildland: The Making of America's Fury*(New York: Farrar, Straus and Giroux, 2021), p. 256.

10   Pankaj Mishra, "The Crisis in Modern Masculinity," *The Guardian*, March 17, 2018.

11   "Men Adrift: Badly Educated Men in Rich Countries Have Not Adapted Well to Trade, Technology or Feminism," *The Economist*, May 28, 2015.

12   "The Anti-Immigrant Sweden Democrats Fail to Break Through," *The Economist*, September 13, 2018.

13   Katrin Bennhold, "One Legacy of Merkel? Angry East German Men Fueling the Far Right," *New York Times*, November 5, 2018.

14   S. Nathan Park, "Inside South Korea's Incel Election," UnHerd, February 16, 2022.

15   Raphael Rashid, "'Devastated': Gender Equality Hopes on Hold as 'Anti-feminist' Voted South Korea's President," *The Guardian*, March 11, 2022.

16   India Today, "Pakistan's Imran Khan Says Feminism Has Degraded the Role of a Mother," June 18, 2018. 또한 다음을 참조하라. Siobhan O'Grady, "Erdogan Tells Feminist Summit That Women Aren't Equal to Men," *Foreign Policy*, November 24, 2014; Felipe Villamor, "Duterte Jokes About Rape, Again. Philippine Women Aren't Laughing," *New York Times*,August 31, 2018.

17   Ed West, "How Single Men and Women Are Making Politics More Extreme," *The Week*, August 4, 2017.

18   Christina Hoff Sommers, *The War Against Boys: How Misguided Feminism Is Harming Our Young Men*(New York: Simon & Schuster, 2001). 또한 다음을 참조하라. Suzanne Venker, *The War on Men*(Chicago: WND Books,

2016).

19 Raphael Rashid, "South Korean Presidential Hopefuls Push Anti-feminist Agenda," *Nikkei Asia*, November 24, 2021.

20 Dan Cassino, "Why More American Men Feel Discriminated Against," *Harvard Business Review*, September 29, 2016.

21 Andrew Rafferty, "Cruz Attacks Trump for Transgender Bathroom Comments," NBC News, April 21, 2016.

22 Jeffrey M. Jones, "LGBT Identification Rises to 5.6% in Latest U.S. Estimate," Gallup, February 24, 2021.

23 Supreme Court of the United States, *Bostock v. Clayton County, Georgia*: Certiorari to the United States Court of Appeals for the Eleventh Circuit, No. 17-1618—Decided June 15, 2020, p. 1.

24 Lara Jakes, "M, F or X? American Passports Will Soon Have Another Option for Gender," *New York Times* June 30, 2021.

25 Movement Advancement Project, "Equality Maps: Identity Document Laws and Policies," March 3, 2022, www.lgbtmap.org/equality-maps/identity_document_laws.

26 Laura Bates, *Men Who Hate Women* (London: Simon & Schuster, 2021), p. 10.

27 David Brooks, "The Jordan Peterson Moment," New York Times, January 25, 2018.

28 Jordan B. Peterson, *12 Rules for Life: An Antidote to Chaos* (New York: Penguin, 2018). 또한 다음을 참조하라. Zack Beauchamp, "Jordan Peterson, the Obscure Canadian Psychologist Turned Right-Wing Celebrity, Explained," *Vox*, May 21, 2018.

29 "Jordan Peterson Explains His Theory of Lobster and Men," YouTube (video), January 31, 2018.

30 Robert Bly, *Iron John: A Book about Men*, 25th Anniversary Edition (Boston: Da Capo Press, 2004), pp. 2 and 6.

31 Geoff Dench, *Transforming Men: Changing Patterns of Dependency and Dominance in Gender Relations* (New Brunswick, NJ: Transaction, 1996).

32 "Jordan Peterson Debate on the Gender Pay Gap, Campus Protests and

Postmodernism," *Channel 4 News*, January 16, 2018.
33 Henry Mance, "Jordan Peterson: 'One Thing I'm Not Is Naïve,'" *Financial Times*, June 1, 2018.
34 Charles Murray, *Human Diversity*(New York: Hachette, 2020), p. 302.
35 Juliana Menasce Horowitz and Ruth Igielnik, "A Century after Women Gained the Right to Vote, Majority of Americans See Work to Do on Gender Equality," Pew Research Center, July 7, 2020.
36 Dan Cassino, "Even the Thought of Earning Less Than Their Wives Changes How Men Behave," *Harvard Business Review*, April 19, 2016.
37 George Gilder, *Men and Marriage*(Gretna, LA: Pelican, 1992), p. 81.
38 Katie Hafner, "The Revolution Is Coming, Eventually," *New York Times*, October 19, 2003.
39 Gilder, *Men and Marriage*, pp. 13–15.
40 Dench, *Transforming Men*, p. 16.
41 Wendy Wang, Kim Parker, and Paul Taylor, "Breadwinner Moms," Pew Research Center, May 29, 2013. 또한 다음을 참조하라. Pew Research Center, "The Harried Life of the Working Mother," October 1, 2009.
42 Arthur Schlesinger Jr., "The Crisis of American Masculinity," *Esquire Classic*, November 1, 1958.
43 Margaret Mead, *Some Personal Views*(New York: Walker, 1979), p. 48.
44 Ayaan Hirsi Ali, *Prey: Immigration, Islam, and the Erosion of Women's Rights*(New York: HarperCollins, 2021), pp. 242–43.

제10장 입학을 미루는 소년들

1 Margaret Mead, *Some Personal Views*(New York: Walker, 1979), p. 43. 미드는《레드북(Redbook)》1974년 10월호에 실린 독자 질문에 대한 답변으로 이 말을 썼다.
2 Malcolm Gladwell, *Outliers: The Story of Success*(Boston: Little, Brown, 2008), p. 8.
3 EdChoice, "The Public, Parents, and K–12 Education," Morning

Consult, September 2021.

4   EdChoice, "Teachers and K-12 Education: A National Polling Report," Morning Consult, October 2021 [conducted September 10-19, 2021], p. 19.

5   Diane Whitmore Schanzenbach and Stephanie Howard Larson, "Is Your Child Ready for Kindergarten?," *Education Next*(April 17, 2017).

6   Daphna Bassok and Sean F. Reardon, "'Academic Redshirting' in Kindergarten: Prevalence, Patterns & Implications," *Educational Evaluation and Policy Analysis*(February 2013). 교사 관련 데이터를 위해서 나는 RAND 교육자 여론조사를 이용하는데, 2021년 가을에 진행되었던 이 조사에는 나의 요청으로 레드셔팅에 관한 몇 가지 질문이 포함되었다. 교사들은 자기 자녀들의 입학을 늦출 가능성이 세 배나 되었다.

7   Schanzenbach and Larson, "Is Your Child Ready."

8   Bassok and Reardon, "'Academic Redshirting' in Kindergarten."

9   Thomas S. Dee and Hans Henrik Sieversten, "The Gift of Time? School Starting Age and Mental Health," Working Paper 21610 (Cambridge, MA: National Bureau of Economic Research, October 2015). 또한 다음을 참조하라. Suzanne Stateler Jones, "Academic Red-Shirting: Perceived Life Satisfaction of Adolescent Males," Texas A&M University, dissertation (May 2012). 또한 다음을 참조하라. David Deming and Susan Dynarski, "The Lengthening of Childhood," *Journal of Economic Perspectives*(Summer 2008).

10 Elizabeth U. Cascio and Diane Whitmore Schanzenbach, "First in the Class? Age and the Education Production Function," *Education Finance and Policy*(Summer 2016), p. 244.

11 National Center for Education Statistics, "Table 17a. Percentage of Public School Students in Kindergarten through Grade 12 Who Had Ever Repeated a Grade, by Sex and Race/Ethnicity: 2007" (July 2010). 또한 다음을 참조하라. Nancy Frey, "Retention, Social Promotion, and Academic Redshirting: What Do We Know and Need to Know?," *Special Education*(November 2005).

12 Philip J. Cook and Songman Kang, "The School-Entry-Age Rule Affects

Redshirting Patterns and Resulting Disparities in Achievement," Working Paper 24492 (Cambridge, MA: National Bureau of Economic Research, April 2018).

13 Stateler Jones, "Academic Red-Shirting." 또한 다음을 참조하라. Jennifer Gonzalez, "Kindergarten Redshirting: How Kids Feel about It Later in Life," *Cult of Pedagogy*, April 24, 2016.

14 William Ellery Samuels and others, "Predicting GPAs with Executive Functioning Assessed by Teachers and by Adolescents Themselves," *European Educational Researcher* (October 2019).

15 Deming and Dynarski, "The Lengthening of Childhood," p. 86.

16 Education Commission of the States, "Compulsory School Attendance Laws, Minimum and Maximum Age Limits for Required Free Education, by State: 2017," National Center for Education Statistics, nces.ed.gov/programs/statereform/tab1_2-2020.asp.

17 Deming and Dynarski, "The Lengthening of Childhood," p. 86.

18 Richard V. Reeves, Eliana Buckner, and Ember Smith, "The Unreported Gender Gap in High School Graduation Rates," Brookings Institution, January 12, 2021.

19 National Center for Education Statistics, "Graduation Rate from First Institution Attended within 150 Percent of Normal Time for First-Time, Full-Time Degree/Certificate-Seeking Students at 2-Year Postsecondary Institutions, by Race/Ethnicity, Sex, and Control of Institution: Selected Cohort Entry Years, 2000 through 2016" (August 2020).

20 Kristen Lewis, "A Decade Undone: 2021 Update," Measure of America of the Social Science Research Council (July 2021).

21 U.S. Equal Employment Opportunity Commission, "Title VII of the Civil Rights Act of 1964."

22 *United States v. Virginia et al.*, 518 U.S. 515 (1996), p. 517.

23 2021학번 사관생도의 경우, 여성이 60명, 남성이 420명이었다. 다음을 참조하라. "Enrollment Summary Fall 2017," Virginia Military Institute.

24 *United States v. Virginia et al.*, p. 515.

25 OECD, "The ABC of Gender Equality in Education: Aptitude,

Behaviour, Confidence" (Paris: OECD Publishing, 2015).

26 National Center for Education Statistics, "Number of Students Receiving Selected Disciplinary Actions in Public Elementary and Secondary Schools, by Type of Disciplinary Action, Disability Status, Sex, and Race/Ethnicity: 2013–14."

27 National Center for Education Statistics, "Table 233.20, Percentage of Public School Students in Grades 6 through 12 Who Had Ever Been Suspended or Expelled, by Race/Ethnicity and Sex: Selected Years, 1993 through 2019." 이 추세에 관해서는 다음을 참조하라. Richard M. Ingersoll and others, "Seven Trends: The Transformation of the Teaching Force—Updated October 2018," University of Pennsylvania, CPRE Research Reports, 2018.

28 Education and training statistics for the UK, "Full-Time Equivalent Number of Teachers for 'Teacher Numbers' for Primary, Secondary, Total Maintained, Female and Male in England, Northern Ireland, Scotland, United Kingdom and Wales between 2015/16 and 2019/20." 또한 다음을 참조하라. Kim Hyun-bin, "Male Teachers Become Rare Breed," *Korea Times*, March 15, 2018.

29 Ingersoll and others, "Seven Trends," p. 14.

30 Nathan Hegedus, "In Praise of the Dude Teaching at My Son's Preschool," *Huffington Post*, March 19, 2012에서 인용.

31 Thomas S. Dee, "The Why Chromosome: How a Teacher's Gender Affects Boys and Girls," *Education Next* (Fall 2006). 또한 다음을 참조하라. Sari Mullola and others, "Gender Differences in Teachers' Perceptions of Students' Temperament, Educational Competence, and Teachability," *British Journal of Educational Psychology* (2012).

32 Lauren Sartain and others, "When Girls outperform Boys: The Gender Gap in High School Math Grades," University of North Carolina, 2022.

33 Ursina Schaede and Ville Mankki, "Quota vs Quality? Long-Term Gains from an Unusual Gender Quota," Working Paper presented to the Public Economics Program Meeting of the National Bureau of Economic Research, Spring 2022.

34 Siri Terjesen, Ruth V. Aguilera, and Ruth Lorenz, "Legislating a Woman's Seat on the Board: Institutional Factors Driving Gender Quotas for Boards of Directors," *Journal of Business Ethics* (February 2014).

35 Dee, "The Why Chromosome." 또한 다음을 참조하라. Sari Mullola and others, "Gender Differences in Teachers' Perceptions of Students' Temperament, Educational Competence, and Teachability," *British Journal of Educational Psychology* (2012).

36 Seth Gershenson and others, "The Long-Run Impacts of Same-Race Teachers," Working Paper 25254 (Cambridge, MA: National Bureau of Economic Research, November, 2018, revised February 2021).

37 Lisette Partelow, "What to Make of Declining Enrollment in Teacher Preparation Programs," Center for American Progress, December 3, 2019.

38 National Center for Education Statistics, "Table 313.20, Full-Time Faculty in Degree-Granting Postsecondary Institutions, by Race/Ethnicity, Sex, and Academic Rank: Fall 2017, Fall 2018, and Fall 2019."

39 Jacqueline Bichsel and Jasper McChesney, "The Gender Pay Gap and the Representation of Women in Higher Education Administrative Positions: The Century So Far," College and University Professional Association for Human Resources, February 2017.

40 Melissa Trotta, "The Future of Higher Education Leadership," Association of Governing Boards of Universities and Colleges, September 14, 2021.

41 "Employed Persons by Detailed Occupation, Sex, Race, and Hispanic or Latino Ethnicity," U.S. Bureau of Labor Statistics.

42 미국 공군 내 조종사의 7퍼센트와 항해사의 12퍼센트가 여성이다. 다음을 참조하라. Air Force Personnel Center, "Air Force Active Duty Demographics," current as of September 30, 2021.

43 Kirsten Cole and others, "Building a Gender-Balanced Workforce," *Young Children* (September 2019).

44 Alia Wong, "The U.S. Teaching Population Is Getting Bigger, and More Female," *The Atlantic*, February 20, 2019.

45 앞의 주석 27을 참조하라.

46 Christina A. Samuels, "Building a Community for Black Male Teachers,"

EdWeek, February 17, 2021.

47   Esteban M. Aucejo and Jonathan James, "The Path to College Education: The Role of Math and Verbal Skills," *Journal of Political Economy* (January 2019).

48   앞의 주석 27을 참조하라.

49   Anthony P. Carnevale, Ban Cheah, and Emma Wenzinger, "The College Payoff: More Education Doesn't Always Mean More Earnings," Georgetown University Center on Education and the Workforce, 2021.

50   Bureau of Labor Statistics, "Employed Persons by Detailed Occupation, Sex, Race, and Hispanic or Latino Ethnicity," 2020 Labor Force Statistics from the Current Population Survey, January 22, 2021.

51   Fredrik deBoer, *The Cult of Smart: How Our Broken Education System Perpetuates Social Injustice* (New York: All Points Books, 2020).

52   Gijsbert Stoet and David C. Geary, "Gender Differences in the Pathways to Higher Education," *Proceedings of the National Academy of Sciences* (June 2020).

53   National Center for Education Statistics, "Table H175, Average Number of Credits and Percentage of Total Credits Public High School Graduates Earned in Each Curricular and Subject Area: 1992, 2004, and 2013."

54   Oren Cass, "How the Other Half Learns: Reorienting an Education System That Fails Most Students," Manhattan Institute, August 2018.

55   Joseph Fishkin, *Bottlenecks: A New Theory of Equal Opportunity* (Oxford University Press, 2014).

56   National Career Academy Coalition, "Career Academies Change Lives Every Day."

57   James J. Kemple with Cynthia J. Willner, "Career Academies: Long-Term Impacts on Labor Market Outcomes, Educational Attainment, and Transitions to Adulthood," MDRC, June 2008.

58   Eric Brunner, Shaun Dougherty, and Stephen L. Ross, "The Effects of Career and Technical Education: Evidence from the Connecticut Technical High School System," Working Paper 28790 (Cambridge, MA: National Bureau of Economic Research, May 2021).

59　Marianne Bertrand, Magne Mogstad, and Jack Mountjoy, "Improving Educational Pathways to Social Mobility: Evidence from Norway's 'Reform 94,'" Working Paper 25679 (Cambridge, MA: National Bureau of Economic Research, March 2019), p. 42.
60　Brian Λ. Jacob, "What Wc Know about Career and Technical Education in High School," Brookings Institution, October 7, 2017.
61　Perkins Collaborative Resource Network, www.cte.ed.gov/legislation/perkins-v.
62　DataLab, "Federal Investment in Higher Education," 2018.
63　National Center for Education Statistics, "Educational Institutions," Fast Facts, 2017-18.
64　Lucinda Gray, Laurie Lewis, and John Ralph, "Career and Technical Education Programs in Public School Districts: 2016-17," U.S. Department of Education, April 2018.
65　내가 추산한 40억 달러는 다소 높은 금액일 것 같다. 고등학교는 평균 학생 수가 847명이다. 나는 신설 기술학교를 위한 연방 정부 보조금이 학생당 5000달러라고 가정한다.(이는 대부분의 주보다 많은, 코네티컷에서 보고된 추가 비용 4000달러보다 더 많다.) 1000×847×5000달러=42억 달러.
66　Education and Labor Committee, "Chairman Scott Praises Passage of the National Apprenticeship Act of 2021," press release, U.S. House of Representatives, February 5, 2021.
67　U.S. Department of Labor, "Data and Statistics: Registered Apprenticeship National Results Fiscal Year 2020," 2020. 국제적 비교는 다음을 참조하라. OECD/ILo, *Engaging Employers in Apprenticeship Opportunities*(2017), fig. 1.2.
68　Harry J. Holzer and Zeyu Xu, "Community College Pathways for Disadvantaged Students," *Community College Review*(April 15, 2021).
69　이러한 방식의 좀 더 자세한 제안을 알고 싶으면 다음을 참조하라. Austan Goolsbee and others, *A Policy Agenda to Develop Human Capital for the Modern Economy*, Aspen Economic Strategy Group, 2019.
70　Cass, "How the Other Half Learns," pp. 5-6.
71　Scottish Funding Council, "Gender Action Plan Annual Progress Report,"

January 30, 2019.

72 C. Kirabo Jackson, "The Effect of Single-Sex Education on Test Scores, School Completion, Arrests, and Teen Motherhood: Evidence from School Transitions," Working Paper 22222 (Cambridge, MA: National Bureau of Economic Research, May 2016).

73 Erin Pahlke, Janet Shibley Hyde, and Carlie M. Allison, "The Effects of Single-Sex Compared with Coeducational Schooling on Students' Performance and Attitudes: A Meta-Analysis," *Psychological Bulletin*(2014).

74 Michael Gurian and Patricia Henley with Terry Trueman, *Boys and Girls Learn Differently! A Guide for Teachers and Parents*(San Francisco: Jossey Bass, 2002).

제11장 미래의 유망 직업으로

1 Margarita Torre, "Stopgappers? The Occupational Trajectories of Men in Female-Dominated Occupations," *Work and Occupations*(June 2018).

2 Gloria Steinem, *The Truth Will Set You Free, But First It Will Piss You Off!* (New York: Random House, 2019), p. 64.

3 Jerome Christenson, "Ramaley Coined STEM Term Now Used Nationwide," *Winona Daily News*, November 13, 2011.

4 IPUMS 미국 지역사회 조사(IPUMS American Community Survey) 자료에 담긴 2018년도 표준 직업 분류 코드에 의하면 '수학자'라는 직업은 '기타 수학 관련 직업' 및 '통계 전문가'와 함께 묶여 있다. 별도의 언급이 없는 한, 제11장의 모든 직업 분석은 2019년 기준으로 1년 내내 정규직으로 고용되어 소득이 발생한 25~54세 사이 시민들에 대한 것이다. 고용 예측 수치는 다음을 참조하라. Bureau of Labor Statistics, "Occupational Projections, 2020 – 30, and Worker Characteristics, 2020," Table 1.7.

5 HEAL 직업군의 개념 정의에서 나는 2012년 표준 직업 분류 체계 (Standard Occupational Classification: SOC)가 추천하고 미국 인구조사국(Census Bureau)이 STEM 정의를 위해 채택한 접근법을 그대로 따른

다. 다음을 참조하라. "Options for defining STEM occupations under the 2010 SoC system," Bureau of Labor Statistics, August 2012. 나의 이런 접근법에 관해 더 자세히 알고 싶으면 다음을 참조하라. Richard Reeves and Beyond Deng, "Women in STEM, Men in HEAL: Jobs for the Future," Brookings Institution, forthcoming 2022.

6   지금은 STEM 범주에 포함된 사회과학자 가운데 여성이 대다수(64퍼센트)를 차지하고 있음을 주목하라.
7   사회복지사라는 범주는 아동-가족-학교 사회복지사, 건강 관리 사회복지사, 정신 질환 및 약물복용 사회복지사, 기타 사회복지사라는 네 개의 하위 범주로 나뉜다. 또한 다음을 참조하라. Jack Fischl, "Almost 82 Percent of Social Workers Are Female, and This Is Hurting Men," Mic, March 25, 2013.
8   David J. Deming, "The Growing Importance of Social Skills in the Labor Market," *Quarterly Journal of Economics*(November 2017), p. 1593.
9   이 분석의 기초가 되는 BLS 예측치는 내가 다른 데서 제시한 미국 지역사회 조사의 결과와는 살짝 다른 표본을 이용하고 있으므로 주의하라. 다음을 참조하라. BLS, T able 1.7, "Occupational Projections, 2020–30, and Worker Characteristics," 2020. For more details, see Reeves and Deng, "Women in STEM, Men in HEAL."
10 이 모든 소득 수치는 2019년 현재 이 직업군에 종사하는 노동 전성기 정규직 근로자들의 평균값이다.
11 U.S Department of Health and Human Services, Health Resources and Services Administration, *2018 National Sample Survey of Registered Nurses*.
12 Bureau of Labor Statistics, "Occupational Projections, 2020–30, and Worker Characteristics, 2020," table 1.7.
13 University of St. Augustine for Health Sciences, "Nurse Burnout: Risks, Causes, and Precautions," July 2020.
14 Louis Pilla, "This Might Hurt a Bit: The Chronic Nursing Shortage Is Now Acute," *Daily Nurse*, July 22, 2021.
15 Ernest Grant, letter to Honorable Xavier Becerra, Secretary, Department of Health and Human Services, American Nurses Association, September 1, 2021, p. 1.

16 Michael Topchik and others, *Crises Collide: The COVID-19 Pandemic and the Stability of the Rural Health Safety Net*(The Chartis Group, 2021). 내가 인용한 이 수치들은 주요 보고서에는 나타나지 않지만, 차티스(Chartis)가 나에게 제공한 최종 결과에 나와 있으며, 다음에 보고된 바와도 같다. Dylan Scott, "Why the US Nursing Crisis Is Getting Worse," *Vox*, November 8, 2021.

17 Amandad Perkins, "Nursing Shortage: Consequences and Solutions," *Nursing Made Incredibly Easy*(September/October 2021).

18 Annie Buttner, "The Teacher Shortage, 2021 Edition," *Frontline Education*, April 19, 2021.

19 Rafael Heller and Teresa Preston, "Teaching: Respect but Dwindling Appeal," Kappan, September 2018.

20 Lisette Partelow, "What to Make of Declining Enrollment in Teacher Preparation Programs," Center for American Progress, December 3, 2019.

21 Morgan Lee and Cedar Attanasio, "New Mexico Asks Guard to Sub for Sick Teachers amid Omicron," AP News, January 19, 2022; David Schuman, "Twin Cities School Seeks Parents to Alleviate Substitute Teacher Shortage," CBS Minnesota, October 5, 2021; Justin Matthews, "60 International Educators Hired to Fill Teacher Shortages in Polk County," Fox 13 News Tampa Bay, October 11, 2021.

22 David Wimer and Ronald F. Levant, "The Relation of Masculinity and Help-Seeking Style with the Academic Help-Seeking Behavior of College Men," *Journal of Men's Studies*(October 2011).

23 Lea Winerman, "Helping Men to Help Themselves," American Psychological Association, June 2005.

24 Benedict Carey, "Need Therapy? A Good Man Is Hard to Find," *New York Times*, May 11, 2011.

25 약물 과다 복용에 관해서는 다음을 참조하라. SAMHSA Treatment episode Data Set (TEDS), "Gender Differences in Primary Substance of Abuse across Age Groups" (2011). 특수교육에 관해서는 다음을 참조하라. "Students with Disabilities, Preprimary, Elementary, and Secondary Education," National Center for Education Statistics (May 2021).

26 Melinda French Gates, "Here's Why I'm Committing $1 Billion to Promote Gender Equality," *TIME*, October 5, 2019.
27 Building Blocks of STEM Act, Senate Report 116-78, Report of the Committee on Commerce, Science, and Transportation (August 2019), p. 7.
28 National Science Foundation, "Organizational Change for Gender Equity in STEM Academic Professions," NSF 20-057, March 10, 2020.
29 여성 엔지니어 협회(Society of Women Engineers)에 관해 나오는 재무 관련 데이터는 2019 회계년도 가이드스타(Guidestar)에서 인용했다. 다음을 참조하라. www.guidestar.org/profile/13-1947735. 스태프 관련 데이터는 여성 엔지니어 협회 웹사이트에서 받은 것이다. 둘 다 2022년 3월 28일에 접속했다.
30 American Association for Men in Nursing, "Who We Are."
31 National Girls Collaborative Project, *Annual Report 2021*, p. 17.
32 NSF의 보조금인 0631789(150만 달러) 및 1103073(300만 달러)을 참조하라.
33 Million Girls Moonshot, "Our Mission."
34 National Center for Education Statistics, "Table 318.30, Bachelor's, Master's, and Doctor's Degrees Conferred by Postsecondary Institutions, by Sex of Student and Discipline Division: 2017-18."
35 2009년~2012년에 수집한 데이터에 의해 특히 9학년생에 관련된다. National Center for Education Statistics, "Data Point: Male and Female High School Students' Expectations for Working in a Health-Related Field," June 2020.
36 "Career and Technical Education: A Path to Economic Growth," in *Title IX at 45: Advancing Opportunity through Equity in Education* (Washington, DC: National Coalition for Women and Girls in Education, 2017), p. 6.
37 Mariah Bohanon, "Men in Nursing: A Crucial Profession Continues to Lack Gender Diversity," *INSIGHT Into Diversity*, January 8, 2019.
38 남학생들에게는 딱히 이렇다 할 충격이 없었다는 점에 주목할 필요가 있다. Scott E. Carrell, Marianne E. Page, and James E. West, "Sex and Science: How Professor Gender Perpetuates the Gender Gap," *Quarterly*

Journal of Economics(August 2010).

39 Wendy M. Williams and Stephen J. Ceci, "National Hiring Experiments Reveal 2:1 Faculty Preference for Women on STEM Tenure Track," *Proceedings of the National Academy of Sciences*(April 2015), p. 5360.
40 Scholarships.org, "Scholarships for Women," accessed March 28, 2022.
41 Marie Curie Scholar Program (MCSP) at College of Saint Mary, 다음을 참조하라. NSF Award 0630846.
42 National Center for Education Statistics, "Table 318.30."
43 Glenda M. Flores, and Pierrette Hondagneu-Sotelo, "The Social Dynamics Channeling Latina College Graduates into the Teaching Profession," *Gender, Work & Organization*(November 2014), p. 491.
44 이 기금들은 대체로 WIOA 법의 제1편(Title I)에 의해 배분되었다. 다음을 참조하라. Daria Daniel, "Legislation Reintroduced to Address the Impacts of COVID-19 on the Nation's Workforce," National Association of Counties, February 10, 2021.
45 David H. Bradley, *The Workforce Innovation and Opportunity Act and the One-Stop Delivery System*, Congressional Research Service Report R44252 (2015, updated January 2021), p. 4.
46 Texas Workforce Commission, "Program Year 2018 Workforce Innovation and Opportunity Act Annual Report, Titles I and III" (2018), p. 12.
47 STEM RESTART Act, S.1297, 117th Congress (2021-2022).
48 1999/2000학년도 및 2020/2021학년도 모두 K-12 교사들의 평균 급여는 6만 5000달러(2020/2021년 가치로 환산)였다. National Center for Education Statistics, "Table 211.60, Estimated Average Annual Salary of Teachers in Public Elementary and Secondary Schools, by State: Selected Years, 1969-70 through 2020-21."
49 Madeline Will, "Joe Biden to Teachers: 'You Deserve a Raise, Not Just Praise,'" *Education Week*, July 2, 2021.
50 Meg Benner and others, "How to Give Teachers a $10,000 Raise," Center for American Progress, July 2018.
51 George A. Akerlof and Rachel E. Kranton, "Economics and Identity," *Quarterly Journal of Economics*(August 2000), p. 748.

52 25세~54세인 전성기의 정규직 근로자에 관한 것이다. 또한 다음을 참조하라. "Male Nurses Becoming More Commonplace, Census Bureau Reports," United States Census Bureau (February 2013).

53 Brittany Bisceglia, "Breaking the Stigma of the Male Nurse," *Nursing License Map*(blog), December 3, 2020.

54 Wally Bartfay and Emma Bartfay, "Canadian View of Men in Nursing Explored," *Men in Nursing*(April 2007).

55 Andrew Clifton, Sarah Crooks, and Jo Higman, "Exploring the Recruitment of Men into the Nursing Profession in the United Kingdom," *Journal of Advanced Nursing*(March 2020), p. 1879에서 인용.

56 Aaron Loewenberg, "There's a Stigma around Men Teaching Young Kids. Here's How We Change It," *Slate*, October 18, 2017.

57 Jill E. Yavorsky, "Uneven Patterns of Inequality: An Audit Analysis of Hiring-Related Practices by Gendered and Classed Contexts," *Social Forces*(December 2019). 이들은 딱히 HEAL 직업이 아니었다는 점에 주의하라.

58 Martin eisend, "A Meta-analysis of Gender Roles in Advertising," *Journal of the Academy of Marketing Science*(November 2009).

59 Claudia Goldin, "A Pollution Theory of Discrimination: Male and Female Differences in Occupations and Earnings," in *Human Capital in History: The American Record*, ed. Leah Platt Boustan, Carola Frydman, and Robert A. Margo (University of Chicago Press, 2014), p. 324.

60 Edward Schiappa, Peter B. Gregg, and Dean E. Hewes, "Can One TV Show Make a Difference? *Will & Grace* and the Parasocial Contact Hypothesis," *Journal of Homo sexuality*(November 2006).

61 Melissa S. Kearney and Phillip B. Levine, "Media Influences on Social Outcomes: The Impact of MTV's 16 and Pregnant on Teen Childbearing," *American Economic Review*(December 2015).

62 이런 마케팅 캠페인의 평가에 관해서는 다음을 참조하라. Doug McKenzie-Mohr, *Fostering Sustainable Behavior: An Introduction to Community-Based Social Marketing*(Gabriola Island, BC: New Society, 2013).

63   Cass R. Sunstein, *How Change Happens*(MIT Press, 2020); Robert H. Frank, *Under the Influence: Putting Peer Pressure to Work*(Prince ton University Press, 2020).

64   2008년~2009년에 오리건주 정식 간호사의 11퍼센트가 남성이었던 것에 비해, 등록된 간호과 학생의 13퍼센트가 남성이어서, 전국의 추세와 별반 다르지 않은 증가세였다. 다음을 참조하라. Tamara Bertell and others, *Who Gets In? Pilot Year Data from the Nursing Student Admissions Database*(Portland: Oregon Center for Nursing, 2009), table 5, p. 11.

65   Kimberley A. Clow, Rosemary Ricciardelli, and Wally J. Bartfay, "Are You Man Enough to Be a Nurse? The Impact of Ambivalent Sexism and Role Congruity on Perceptions of Men and Women in Nursing Advertisements," *Sex Roles*(April 2015).

66   Marci D. Cottingham, "Recruiting Men, Constructing Manhood: How Health Care Organizations Mobilize Masculinities as Nursing Recruitment Strategy," *Gender & Society*(February 2014).

67   Tara Boyle and others, "'Man Up': How a Fear of Appearing Feminine Restricts Men, and Affects Us All," NPR, October 1, 2018.

68   Ben Lupton, "Maintaining Masculinity: Men Who Do 'Women's Work,'" *British Journal of Management*(September 2000), pp. 33–48.

제12장 새로워진 아빠 역할

1   Hanna Rosin, *The End of Men: And the Rise of Women*(New York: Riverhead Books, 2012), p. 9.

2   Matt Gertz, "Tucker Carlson's Snide Dismissal of Paternity Leave Is in Stark Contrast to His Colleagues' Fervent Support," Media Matters for America, October 15, 2021.

3   "Piers Morgan Mocks Daniel Craig for Carrying Baby," BBC, October 16, 2018.

4   Serena Mayeri, *Reasoning from Race: Feminism, Law, and the Civil Rights Revolution*(Harvard University Press, 2014), p. 123. 수십 년이 지난 후 이

사건을 회고하면서 긴즈버그는 이렇게 말했다. "이것은 사회를 위한 나의 꿈입니다 …… 아이들을 사랑하고 배려하며 성장을 돕는 아빠들 말입니다." 다음을 참조하라. Erika Bachiochi, "What I Will Teach My Children about Ruth Bader Ginsburg," *America Magazine*, September 24, 2020.

5   Eric Michael Johnson, "Raising Darwin's Consciousness: An Interview with Sarah Blaffer Hrdy on Mother Nature," *Scientific American*, March 16, 2012.

6   Anna Machin, *The Life of Dad: The Making of the Modern Father* (New York: Simon & Schuster, 2018), pp. 17–18.

7   William H. Jeynes, "Meta-Analysis on the Roles of Fathers in Parenting: Are They Unique?," *Marriage & Family Review* (April 2016); Sara McLanahan and Christopher Jencks, "Was Moynihan Right?," *Education Next* (Spring 2015); Kevin Shafer, *So Close, Yet So Far: Fathering in Canada & the United States* (University of Toronto Press, 2022), especially chap. 2.

8   Kathleen Mullan Harris, Frank F. Furstenberg, and Jeremy K. Marmer. "Paternal Involvement with Adolescents in Intact Families: The Influence of Fathers over the Life Course," *Demography* (June 1998).

9   Rebecca M. Ryan, Anne Martin, and Jeanne Brooks-Gunn, "Is One Good Parent Good Enough? Patterns of Mother and Father Parenting and Child Cognitive Outcomes at 24 and 36 Months," *Parenting: Science and Practice* (May 2006).

10 James A. Gaudino Jr., Bill Jenkins, and Roger W. Rochat, "No Fathers' Names: A Risk Factor for Infant Mortality in the State of Georgia, USA," *Social Science & Medicine* (January 1999).

11 Marc Grau-Grau and Hannah Riley Bowles, "Launching a Cross-disciplinary and Cross-national Conversation on Engaged Fatherhood," in *Engaged Fatherhood for Men, Families and Gender Equality: Healthcare, Social Policy, and Work Perspectives*, ed. Marc Grau-Grau, Mireia las Heras Maestro, and Hannah Riley Bowles (New York: Springer, 2022), p. 2.

12 William H. Jeynes, "Meta-Analysis on the Roles of Fathers," p. 17. 또한 다음을 참조하라. Harris, Furstenberg, and Marmer, "Paternal Involvement with Adolescents in Intact Families."

13 Kim Parker, Juliana Menasce Horowitz, and Renee Stepler, "Americans Are Divided on Whether Differences between Men and Women Are Rooted in Biology or Societal expectations," Pew Research Center, December 5, 2017.
14 Pauline Hunt, *Gender and Class Consciousness* (London: MacMillan, 1980), p. 24.
15 National Academies of Sciences, Engineering, and Medicine, *The Promise of Adolescence: Realizing Opportunity for All Youth* (Washington, DC: The National Academies Press, 2019), p. 37.
16 Rob Palkovitz, "Gendered Parenting's Implications for Children's Well-Being," in *Gender and Parenthood: Biological and Social Scientific Perspectives*, ed. W. Bradford Wilcox and Kathleen Kovner Kline (Columbia University Press, 2013), p. 11.
17 Deborah A. Cobb-Clark and Erdal Tekin, "Fathers and Youths' Delinquent Behavior," *Review of Economics of the Household* (June 2014).
18 Eirini Flouri and Ann Buchanan, "The Role of Father Involvement in Children's Later Mental Health," *Journal of Adolescence* (February 2003).
19 Stephen D. Whitney and others, "Fathers' Importance in Adolescents' Academic Achievement," *International Journal of Child, Youth and Family Studies* (2017).
20 Machin, *The Life of Dad*, p. 111.
21 Shafer, *So Close, Yet So Far*, p. 68.
22 David J. Eggebeen, "Do Fathers Uniquely Matter for Adolescent Well-Being?," in *Gender and Parenthood: Biological and Social Scientific Perspectives*, ed. W. Bradford Wilcox and Kathleen Kovner Kline (Columbia University Press, 2013), p. 267.
23 Paul R. Amato and Joan G. Gilbreth, "Nonresident Fathers and Children's Well-Being: A Meta-analysis," *Journal of Marriage and Family* (August 1999).
24 William Marsiglio and Joseph H. Pleck, "Fatherhood and Masculinities," in *Handbook of Studies on Men and Masculinities*, ed. Michael S. Kimmel, Jeff Hearn, and Robert W. Connell (Thousand Oaks, CA: Sage, 2004), p.

253.

25　Alan Booth, Mindy E. Scott, and Valarie King, "Father Residence and Adolescent Problem Behavior: Are Youth Always Better Off in Two-Parent Families?," *Journal of Family Issues*(May 2010).

26　Kathryn Edin and Timothy J. Nelson, *Doing the Best I Can: Fatherhood in the Inner City*(University of California Press, 2013), p. 216.

27　Gretchen Livingston and Kim Parker, "A Tale of Two Fathers: More Are Active, but More Are Absent," Pew Research Center, June 15, 2011.

28　Jo Jones and William D. Mosher, "Fathers' Involvement with Their *Children*: United States, 2006 – 2010," National Health Statistics Reports, no. 71 (Hyattsville, MD: National Center for Health Statistics, 2013). 또한 다음을 참조하라. Edin and Nelson, *Doing the Best I Can*, p. 215.

29　Calvina Z. Ellerbe, Jerrett B. Jones, and Marcia J. Carlson, "Race/Ethnic Differences in Nonresident Fathers' Involvement after a Nonmarital Birth," *Social Science Quarterly*(September 2018), p. 1158.

30　Janet Gornick and Marcia Meyers, "Institutions That Support Gender Equality in Parenthood and Employment," in *Gender Equality: Transforming Family Divisions of Labor*(New York: Verso, 2009), pp. 4 – 5.

31　Heather Boushey, "Home Economics," *Democracy Journal*(Spring 2016).

32　Tanya Byker and Elena Patel, "A Proposal for a Federal Paid Parental and Medical Leave Program," Brookings Institution, May 2021.

33　하우스 빌 2005(House Bill 2005)는 2019년 7월 1일 제80차 오리건주 의회에서 법으로 제정되었다. 이 정책의 2023년 시행은 연기되었음에 주목하라.

34　OECD, Parental Leave Systems, "Paid Leave Reserved for Fathers," OECD Family Database, October 2021.

35　Ankita Patnaik, 'Daddy's Home!' Increasing Men's Use of Paternity Leave," Council on Contemporary Families, April 2, 2015.

36　Gornick and Meyers, *Institutions That Support Gender Equality*, p. 437에서 인용.

37　"출산력이 여성의 노동 공급에 미치는 영향은 …… 더 높은 발전 단계에서 크고 부정적이다." Daniel Aaronson and others, "The Effect of Fertility on Mothers' Labor Supply over the Last Two Centuries," *Economic Journal*(January 2021).

38 Claudia Goldin, *Career and Family: Women's Century-Long Journey toward Equity*(Prince ton University Press, 2021), p. 234.

39 U.S. Bureau of Labor Statistics, "Employment Status of Mothers with own Children under 3 Years Old by Single Year of Age of Youngest Child and Marital Status, 2019 – 2020 Annual Averages," in *Employment Characteristics of Families 2020*, April 2021.

40 Juliana Menasce Horowitz, "Despite Challenges at Home and Work, Most Working Moms and Dads Say Being Employed Is What's Best for Them," Pew Research Center, September 12, 2019.

41 데일리의 말은 Marsiglio and Pleck, "Fatherhood and Masculinities," p. 257에서 인용.

42 Edin and Nelson, *Doing the Best I Can*, p. 216.

43 Maria Cancian and others, "Who Gets Custody Now? Dramatic Changes in Children's Living Arrangements after Divorce," *Demography*(May 2014), p. 1387.

44 이는 개략적 수치이며, 미국 각 주에서 변호사들과 진행했던 인터뷰에 기반을 둔 것이다. 다음을 참조하라. "How Much Custody Time Does Dad Get in Your State?," Custody Xchange, 2018.

45 Heather Hahn, Kathryn Edin, and Lauren Abrahams, *Transforming Child Support into a Family-Building System*(US Partnership on Mobility from Poverty, March 2018).

46 Office of Child Support enforcement, "Preliminary Report for FY 2020," tables P-29 and P-85, U.S. Department of Health and Human Services, June 2021.

47 이 개혁에 관해서 좀 더 자세히 알고 싶으면 다음을 참조하라. Hahn and others, *Transforming Child Support*, pp. 13 – 16.

48 전국의 아버지 429명과의 인터뷰를 활용한 티머시 넬슨의 미발표 분석으로, Hahn and others, *Transforming Child Support*, p. 5에서 인용.

49 Oregon Secretary of State, Department of Justice, "Chapter 137: Parenting Time Credit," *Oregon State Archives*. 나는 다음 글에서 비슷

한 제안을 한 바 있다. "Non-resident Fathers: An Untapped Childcare Army?," Brookings Institution, December 9, 2015.
50 Edin and Nelson, *Doing the Best I Can*, p. 227.
51 Michael Young and Peter Willmott, *The Symmetrical Family*(New York: Pantheon, 1973), p. 278.
52 Alexander Bick, Bettina Brüggemann, and Nicola Fuchs-Schündeln, "Hours Worked in Europe and the United States: New Data, New Answers," *Scandinavian Journal of Economics*(October 2019), pp. 1381 – 1416.
53 Julie Sullivan, "Comparing Characteristics and Selected Expenditures of Dual-and Single-Income Households with Children," *Monthly Labor Review*, U.S. Bureau of Labor Statistics, September 2020, https://doi.org/10.21916/mlr.2020.19.
54 Richard V. Reeves and Isabel V. Sawhill, *A New Contract with the Middle Class*(Brookings Institution, 2020), pp. 46 – 56.
55 Goldin, *Career and Family*, p. 17.
56 Kim Parker and Wendy Wang, *Modern Parenthood: Roles of Moms and Dads Converge as They Balance Work and Family*, report prepared for the Pew Research Center, March 2013.
57 Richard Weissbourd and others, "How the Pandemic Is Strengthening Fathers' Relationships with Their Children," Harvard Graduate School of Education, Making Caring Common Project, June 2020.
58 Grant R. McDermott and Benjamin Hansen, "Labor Reallocation and Remote Work during COVID-19: Real-Time Evidence from GitHub," Working Paper 29598 (Cambridge, MA: National Bureau of Economic Research, December 2021).
59 Goldin, *Career and Family*, p. 9.
60 Goldin, *Career and Family*, figure 9.1, p. 178.
61 Goldin, *Career and Family*, p. 191.
62 Claudia Goldin and Lawrence F. Katz, "A Most Egalitarian Profession: Pharmacy and the Evolution of a Family-Friendly Occupation," *Journal of Labor Economics*(July 2016).

63 Stephanie Vozza, "How These Companies Have Made Four-Day Workweeks Feasible," *Fast Company*, June 17, 2015.
64 Karen Turner, "Amazon Is Piloting Teams with a 30-Hour Workweek," *Washington Post*, August 26, 2016.
65 *The 2016 Deloitte Millennial Survey: Winning over the Next Generation of Leaders*(London: Deloitte, 2016).
66 Claire Cain Miller, "Paternity Leave: The Rewards and the Remaining Stigma," *New York Times*, November 7, 2014. 2021년 5월 26일에서 6월 3일까지 볼보(Volvo) 자동차에서 이루어진 해리스 여론조사(Harris Poll)에서, 아버지나 예비 아버지들의 62퍼센트는 "직장에 다니는 남자들은 육아 휴직을 모두 다 이용하면 안 된다는 무언의 규칙"이 있다는 데 동의했다.
67 Shane Barro, "Gender Equality Won't Just Change Women's Lives—It'll Change Every one's," *Huffington Post*, September 30, 2015.

에필로그

1 Richard V. Reeves and Ember Smith, "Americans Are More Worried about Their Sons Than Their Daughters," Brookings Institution, October 7, 2020.

소년과 남자들에 대하여
오늘날 남성은 왜 뒤처지는가

1판 1쇄 찍음 2025년 9월 19일
1판 1쇄 펴냄 2025년 9월 26일

지은이　리처드 리브스
옮긴이　권기대
발행인　박근섭·박상준
펴낸곳　(주)민음사

출판등록　1966. 5. 19. 제16-490호
서울시 강남구 도산대로 1길 62(신사동)
강남출판문화센터 5층(06027)
대표전화　02-515-2000 | 팩시밀리 02-515-2007
홈페이지　www.minumsa.com

한국어 판 © (주)민음사, 2025. Printed in Seoul, Korea
ISBN 978-89-374-3138-8 (03330)

잘못 만들어진 책은 구입처에서 교환해 드립니다.